U0037082

佛法真義

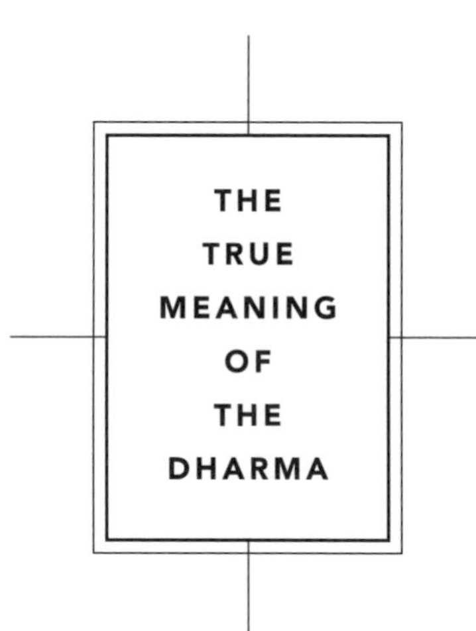

東初老和尚 著

自序

幾年前，許多同道們，要我把以往發表的文章，編集出版，供人閱讀。這種善意的鼓勵，自是十分感激，然總覺自己所寫的東西太膚淺，哪有出版的價值。

差不多，從民國二十年（一九三二年）起，我就開始練習寫作，先後發表於《海潮音》、《人海燈》、《佛教日報》、《妙法輪》、《覺有情》、《中流》等刊物；要是把它蒐集起來，也許還有幾篇可以看的。來臺後，因為資料不足及情緒的不定，寫出的東西，更不夠理想。

三十八年，該是國人最難忘的一年，千百萬人如潮湧一般地向海外逃亡，我也是其中一個，隻身飄流到寶島；從大陸帶出來的，只有一個慘重痛苦的教訓，沒有興高采烈的熱望。

佛教雖有豐富的文化遺產——經典，但卻受了宗法社會思想的影響，同道們沉迷於保守制度，未能隨時代革新佛制，致使佛教脫離了社會群眾，廣大社會人們對佛教缺乏正確的認識，甚至誤認佛教為迷信落伍的宗教。這種錯誤的責任，應歸罪於佛教宣傳不夠。

我愛我的佛教，更愛我的國家！在這個國步艱難的時期，每個國民都應貢獻出他的生命與智能來協助國家。根據我個人絕對信仰的基礎，於三十八年四月，創辦《人生》雜誌，想藉此為喉舌，表達我個人對於佛教革新的意見，對國家民族熱誠的願望。深信以一個身披袈裟的沙門，親歷於這個問題中有三十年以上的時間研究與了解，至少要比社會一般學者了解這些問題（佛教），要切實得多。

佛教絕沒有絲毫迷信的成分，而是一個極富理智性的宗教，它對人類社會的關係，顯然不是少數人的私有品；而是整個人類慧命與幸福所繫。今日世界之所以還有大部分人們酷愛和平，主張正義，就是受了二千五百年來佛教教義思想的熏陶。如果我們不能繼續善於傳播佛陀德義，對於這個世界，對於整個人類，休想獲得永遠的和平與幸福的保障。

在這個急變的偉大時代裡，使我對於國家民族，佛教文化能盡獻棉薄之力，實感到無限的欣慰。

現在把近十幾年來，在《人生》及其他刊物上發表的文稿，按其性質，分類編成三冊：

一、《民主世紀的佛教》

二、《佛教文化之重新》

三、《佛法真義》

這些文章內容，雖極膚淺，然卻代表了我個人對於國家、民族、佛教、人生的一種觀念和熱望。個人所知有限，其中難免有錯誤的地方，還望海內外諸大善知識，不吝指教！

本書出版，主要的目的是給自己看的：這些年來究竟說了些什麼？好做自己檢討與反省的資料。

本書能夠出版，承陳慧劍居士編輯、設計、校正，花費了他不少的時間，提供了好多的意見，是值得稱揚的，在此，謹致無限的謝意！

一九六四年四月東初序於中華佛教文化館

目錄

佛法真義

一、佛法的本質

佛法的真義何在？說者不一！

一般人只把偶像或繪像當為佛，把黃卷的經典當為法。其實，這只是佛教的表象，並不能說佛法的真義即在此。從佛教歷史上看，所謂佛陀，簡稱為佛，是覺悟的意義，這是指出生於印度的釋迦牟尼佛而言。由於佛具足無量的德相及博大的智慧，圓證宇宙萬有實相的真理，通達內外諸法，無所不知，無所不曉，所以尊稱為正遍覺，無上正等正覺的覺者。但是，佛陀所覺悟一種真理的內容，就是諸法實相。這種實相真理，不獨世間一切科學家、哲學家所不能了知，即佛教中聲聞弟子、地上的大菩薩，尚不能測知無上正等正覺所知的境界。因為佛所具足的一切種智，乃從無量劫中修因而來，不同一般神教的號稱使者為上帝所賜的聰明智慧。所以佛陀實是世間最偉大的覺者，人間的聖者，確為指示人間真理，出離生死煩惱唯一的導師。我們如何從人的立場達到完全覺悟的目的？這必須力求佛陀內證的法，而不在外表的繪像！

佛法雖以佛陀為中心，是一切有情的皈依處！然佛陀所以博得人類的尊敬，實由於佛陀覺悟了宇宙萬有實相的法。這個法的真理，畢竟為佛陀所開示出來！明白地說：沒有佛陀的開示，世間一切的有情怎麼能知道有佛可成、有法可證？雖然，這個法的真理，並非是佛陀所創造，也不是其他什麼人所發明的。這在《法華經》說得最明白：「是法住法位，世間相常住。」這表示佛與法的關係是，有佛不增，無佛不減，法爾如是的意義。《解深密經》說：「常常時，恆恆時，如來出世，若不出世，諸法法性安立，法界安住。」這也是指示以法為根本的。由此看來，佛教的根本，並不是佛，而是法。就是歷史上所有的菩薩觀、佛陀觀、大乘觀、小乘觀，也都是依於這個法的實修體驗所得或深或淺的境界。佛的法身遍虛空、盡法界，這是因為能緣的智與所緣的境能所雙亡，顯出法、佛一如的境界。所以佛陀在涅槃會上深恐一般弟子們不了佛教的根本法，特揭示「依法不依人」。這是由佛陀親口遺囑，由以佛為重心而進步到以法為重心。故今日修學佛法的人，應重視於「法」的體認。

實質地說：佛與法的關係，是相即的，佛即是法，法即是佛。因為諸法實相的法，唯佛與佛乃能究竟，也唯有佛與佛乃能親證，乃能詮釋，所以稱為佛法。簡要地說，佛法的本質，就是真理實相、真如法界。所以佛法內容有狹義的、有廣義的；狹義而言，唯有親證諸法實相所詮釋諸法的義理，才堪稱為佛法，這是導源於佛陀正覺的心。至於一切有情妄識分別所說的諸法意義，實不能稱為佛法。廣義而言，則佛法不離世間，諸佛法身遍滿虛空、盡法界，故一色一香無非是諸佛的法身，心法、色法、眾生法，只要不違背佛陀所指三業清淨原則，則世間一切法都是佛法。由於佛教不同於其他神教，依於神的啟示，盲信、獨斷，以為真理。而佛法依於佛陀偉大智慧的開顯，以宇宙萬有實相為本質，依此立教，這是一種最合理的發揚宇宙人生相智的法則。

二、證法與說法

佛法的內容是怎樣呢？一般學者由於佛法很深奧、很廣泛，很難得其要領。其實佛法範圍雖然很廣，然不外佛陀所證的法與所說的法。《楞伽經》說為「法佛」與「化佛」。所謂「法佛」，就是實證宇宙萬有實相的佛；所謂「化佛」，就是說布施、持戒、忍辱、精進、禪定、智慧等法的佛，也就是「法身佛」與「化身佛」的分別。

然而法佛所證的內容究竟是些什麼法呢？簡括地說：就是自覺聖智所證宇宙萬有實相的真理，這個實相，又名法性，即諸法常恆不變的理性，或說為真如，即二空所顯的真如理；或說諸法空相，或說諸法空性，或說為離言自性，或說為法界，或說為實際。這些都是諸法實相的異名，也是法佛聖智自證的境界。這種聖智所緣境界，是絕思絕意，不可以言宣，不可以心識。因為一切言說，都是假立名言，虛妄分別。諸法實相一法不立，非有、非空，非常、非斷，所以凡是言語可說的，心思可緣的，都屬於虛妄分別，屬於諸法的現象，不是諸法的實相。所以法佛所證的實相法，是心行處滅，言語道斷，非是名相分別所可安定。這種聖智自證法，不獨凡夫不能測知，即證人我空的聲聞眾，亦復不能體會；九地的菩薩，雖證得無礙辯解，說法自在，然尚不能對佛說法，十地菩薩猶有不染污無明為障，故不能了知佛的自證法。這種自證究竟的實相法，唯有徹底覺悟的佛與佛才能究竟了達。《法華經》說：「唯佛與佛乃能究盡諸法實相。」又說：「種種性相義，我及十方佛，乃能知是事。是法不可示，言辭相寂滅，諸餘眾生類，無有能得解。」而此種實相法並不因法佛所證而增加，或未證而減少。《瑜伽師地論》卷十：「若佛出世，若不出世，安住法性，法住法界。」《楞伽經》說：「云何本住法？謂法本性如金等在礦。若佛出世，若不出世，法住法位，法界法性，皆悉常住。」這都顯出法的超越性、獨特性，不因佛出世與不出世，而有所增減。

佛陀，不是諸法的創造者，而是實證諸法實相的覺者。諸法實相，既非言說可到，又非心思可緣，然一切有情怎樣才能實證此無示無說，離諸問答，根本無智所行境界？即在修我空觀，證我空所顯真如理體——離言自性。這即是法佛所證的法——證法。

一切有情依於言說而有分別，依於分別而有了解，諸法實相既離言說相、離分別相，這世間有情不假言說，怎麼能知道一切法離言自性呢？不知道一切法離言自性，又怎麼能實證一切法離言自性呢！所以佛為使一切有情了知一切法離言自性，乃於此離言自性而起言說，《楞伽經》曰：「若不說者，教法則斷；教法斷者，則無聲聞、緣覺、菩薩、諸佛，若總無者，誰說為誰？」是故佛說法的動機，乃為成就眾生。《法華經》說：「諸法寂滅相，不可以言宣，以方便力故，為五比丘說。」又說要開示佛之知見，悟入佛之知見，證入佛之知見，使未解脫的解脫，未開悟的開悟。

《十地經論》謂佛初成道，初七日思惟，第二七日才說法。住世五十年，談經說法三百餘會，或說大，或說小，或顯，或密，或權，或實，或空，或有，或說一乘、三乘、五乘、唯有一乘，種種說法，都以方便故，為諸眾生說。佛滅後，由諸大弟子結集，再結集的一切經藏，這即是化佛所說的法——說法。

三、現象與實相

由此看來，我們可具體地了知佛法的內容，現前一切的經典，雖是文字符號，但也稱為佛法。要從諸法實相說：一切文字的經典，乃屬於諸法的現象法，假立名言，不是實相法。《楞伽經》曰：「諸法自性，離文字故。」「若人說法墮文字者，是虛誑說。」以諸法實相，從本以來，離文字相，離言說相，離心緣相，一切文字言說，都是假立自性，根本沒有所詮的實義。比如人說火，並沒有火的體性，怎麼能視文字經典為佛法呢？《楞伽經》曰：「我與諸佛及諸菩薩，不說一字，不答一字。所以者何？一切諸法離文字故。」佛要人了知現象，通達實相，而通達實相，首先要離開言說思惟，《圓覺經》曰：「有作思惟，從有心起，皆是六塵，妄想緣氣，非實心體。」一切虛妄心，都不能通達諸法實相。所以禪門祖師，要人貫徹諸法實相的真理，以不立文字，教外別傳為標榜，不獨否認經典，燒毀經典，甚至以為釋尊說法為禍胎，遺害後來子孫撒尿潑糞，致人無出身處，當前要與三十棒，貴圖天下太平。這種口氣，要於教家說，真是罪大惡極；要立於不立文字、諸法實相上說，並沒有什麼。禪家要人凡聖脫盡，離開知解分別，不落於知見為一貫的宗風！從惠能與神秀競爭傳法也可以看出，惠能之所以獲得第六代祖榮冠，就是由於他能打破明鏡，否認菩提，立於「無一物」的境界。這個「無一物」成為禪家絕對的生命，為掃蕩一切知解的利刃，六祖接物利生，都以這個為先鋒。一日，六祖告眾說：「吾有一物，無頭無尾，無名無字，無背無面，諸人還識否？」當時神會便曰：「是諸法之本源，乃神會之佛性。」祖曰：「向汝道無名無字，汝便喚作本源、佛性，看汝將來即使有出頭一日，也只成個知解宗徒。」神會以為依文字知解即可了徹諸法的本源、佛性，殊不知道知解乃是一種妄見，諸法實相上一法也不立，所以被訶為知解宗徒，而失去了教外別傳的意義。由於神會倡導，禪宗直指人心、見性成佛的精神，從此喪失。先有圭峰繼承，後有永明的發揚；圭峰、永明不獨為知解宗徒，並且是知解教徒；於是禪門落草文深——從此不見離言妙悟、不著名相的真知識了。有的人惑於六祖「無一物」，以為「無一物」否認了一切相對法，不是等於落為空狂的思想嗎？殊不知道六祖「無一物」的無字，不獨否定了一切的相對法——並且有更高的肯定，所以《無門關》於此喚起人注意：「莫作虛無會，莫作有無會。」這個「無」是絕對的無，是佛，是心，是絕對的生命所在。所以後人展開地說：「無一物中無盡藏，有花有月有樓台。」由此可明白禪非是般若空觀的哲學，六祖的「無一物」，是有其更高的肯定作用。

禪家認為教家根本不能證得離言自性。究其原因，就是講說者，不向於自心中求，只貪著文字語言，以為立身的事業，故少有能照徹心源求得出離，只被名相所縛，永嘉大師曰：「分別名相不知休，入海算沙徒自困。」所以神會被訶斥為知解宗徒。要依言說分別，通達諸法實相，無論怎樣說，或說空，或說有，或非空、非有，非非空、非非有，乃至說實相、法性、涅槃，都有一個相對的概念存在，有這個概念存在，就落於知解，著於境界，不能通達諸法實相。《圓覺經》曰：「有照有覺，俱名障礙。」又曰：「一切如來妙圓覺心，本無菩提及與涅槃，亦無成佛及不成佛。」由此可明白要以有作思惟心，測度如來圓覺境界，這如取螢火，燒須彌山，終不能著。故《圓覺經》曰：「以輪迴心，生輪迴見，入於如來大寂滅海，終不能至。」所以六祖要以「無一物」利刃，掃蕩一切知見，以根本無分別智實證諸法實相，絕諸對待，非名言分別所可安立。故《起信論》說：「此真如體無有可遣，以一切法悉皆真故；亦無可立，以一切法皆同如故。當知一切法不可說、不可念故，名為真如。」所以諸法究竟實相，不可以名立。三論以遣破一切，一法不立，歸之於畢竟空。但任憑怎樣顯說空理，或說自性空，無性自性空，畢竟空，空空亦空，但其結果還有個空的概念存在。故禪家說：「眾色歸於空，空歸於何處？」這就是說，無論是觀空，或是空見，都是概念所構成的空，有這個概念，即著於境界，所以依於語言說明的空，非是真空，實際仍未超越於有，這種有，只是概念所構成的空，非是空體的本身。《圓覺經》曰：「依幻說覺，亦名為幻，若說有覺，猶未離幻。」所以三論只能顯一切法空而未能顯一切不空的真性，僅著重於所緣境的遣破，於能緣智似少發揮。三論本來是藉空顯一切法無自性。故《中論》曰：「大聖說空法，為離諸見故；若復見有空，諸佛所不化。」《般若經》亦說：「般若非有相，非無相，亦非有無相，亦非非有無相，離一切諸相，何得存空？」這在言說上雖都否定了一切概念，但仍未顯出如實不空體性。《起信論》說兩種空，一者如實空，以能究竟顯實故；二者如實不空，以有自體，具足無漏性功德故。前者屬否定方面說，後者顯出肯定意義。一般所說的空，只屬前者，未能發揮出如實不空意義。這裡所謂空，不是空有的空，也不是想像所取的空，這個空即《起信論》所謂不空，是空無妄念的法體，即是真心，常恆不變，淨法滿足，故名不空，然亦無有相可取，以離念境界，唯證相應故。諸法的實相，無以名之曰空。《辯中邊論》說，真如、實際、無相、勝義性、法界等，都是空的異名。所以說這個空，不是空無的空，乃二空性體，亦即《心經》所說「諸法空相」，或「諸法實相」。要體驗這個空——諸法實相，必須離開一切言說，超越一切概念，而入於空三昧時，如實的體性，才會現前。所以後來三論家轉入禪家分別到究竟而超出分別，趨於實證。由此觀來，要是依於經典研究諸法實相，這是言說的實相，不是研究者自身的實證實相，所以實相也就成為一種學術研究的對象，在自身上不會體驗到的，這樣的實相是概念上的實相，在學說上雖有相當價值，但在宗門上可說沒有什麼價值！以言說分別諸法實相，這實相也等於分別法了。

禪家要人貫徹諸法實相——離言自性。慣用「離四句，絕百非」否認的方法，以掃蕩一切知解的分別，要人把握現實，凡聖情盡，體露真常，故有劈佛罵祖的宗風。維摩詰也是最著重實相說法的人，諸大聲聞弟子都著於現象，忽於實相的發揮，都被他訶斥過。他試問三十二菩薩不二法門的真義，前三十一位菩薩，都用自己文字言說的工夫，分別不二法門，輪到文殊師利，以無言無說、無示無識、離諸問答來顯不二法，其立意雖較前三十二位菩薩高超，但仍用文字般若，未能超越言說。最後維摩詰卻現身說法默然無言，做出個入不二法門的樣子，指示給人看。於是文殊師利極口讚歎說：「乃至無有文字語言，是真入不二法門！」所以學佛的人，要通達諸法實相，必須離言說相。佛深恐一切有情著於言說，《大般若經》四百二十五卷云：「我從成道已來，不說一字，汝亦不聞。」《大般若經》五百六十七卷說：「眾生各各謂佛獨為說法，而佛本來無說無示。」《淨名經》亦說：「夫說法者，無說無示。其聽法者，無聞無得。」《佛藏經》佛告舍利弗說：「不能通達一切法者，是則皆為言說所覆，是故如來知諸語言，皆為是邪。乃至少有語言，不得真實。」佛至最後涅槃，文殊菩薩請佛再轉法輪，佛率口說：「吾四十九年住世，不曾一字與人。」還轉什麼法輪呢？佛是真語者，明明說了四十九年的法，並有一切經典記錄可憑，為什麼說不曾一字與人？《楞伽阿跋多羅寶經》說：「佛告大慧：『我因二法故，作如是說。云何二法？謂緣自得法，及本住法。……云何緣自得法？若彼如來所得，我亦得之，無增無減，緣自得法，究竟境界，離言說妄想，離字二趣。云何本住法？謂：古先聖道，如金銀等性，法界常住，若如來出世、若不出世，法界常住，如趣彼城道。』」這明白指出，諸法實相常住，不因佛出世而增，也不因佛不出世而減，佛親證諸法離言自性，所以現前一切文字經典都為引導眾生化佛所說。即法華會上為諸大聲聞授記作佛，亦為「化佛授聲聞記，非是法佛」，所以《入楞伽經》說：「從初得佛，至般涅槃，於其中間不說一字，亦無所答，如來常定故，亦無慮，亦無察。」一切都是化佛化作佛事。佛要一切有情離開現象實證諸法實相，達到離言自性，故肯定地說：「未說一字！」

四、宗通與說通

我們修學佛法的人，首先要有個肯定的目的。我們要求的是哪一種法呢？佛所證的法呢？抑為佛所說的法呢？無疑的，我們要求佛所證的諸法實相。因為佛所說的法，等於說食數寶，不能充飢。佛陀根本認為四十九年未說一字，所以要求佛所證的法。但怎樣才能實證諸法的實相呢？有的人說：禪宗不立文字，否認經典，截斷是非，離開兩頭，在掃蕩有情知解上雖有相當的功能，但由於完全忽視福慧資糧的修集，在教家認為不能入於真見道。所以初發心的人要親近善知識，聽聞正法，依法而思，修集功德，發大悲心，做利他行，修集資糧，最後悟入真見道。要是資糧未圓滿，悲心未具足，即夢想開悟入真見道，那是不可能的。但在禪宗者說，一切言教都為增長知解，根本不能實證實相真理，兩者似都有所偏，所以永嘉大師以調和口吻說：「宗亦通，說亦通，定慧圓明不滯空。」這是宗教學者的指南，參禪的人，要得不滯空，必須把握這個「定慧圓明」。但怎樣才能定慧圓明呢？不特要通宗，並且要通教，也就是不能通達三藏，即不能透徹三關，沒有提持正令的法匠，也就沒有通達實相的知識。《楞伽阿跋多羅寶經》說：「佛告大慧：『一切聲聞、緣覺、菩薩，有二種通相，謂：宗通及說通。大慧！宗通者，謂：緣自得勝進相。遠離言說文字妄想，趣無漏界自覺地自相，遠離一切虛妄覺想，降伏一切外道眾魔，緣自覺趣光明輝發，是名宗通相。云何說通相？謂：說九部種種教法，離異不異、有無等相，以巧方便，隨順眾生，如應說法，令得度脫，是名說通相。』」

　　這是指出一切三乘及三世如來，不但要通達宗，並且要通教。一般禪學者沒有能夠通達三藏，對於宗教一貫的精神，都不能具體的了解，不知道禪是整個佛教的慧命，不僅止於戒、定、慧之定為已足。禪雖標榜教外別傳，不立文字，並不是輕慢經典，達摩的《楞伽經》，道信的〈信心銘〉，六祖的《金剛經》，這都證明宗門並不是完全脫離了經典。末法時代的眾生，受了若干極端祖師影響，如臨濟說「菩提涅槃，如繫驢橛」、「看經看教，亦是造業」，這些話都是標出禪的最高峰，於生死岸頭得大自在的境界，這不是於生死岸頭無把握的人所能模仿的。唐以後禪家卻受了這些極端否認經典的影響，多落於空狂，不獨輕慢教家，甚至目經典為冤賊，終於拋棄了整個佛法所依的經典。圭峰宗密禪師是宗教兼通的法匠，曾深知末法時代的流弊，乃倡說禪教一致論，他的一部名著《禪源諸詮集都序》是搜集從古所傳的禪學系統諸家偈頌，都在百卷以上，可惜散失，現在只有《都序》流傳於世。他說：「須知經論權實，方辨諸禪是非；又須識禪心性相，方解經論理事。」可見古人對宗與教慎重的態度。要詳細分別宗與教，留在別章。

阿含佛教

一、《阿含》之意義及內容

(一)《阿含》之意義

初期佛教的研究，分根本佛教與原始佛教，根本佛教即阿含佛教，《阿含》為釋尊及其直傳弟子之言行實錄，為奉行佛法的弟子根本的典型；從佛陀開教起至佛滅後百年間佛教，即約西元前五三〇至三八〇年間。原始佛教，乃釋尊再傳弟子以後的佛教，以維持教法傳承的中心，確立教權。從佛滅後百年至五百年間佛教，即西元前三八〇年到西元後第一世紀初。

阿含（āgama）一字，原為漢音阿笈摩、阿伽摩、阿含暮等。秦言法歸。僧肇於〈長阿含經序〉說：「法歸者，蓋萬善之淵府，總持之林苑。其為典也，淵博弘富，韞而彌廣，明宣禍福賢愚之跡，剖判真偽異齊之原。……道無不由，法無不在，譬彼巨海，百川所歸，故以法歸為名。」唐時意譯為傳、教法、無比法等。《阿含》從第一結集成立時起，即為上座部傳承的教法。在教團傳承上視為唯一無比的價值。要依辭典的研究，

āgama 近於來著、歸趣，或知識、聖言、聖訓集、經典等意。

佛陀說法，經常所用兩種語言，一是巴利語，為印度古代通俗語，即說話的俗語。一是梵語，為古代聖典語，即是文學語。因兩種語言不同的關係，故所記載經典也就不同了。今南方（錫蘭）佛經，即用巴利語記載，其《五尼柯耶》（nikāya 譯為集）以及《大品》、《小品》等律為主要的經典。《五尼柯耶》，相當北方的《四阿含》，其律與北方所傳的《四分律》大同小異，在根本上為統一的。而北方經典，以梵語記載為主，北方所傳的一切聖典的代表，現都存於尼泊爾，英人所輯集的：《華嚴》、《法華》、《般若》、律等都為梵語記載。因為語言不同，北方用梵語記載的說為《四阿含》，南方用巴利語記載的說為《五尼柯耶》，南北兩傳聖典於佛陀遺言景行上說：用通俗語記載的《五尼柯耶》，比較用文學語記載的《四阿含》，原始的色彩較為豐富。茲將南北兩傳，分列於次：

南傳《尼柯耶》——巴利語	北傳《阿含》——漢譯
《長部》（Dīgha-nikāya三〇經）	《長阿含經》（四〇經）二十二卷（後秦佛陀耶舍、竺佛念共譯）

《中部》（Majjhima-nikāya 一五二經）	《中阿含經》（二二二經）六十卷（東晉僧伽提婆譯）
《相應部》（Saṃyutta-nikāya約二八八九經）	《雜阿含經》（約一三六二經）五十卷（宋求那跋陀羅譯）
《增支部》（Aṅguttara-nikāya約二三六三經）	《增一阿含經》（約四七二經）五十一卷（東晉僧伽提婆譯）其文散於漢譯各經中
《小部》（Khuddaka-nikāya大小一五經）	

要確實了知《阿含經》成立的經過，當依佛典結集的次第研究。佛陀入滅後，第一夏季，在阿闍世王絕對保護下，五百阿羅漢會聚於王舍城七葉巖，以大迦葉為首，舉行第一次結集。這時的法，即是經，依阿難誦出；律，依優波離誦出。《阿含經》的淵源，即導源於此時。律與經為同一淵源，故其取材諸多相同。佛滅百年間，因東印度吠舍離比丘提倡新佛教，遭保守派反對，於吠舍離城，會集七百眾，以耶舍為上首，舉行第二次結集。這次結集以討論律為中心。佛滅後二百三十年，於波吒釐子城，依阿育王命，以目犍連子

帝須為上首，舉行第三次結集，於是三藏教法始行完成。但這次結集，許多學者不以為然。總之，《阿含經》於第一次結集誦出，於第二結集以後，即西元前三世紀前後，應為《阿含經》正式成立的時期。以文體長短，分為長部、中部、雜部、增一部，總稱為《四阿含》。就中以雜部、增一部較為通俗，原始跡象，極為豐富。中部似經再整理，文句整齊，經名分類。但四部中互有重複，以長部卷數最少，僅二十二卷。

初期佛教，所謂經典，就是「無字聖典」，只是口口傳誦，根本沒有文字記載。這個經典，到阿育王子摩哂陀（Mahinda）傳入錫蘭，約西元前八年婆他伽馬尼王（Vaṭṭagāmaṇi）時，始命比丘書寫此經，「有字聖典」，初次出世。

佛滅後的教團經第二次結集，即種了分裂的種子，在思想上分為保守派與進步派。後來保守派一心要保守佛陀原始言行跡象，便離開中天竺，到北天竺迦濕彌羅國，以北方為根據，另組織教團，於地域上分中、北二天，中天進步派稱為「大眾部」，以《般若經》為主。北天保守派稱為「上座部」，以《阿含》為主。

中、北二天教團雖有分裂，但對《阿含》教義深為信任，極為尊重。尤以中天大眾部，特別重視《增一阿含》，分別說部重視《長阿含經》，但兩派對於宇宙萬有的解釋各有不同。北天上座部薩婆多部，即一切有部對於宇宙萬有主張實有，故稱為實有的思想。

中天大眾部對於宇宙萬有，或分析或破壞主張一切皆空，故稱為空觀的思想。在教義上無形劃分北天為實有主義，中天為空觀主義。於是分道揚鑣而向東南發展的大眾部，漸漸開拓大乘佛教，向西北發展的上座部，依然拘泥於保守，被斥為小乘。到佛滅後六、七百年間進步派大眾系龍樹、提婆師弟出世。龍樹出身於南方，出家後曾到北方雪山修學，眼見中、北各趨極端均非佛教之福。故龍樹貫徹南北空有的思想，綜合大小乘的精華，倡導真空的大乘的中道教。保守派北天上座部系，佛滅後九百年間，無著、世親兄弟出世，倡導幻有的大乘教。但空有的立論，都依於諸法緣起義。以一切法假因託緣而有，空無自性，無自性故說為真空。一切法雖假託眾緣而有，無遍計我性，但事象宛然存在，故說為似有。故空有辯論的方法雖不同，但同立論於緣起義。而空、緣起、中道本為《阿含》的深義。故空有兩派，雖說是受傳統保守與進步思想的影響，實同受北方《阿含》教義的引導。立足於緣起性空的龍樹，深入《阿含》，龍樹《中論》所引證佛經，都出於《阿含》。龍樹發揮實相義說一切皆空，為《阿含》的根本義。立足於緣起幻有的無著、世親，不消說出身於《阿含》的根據地，世親的思想，根本發源於《阿含》，《俱舍論》所依的經，就是《阿含》。是故印度中觀、瑜伽兩系大乘教思想，可說都與《阿含》有深刻的淵源，《阿含經》中雖沒有大乘菩薩，若大智文殊菩薩，或大悲觀世音菩薩參加教團，但《阿含》已具備了大乘的基本要義，可說為大乘思想的淵源，或為通於大乘或三乘共依的根本經典。

㈡《阿含》之內容

《阿含》雖為非大乘的小乘教，但是若想了解佛法的基本要義，則當研究《阿含》聖典。在這裡可搜集後來大小乘思想，特別是大乘思想生起的重要依據。在思想發展上雖不及大乘思想豐富，但大乘教的空、緣起、中道以及大乘所用的術語：若三十七道品、三增上學、四攝事等，都預見於《阿含》中。龍樹的空，無著的有，顯明地都受了《阿含》深刻的影響，尤以龍樹為甚。是故《阿含》不宜受非大乘或小乘的拘束。《阿含》內容所攝極為廣泛，絕不是限於小乘局部的思想，是一切大乘思想的淵源，尤其對於空、緣起、中道及一般的思想，都有深刻的發揮。

1. 無常即空

「色者無常，無常者即是苦，苦者是無我，無我者即是空，空者非有、非不有，亦復無我。如是智者所覺知。」（《增壹阿含經》卷第二十四．六）無常、苦、空、無我，原是《阿含》根本的思想。因為無常的常性既不可得，故說為無我。無我是我性的不可得，故無常、無我都是空的異名。「此色是無常，受、想、行、識是無常；色是苦，受、想、行、識是苦；色是無我，受、想、行、識是無我。」（《雜阿含經》卷第三．六四）。《阿含》的無常、苦、空、無我說，不是就外境說，乃依有情自身說。「若無常、苦，是變易法。」（《雜阿含經》卷第一．三〇）變易法即是無常的異名。譬如說一個茶杯說是無常則可，說是苦則不可，因為茶杯根本沒有知覺領受的作用，無所謂苦不苦。是故說苦必須於有情自身發起了老、病、死的變化，才能說是苦。是故《阿含》無常、苦、空、無我，是根據佛的慧觀說無常即是空。「若因，若緣，而生識者；彼因、彼緣皆悉無常，……彼所生識，云何有常？無常者，是有為行，從緣起，是患法、滅法、離欲法、斷知法，是名聖法印、知見清淨。」（《雜阿含經》卷第三．八〇）這就是因緣而顯無常，因無常而悟入空性，以彼因彼緣皆悉無常，故說為空。或依次第觀空，或依緣起顯空，都在以無常而顯空義。

佛告阿難：「我多行空。」……「如此鹿子母堂，空無象、馬、牛、羊、財物、穀米、奴婢；然有不空，唯比丘眾。是為，阿難！若此中無者，以此故我見是空，若此有餘者，我見真實有。阿難！是謂行真實、空、不顛倒也。」（《中阿含經．小空經》）這是釋尊用善巧演繹空有義。所謂空，是空的財物知見，故說：「若此中無者，以此故我見是空。」所謂不空，就是空去知見所顯的有，故說：「若此有餘者，我見真實有。」要能體驗空有的真義，才能達到「行真實空不顛倒也」。釋尊唯恐眾生不了解這個初步次第觀法悟入空有的真義，故又進一步地演繹說：「阿難！比丘若欲多行空者，彼比丘莫念村想，莫念人想，當數念一無事想。彼如是知空於村想、空於人想，然有不空唯一無事想。……是謂行真實空不顛倒也。」（《中阿含經．小空經》）這是次第觀空法。初於村空，人空，而有不空唯一無事想，這個不空無事想，心仍有所著，故要層層進步空於村想，空於人想，空於無事想，空於無量空處想……空於無量識處想……空於無想心定。乃至本所行，本所思，不樂彼，不求彼，不住此，不住彼，心無所著，漏盡無漏，無為心解脫，達到真實空不顛倒。這是初步觀空法。《中阿含經．大空經》更從內空發展到外空，內外空，或依空三昧觀想，達到「我得空，能起無相、無所有、離慢知見」。（《雜阿含經》卷第三．八〇）這都是依次第觀想所顯的心空。故能無所得，無所作，於一切外境不起所著，所得，離諸戲論，故說為空。但這個空只是觀想所成的空，所緣的空；不是真正的法空。真正的法空，要依緣起而顯其本性空。即緣起而知空，才是一切法的真空勝義。

2. **緣起即空**　緣起為《阿含》的深義。「我今當說第一最空法，……云何名為第一最空之法？若眼起時則起，亦不見來處；滅時則滅，亦不見滅處。」（《增壹阿含經》卷第三十．七）這就是說：若於緣起中見來處去處，仍不能悟入空性。「若過去、若未來、……若遠，若近，彼一切非我、非異我、不相在，是名正慧。」（《雜阿含經》卷第六．一三三）這是依緣起所顯不來不去，非一非異的空義。是故要了知空義必要了解緣起，不能了解緣起的意義，即不能理解真空勝義。「此有故彼有，此生故彼生」，即是顯諸法生起，必假託「緣此而彼起」的因緣相依的關係。但這個因緣相依所生諸法，都是空無自性。「色無常，若因、若緣生諸色者，彼亦無常；無常因、無常緣所生諸色，云何有常？」（《雜阿含經》卷第一．一一）這就是依因緣所生法，明確地是無常。無常因，無常緣所生無常（法）即是空。佛告三彌離提：「眼空，常、恆、不變易法空，我所空。所以者何？此性自爾。」（《雜阿含經》卷第九．二三二）佛說得更明白，眼等諸行，若因、若緣所生色，若苦、若樂、不苦不樂，都是無常，都是空。為什麼要說它是空？是「此性自爾」。並不是佛的發明，也非是上帝所作，故佛說：「緣起法者，非我所作，亦非餘人作，然彼如來出世，及未出世，法界常住。」（《雜阿含經》卷第十二．二九九）這是把緣起性視為常住，不生不滅所顯諸法的理性，自性空。故「因緣所生法，我說即是空」。依因緣所生法，都是生滅的，依緣起和合所顯的本有性，都是無常、無我的，不生不滅，不來不去，不一不異的空寂性，所以說為無常、無我，即是空。這個空，即緣起而顯空，或緣起即空，非緣起以外而有空，或空以外而有緣起。故曰：「法住、法空，法如、法爾，法不離如，法不異如。」（《雜阿含經》卷第十二．二九六）這是依緣起性空顯不生不滅，非一非異的空義。這個不生不滅的性空義，在聲聞比丘中，也只有舍利弗、須菩提才能完全通達。舍利弗說：「我恆遊空三昧。」（《增壹阿含經》卷第四十一．六）須菩提證得無諍三昧為解空第一。像厭世苦行的大迦葉，只是拘泥生死事相上說明生滅無常，不能於緣起而知不生不滅的性空，即緣起而悟空，或於生滅中而知不生不滅的「此性自爾」勝義空。這個「此性自爾」的空義，即是《阿含》的空義。

3. **中道義** 世俗的知見，不是偏於有，就是偏於無，都是落於二邊的知見；佛說中道緣起法，即是不落於二邊，亦即是「離於二邊，說於中道」。「樂受者是一邊，苦受者是二邊，不苦不樂是其中，……有者是一邊，集是二邊，受是其中。」（《雜阿含經》卷第四十三．一一六四）這就是說有說無，或苦或樂，都落於情識的二邊知見，不是絕對的中道法。絕對的中道法，是不苦不樂，不依情識知見而以正智正見為出發點。是故釋尊開示迦旃延說：「世人顛倒依於二邊，若有、若無，世人取諸境界，心便計著。迦旃延！若不受、不取、不住、不計於我，此苦生時生、滅時滅。迦旃延！於此不疑、不惑，不由於他而能自知，是名正見如來所說。」（《雜阿含經》卷第十．二六二）「世間集如實正知見，若世間無者不有；世間滅如實正知見，若世有者無有，是名離於二邊說於中道。」（《雜阿含經》卷第十二．三〇一）世間人總以顛倒知見說有說無。佛法依緣起見到「此有故彼有」、「此滅故彼滅」正見的中道義，故不落於二邊。不惑於二邊的正見，為佛法根本的思想，釋尊初於鹿野苑說四諦、八正道，即以正智、正見為領導，建立正智、正見中道義，這個正見的中道義也只有迦旃延才能善於了達，絕不是一般聲聞比丘所能了知，是故佛陀緣起、空、中道的本懷教義，至少在聲聞比丘中失去了普遍性。

4.《阿含》思想與當時一般宗教哲學諸種思想有嚴格交涉的關係　特別是對於非婆羅門教的六師思想的批判，若《長阿含經．沙門果經》等。以及自我為中心的世界觀、人生觀思想的糾正，若《長阿含經．梵動經》等。人生、家庭、社會、倫理、道德標準的確定，若《中阿含經．善生經》等。神教迷信的破除，若《長阿含經．三明經》等。在這些問題上都充分反映出，《阿含》是富有組織的論理學，特別富有時代交涉的精神。故研究原始佛教書籍雖多，若《阿毘達磨論》，只是限於經文詞句表面的解釋，而沒有深刻內容意義的價值。是故欲了解原始佛教，不僅限於佛教一部分經典，必須注意到當時與佛教有關係的一般宗教哲學文化思想的對照研究。《阿含》的思想涉及到佛陀時代前後一、二百年間的印度宗教哲學的思想。是故研究《阿含》，不僅可窺見佛教根本思想，也可窺見印度當時所有宗教哲學思想的體系。

5.《阿含》雖被尊為根本佛教的經典，但從其內容思想體系說，顯與佛滅二百年後部派思想相混合　要是想研究真的根本佛教思想，這於《阿含》研究取材方面，應有區別新舊思想的必要。就如佛預示百年後，阿育王及優波鞠多的事跡，這純為上座部於佛滅後三百年前後所編纂以抬高自己的身價，不能視為根本佛教的跡象。但是要嚴格區別這個新舊思想的問題，僅依漢譯《阿含》的內容，還是不足以決定；尤其是思想方面，以原始佛教的教理不是佛陀一代所完成的，佛陀僅止於一種暗示。必須追溯佛陀以前《吠陀書》、《奧義書》，及佛陀以後部派的經典，始能探得佛陀思想的起源背景及教團組織的次第。初期佛教所用的術語，若三皈依、五戒、持齋、四諦、十二因緣一類的法門，顯都與《吠陀書》（法經）、《奧義書》的思想有密切的淵源。

6.《阿含》不但在思想上涉及大小乘思想內容及導源的關係，且涉及佛教全體思想及歷史的淵源　最顯著的部分：⑴釋尊自說出家年月，說法的時間。佛告須跋曰：「我年二十九，出家求善道；須跋我成佛，今已五十年。」（《長阿含經．遊行經》）⑵釋尊預示百年後，阿育王及優波鞠多的事跡。「於我滅度百年之後，此童子於巴連弗邑統領一方，為轉輪王，姓孔雀，名阿育，正法治化，又復廣布我舍利，當造八萬四千法王之塔。」（《雜阿含經》卷第二十三．六〇四）⑶其餘有關釋尊、迦葉、阿難傳承及與各國國王者的關係。這都為研究佛史重要的資料，於考證佛陀紀元問題上具有決定性的影響。至少在北傳方面認為是如此。

7.《阿含》不獨為佛教全體思想的淵源，且為研究印度宗教哲學及一般思想的依據佛陀時代的婆羅門教，雖失去統治人心的功用，但一般國民宗教意識（神的思想）及生活習慣（祭祀神格讚歌），仍然與婆羅門教有密切的關係，《中阿含經．梵志品》，特別可以看出婆羅門教潛伏的勢力。非婆羅門教六師，雖以自由思想為號召、然在思想上缺少了正覺的依據，趨於極端（參閱《長阿含經．沙門果經》），故不能攝導人心。佛陀以新鮮正覺思想，覺範天下，救濟人間，故能折伏當時諸種思想（六師）。是故說不了解《阿含》，不特不能了知空有的大乘教，並且不能了知一切經典根本思想的源流，甚至不了解整個佛法思想起源的背景，亦非過言。《阿含》為大小乘思想的根源。是故《阿含》有其獨特性，不可拘泥於大小之間，日本佛教徒或稱為「根本佛教」或稱為「原始佛教」，這都有損於《阿含》獨特性的價值。我以為「阿含」，就是「阿含」，不必再加上形容的名稱，為了彰顯《阿含》獨特性的價值，故尊為「阿含佛教」。

二、《阿含》與當時的思潮

㈠當時一般的思潮

釋尊的時代，不消說：即指西元前五、六世紀時而言。這時的印度思潮，無論在文化思想、民族思想、政治趨勢、宗教改革，以及一般的教學，都立於劃時代轉向的階段。在思想體系上，是新舊思想交替，新印度文化宗教哲學思想開始勃興的時期。

要詳細分析當時的思潮，可多達數十種。然最顯著的思想傾向，則可以舉出四種。

1. **正統婆羅門教的思潮**　《奧義書》興起後，形式的婆羅門教雖漸趨衰落，然尚能以傳統的精神對抗新興自由派及革新派，以維持吠陀天啟主義、婆羅門族至上主義、祭祀萬能主義為教系的中心。

2. **俗信的思潮**　這不同於前者拘泥形式主義，對吠陀以來種種神格雖多崇敬信仰，然以梵天（Brohwā）、毘紐拏（Viṣṇu）、濕婆（Śiva）三神為中心，以期養成一神教的思潮。大事詩的中心思想，實是這種通俗運動的核心。

3. **哲學的思潮**　以《梵書》、《奧義書》為根據的哲學思想，特別是《奧義書》理論發展所掀起的派別；初為數論瑜伽，後為六派哲學，大部分思想，都起於此時。

4. **非吠陀的思潮**　非吠陀思想，即反對上面三種思潮，否認吠陀的權威。以自由獨立的思想為標榜，即所謂六師異學及佛教均為這一派的代表。

當時非吠陀思想為適應時代思潮而起，反抗傳統的婆羅門主義。這是西元前六百年間至四百年間印度思想界的總代表。反吠陀的思想，雖以自由覺悟人生為目的，但其本身缺乏健全的思想體系，而趨於極端懷疑論、斷滅唯物的實在論，不特無益於人類，反危害世道人心（詳《長阿含經．沙門果經》）。古代婆羅門教思想，既失去人心的歸趣，而新的思想又未能帶來人類的光明。雖說為新鮮活潑的思想，實是極端混沌的思潮。在此人心極度不安，思想混亂的時候，以自覺覺天下的思潮開始導演，以綜合婆羅門教與非婆羅門教思想而樹起正覺思想體系者，這即是佛陀思想的起源（西元前五六〇—四八〇）。佛陀的思想，無疑地屬於非婆羅門教系，但有時也採用婆羅門教的特長。即如佛教的出家、持齋、四諦、輪迴、解脫等術語，都導源於婆羅門教及《奧義書》。而以佛陀的偉大智慧把它融會改造成為佛教的法門，佛陀無論於苦或樂，都以中道的立場，避免極端，實是當時嶄新健全的道德思想。佛陀雖為當時崇高偉大人格的覺悟者，但對古代思想——婆羅門教，或不徹底的思想——六師異學，一面用嚴格批評的態度，一面以偉大的人格精神加以感化，或接受他們的皈降，或改造他們的思想，互不相礙，同受王者所敬，這正是佛陀人格精神偉大的地方。

這時所有異學的派別，要依佛教史料說：最著名的就是六師外道。六師當時亦以摩竭陀國為中心，發揮其特長，因與佛陀居處相近，常與佛陀接觸，《阿含經》中常常提到佛陀與六師辯論教義。今依《長阿含經．沙門果經》，略敘其思想派別於次：

1. **富蘭那迦葉**（Purāṇa Kassapa）　即所謂無因無緣論，為論理懷疑論。對人生行為善惡的因果，存有懷疑的態度。說人生行為不能為絕對善惡的標準，在戰場上以刀殺人，或於路旁惠施小利，都不能決斷為善為惡；要究其心理動機為何？因此不信因果。「若以利劍臠割一切眾生，以為肉聚，彌滿世間，此非為惡，亦無罪報。於恆水南臠割眾生，亦無有惡報。於恆水北岸為大施會，施一切眾，利人等利，亦無福報」。（《長阿含經．沙門果經》）因此，說善惡因果都為偶然論。這是排斥善惡因果的斷滅論。

2. **末伽梨拘舍羅**（Makkhali Gosāla）　所謂生命派（Ājīvika）的開始。即人生行為或命運以自然運行為原則，不拘束於因果法則，雖經數百劫輪迴亦能獨得解脫，六師中除尼乾子外此為最有力者。故曰：「無施與、無祭祀法，亦無善惡、無善惡報。無有今世，亦無後世。無父、無母，無天、無化、無眾生，世無沙門、婆羅門平等行者，亦無今世、後世，自身作證，布現他人。諸言有者，皆是虛妄。」（《長阿含經．沙門果經》）這是純粹邪見的宿命論。

3. **阿夷多翅舍欽婆羅**（Ajita Kesakambala）　這屬於唯物論。主張人依四大合和而成，死後四大分散，一切都空，為斷滅者，在這裡無父母、沙門、婆羅門。人在世間只有肉體，不需道德，故主張人生目的，要依快樂，排斥一切嚴肅倫理的觀念，這即後世盛行的順世派，為唯物快樂主義的大成者。

4. **波浮陀迦旃延**（Pakudha Kaccāyana）　這一派卻與唯物論相反，是主張物心不滅論。但是極端機械的，說人生依地、水、火、風、苦、樂、生命七種要素所成。依其集散離合，說有生死的現象。但人身雖有生死，然元素自身是不滅的。即如以刀切物，僅能分散物體，而物的自身不滅。

5. **散惹耶毘羅梨子**（Sañjaya Belaṭṭhiputta）　這一派為一種詭辯論，即於現前論議上不易分判他的立論根據，就如問有沙門果乎？答曰：「此事如是，此事實，此事異，此事非異非不異。」故稱為詭辯。他說真理不是固定不變的，就如氣氛一樣，為一種不定論。在辯論上雖說如此，亦寓有哲理，舍利弗、目犍連二人未皈依佛前，即屬此派。

6. **尼乾子若提子**（Nigaṇṭha Nātaputta）　這是有名的耆那教的開山祖，也是耆那教大成者。他與佛陀同時，其教勢力與佛教在伯仲之間，其教理以命、非命二元論為基礎。但是實行上是極端苦行者，亦主張不殺生，為六師中最有力者，即今於印度尚有相當的教勢。佛教聲聞弟子中的苦行思想即受它的影響。

以上簡單的介紹六師的思想。其主義雖有多種，但其思想主要的輪廓，不外無因的斷滅論、宿命論、詭辯論、要素不滅說、唯物快樂主義、苦行主義等。當時思想界除六師以外，還有許多的異學。《長阿含經．梵動經》，實是網羅當時所有異學的派別，而對宇宙人生問題的解答，做多種的探求。總共有八類：

1. **常見論**　即世界與自我，都是常恆不變的。

2. **半常半無常論**　即世界與我有一部分為無常，一部分為常恆的。

3. **有邊無邊論**　即世界與有情為有限與無限。

4. **詭辯論**　即任何問題，都不做具體的解答。

5. **無因論**　一切都是偶然的現象，並無因果的關係。

6. **死後論**　對於死後意識狀態做種種解釋。

7. **斷見論**　對於死後主張斷滅，猶如燈熄一般，無影無形。

8. **現法涅槃論**　即以現前狀態為最高的境界。

要詳細分析上面八類主張，就是六十二見都包括其中。於此可窺見，當時一般思潮複雜的情形。

㈡**正覺思想的化導**　這個世界，從何而來？依何而能相續呢？以及我們人生又從何而來？將往何處？這個世界為有邊？抑為無邊呢？佛陀時代的印度思想，對於這些問題，雖提出無慮數十種解答，但都不出前章所說六師外道及《梵動經》的八種主張。然佛陀對當時異學的世界觀、人生觀之中，認為有辯論價值的僅舉其三種。《中阿含經．業相應品》說：「謂人所為一切皆因宿命造，或謂人所為一切皆因尊祐造（神意論），或謂人所為一切皆無因無緣（偶然論）。」這即是佛陀所舉的三種外道論。

第一宿命論：所謂宿命論就是定命論，說人生現前一切的遭遇，都是前世預先安排的，不是後天可以挽救的。以人生觀擴大到世界觀。這個世界自身有個永遠規定的運動，所謂決定世界觀。佛陀時代摩訶瞿舍經的主張，正是其代表。這種完全宿命說，忽視現前人生善行的價值，為佛所否認，佛教雖同意宿業說，但猶重視現前業力的招感，以現業能減輕宿業，或根本改變宿業，轉惡業為善業。

第二神意論（尊祐說）：就是一切依於神的意志。無疑地，這是婆羅門教為中心，為當時神意論者主張。把人世間一切現象都歸於神的安排，不但人不能改變現前的現象，就是「若沙門、梵志，若天、魔、梵及餘世間，皆無能伏，皆無能穢，皆無能制。」（《中阿含經．業相應品度經》）人世間一切現象都歸上帝或梵天主宰，人生不需要精進善行，「若於作以不作，不知如真者，便失正念，無正智，則無可以教。」（《中阿含經．相應品度經》）迷信於尊祐說，只有枯竭人類智慧，失去人生的價值，故佛陀斥為邪因。

第三偶然論：說人世間一切遭遇，都是無因無緣偶然的現象，善為偶然，惡也是偶然，善惡都是偶然的。這是一種機械世界觀。這與六師中阿夷多翅舍欽婆羅唯物論相近。

佛陀對於第一、第二說，以其忽視人生行為的價值，立於無道德的觀念，都斥為邪因。第三說，表面與上兩說不同，但忽視人生有價值的行為都是相同的，以一切為偶然論。佛陀對於以上三種邪因論，以及當時所有異學派別的思想，不問是苦樂極端派，或常斷極端派，或唯物論，唯神論，依照各個立場異見分別演其對症下藥正覺的化導。

1. 神的創造↓因緣所生　傳統的印度宗教哲學主張一切都受神的創造與支配，即所謂「唯神論」，把人生的遭遇都歸於神的賞罰，人世間一切的現象，視為神的安排。宇宙山河為神的創造，梵天或上帝為萬能的，主宰一切，常住永在。人是渺小的，只有屈服在梵天或上帝座下，永為上帝的奴隸。這樣說法不特違背宇宙人生的真理，剝削人權，並且違背因果定律。所以佛教根本否認神造萬物說。人世間一切法生起，皆假因緣所生，「此有故彼有，此滅故彼滅」的相依相助的關係而成立。要是捨去彼此相依的關係，則一切法根本不存在。所謂因緣，即關係的異名。就如庭前一株花，先有花種為因，次有水土、日光、人工、肥料的助緣，才會有花。是故一切法皆依因緣所生。花是如此，人也是一樣，是自己創造自己。今日的我，即是過去我所創造；今日的我，又創造將來的我。這個我相軀殼雖有死亡，但我所造作的業，在未受果報之前，是永遠存在的。所謂業，就是行為論。現在自己的行為，為感受未來人生的主因，這即是自己創造自己的原理。自業自得，業有善惡的分別，故果有苦樂的不同；善因善果，惡因惡果，完全取決於人們自己行為——業，決不是取決於神的賞罰。是故佛教否認神格的創造，確信自力更生，發揚人生的價值，不但合乎因果定律的原理，並且合乎人權時代理性自主的潮流，挽回人權，首先要否認神為第一因。

2. 奴隸階級↓一律平等　人類的社會，根本是平等的、自由的；所謂不平等的現象，是由於人的知識的淺深，而影響到職業的高低，絕不是導源於人種的優劣。婆羅門教假託神說：「我種清白，餘者黑冥。我婆羅門種出自梵天，從梵天口生，現得清淨，後亦清淨。」（《長阿含經．小緣經》）這是想藉種族優秀的偏見，於社會上自居特殊的地位，剝削人民。而奴隸階級，不但享受不到一般人民的權利，並且要受王族、農商族、婆羅門族的鄙視。常受上層階級的壓迫，所有的權利都被上層階級剝削殆盡。奴隸階級沒有自己選擇職業的權利，沒有購置土地財產的權利，沒有受教育的權利，也沒有信仰宗教的權利，甚至也沒有禮拜神的權利，是故奴隸的階級，終身為奴隸，永遠受不到神的庇祐，永遠沒有翻身的機會；前途永遠是黑暗的。當時的印度社會就是受這種婆羅門教種姓觀念的支配，而造成社會嚴格差別的制度。佛教是根本否認這樣的宗教思想，否認階級的制度，主張人類一律平等，不但人與人平等，人與其他動物，乃至蟻蟲等都是平等的。正法律中不需要種姓，四姓出家，同為釋氏。只要成就信、戒、施、聞、修的善行，斷除貪欲等的煩惱，即獲得解放。自恃血統優秀的婆羅門族，身犯殺、盜、淫等十惡法，身壞命終，一樣要墮地獄。首陀羅族若身行善、口行善、意行善，身壞命終，同樣得生善處天上。這猶如國家的立法，不問官吏或人民，犯了國家的法律，同樣的要受法律的制裁。善惡因果的定律，是絕對沒有種族優劣的分別，佛陀特許奴隸階級優波離加入教團，打破婆羅門教一貫主張的種姓制度，提倡人人平等，任何人都可以憑著自己的努力創造自由光明的前程。

3. **犧牲主義↓不殺生主義**　迷信神教的人，以為神主掌人類生殺的權能，猶如耶教上帝，信之導生天堂，不信降墮地獄。於是人若信神、拜神，即能獲得神的庇祐。人便變成神的奴隸。說一切動物沒有靈魂，應該受人的宰殺。這是喪盡人性，殘殺眾生，討好神靈，想求自己的幸福。這種犧牲他命，以利自己的風尚，流行於古代的印度社會，古代印度社會常舉行邪盛大會（猶如臺灣拜拜的陋俗），動輒要殺無數的生命，祭祀神靈。佛陀對這種迷信神靈而殘殺眾生的行為，根本反對。「若邪盛大會，繫群少特牛、水特、水牸，及諸羊犢小小眾生，悉皆傷殺，逼迫苦切，僕使作人，鞭笞恐怛，悲泣號呼，不喜不樂，眾苦作役。如是等邪盛大會，我不稱歎，以造大難故。」（《雜阿含經》卷第四．

八九）這種殘殺眾生，罪過無邊。而迷信神教的人竟妄想殘殺眾生，祭祀神靈，求得善報。這種愚癡的行為，無異投石河中，人在岸上祈禱，希石浮現，同樣的愚癡。佛陀為悲憐眾生，積極提倡不殺主義，對抗邪道犧牲主義。人生前途的苦樂，絕不是取決於天神，或是仰賴祭神的迷信舉動。乃取決於人生善惡的行為。要是精進行不殺、不盜、不邪淫等十善業道，離殺、斷殺、離不與取、斷不與取、離邪淫，乃至離邪見而生正見，身壞命終，便生善處天上。要是身犯殺、盜、淫的罪惡，想藉祭師祈禱而改變果報，就同《長阿含經．三明經》說：「奉事日月水火，唱言：『扶接我去生梵天者！』無有是處。」神教祭師的萬能，釋尊特別的反對。佛教的戒殺，不但有生命動物不殺，甚至一草一木都不輕易傷害，不殺生養成仁慈德性，為人生應有的善行。佛教不傷害主義，影響後世人類思想很大，不殺生，才是發揚人道主義的根本。

4. 邪命↓正命　職業的宗教徒，迷信於遮道法的咒術，或為人祈禱，占相吉凶，做為經濟的來源。或以非法取得金錢，這種維生方式，都叫作邪命。釋尊對此邪命故說正命。正覺釋尊，根本反對咒術占相：「邪命自活，瞻相男女，吉凶好醜，及相畜生，以求利養……召喚鬼神，或復驅遣，或能令住，種種㾓禱，無數方道，恐嚇於人，能聚能散，能苦能樂……，作諸苦行，以求利養。……為人咒病，或誦惡術，或為善咒，或為醫方、鍼灸、藥石，療治眾病。……或言此國勝彼，彼國不如；或言彼國勝此，此國不如；瞻相吉凶，說其盛衰。入我法者，無如是事。」（《長阿含經．阿摩晝經》）人世間一切恐怖皆從愚癡生，不從智者生，是故佛教反對邪命遮道法。「若凡夫人信卜問吉凶者，必有是處。阿難！若見諦人，從餘沙門、梵志卜問吉凶……或持一句咒、二句、三句、四句、多句、百千句咒，令脫我苦，……終無是處。」（《中阿含經．多界經》）佛教反對以邪命遮道法為生，主張以正當職業，隨其善巧，與正知正見相應而行正業、正語的生活方式，名為「正命」。佛告族姓：「隨其技術，以自存活。或作田業，或行治生，或以學書，或作勇將，或奉事王，……作如是業，求圖錢財。」（《中阿含經．苦陰經》）以正當職業，合理方法，依法取得的金錢，或供養父母，或給妻子、宗親、眷屬，乃至供養沙門，才能增進人生的福業，故說為正命。若梵志陀然那樣「依傍於王，欺誑梵志、居士，依傍梵志、居士，欺誑於王。」（《中阿含經．梵志陀然經》）不依正業正法，以強權剝削人民，或以非法貪污、敲詐，取得金錢，雖能供養父母，或妻子奴婢，乃至供養沙門，或施慈善，都不能減輕自己剝削人民的罪惡。

5. 斷見↓輪迴　所謂斷見，即唯物的實在論，只相信現前為真實。不信有後世，更不信善惡因果的報應。六師中富蘭那迦葉、末伽梨拘舍羅，就屬於這種斷見派。「我身四大、六入，從父母生，乳餔養育，衣食成長，摩捫擁護，然是無常，必歸磨滅，齊是名為斷滅。」（《長阿含經．梵動經》）這是徹底的斷見論，以為人死了，就同燈熄了一般，永遠消滅，無影無形，無善惡後報，還有什麼後世？「無有他世，亦無更生，無善惡報。」（《長阿含經．弊宿經》）人世間果無後世，無善惡報應，根本就不成為人的世界，猶如現在唯物史觀危害人類的前途，視人為物。佛陀為救護人間，對此斷見，以輪迴說對抗。輪迴為相續流轉意，說人生軀殼雖有死亡，但人的識神（靈魂）不隨人的身軀而沒亡。人的識神是相續不斷的，人可相續為人，也可轉為畜生，或轉生善處天上。這個轉生，就叫作輪迴，而輪迴的動力，就是業力。能轉生善惡與否，完全以人生現前業力為轉移。是故人生前途的苦樂，要受業力支配，不是受上帝或神的支配。這即是業感緣起。任何人都逃不了業力的範圍，人為什麼要受業力支配呢？就是「故作業故」。「若有故作業，我說彼必受其報；或現世受，或後世受。若不故作業，我說此不必受報。」（《中阿含經．相應品思經》）所謂故作，就是身、口、意故作十惡業，必受苦報。不故作業，就是身、口、意，精進行善業，具足戒法。「成就身淨業，成就口、意淨業，……正念正智，無有愚癡，彼心與慈俱，遍滿一方成就遊。如是二三四，四維上下，普周一切，心與慈俱，無結、無怨、無恚、無諍、極廣甚大、無量善修，遍滿一切世間成就遊。」（《中阿含經・相應品思經》）這就是人生前途的苦樂，完全操在自己業力，絕不是上帝的賞罰。人雖受業力支配，但人也可改變業力，惡業可轉為善業，這個改變的作用，完全取決於人生現前有價值的善良行為。是故佛教輪迴論，不特提高人生行為的價值，並且鼓勵人生努力向上，創造自己光明的前途。

6.常見↓無常　這個常見，卻與斷見相反，說人世間一切都是常存不變易的，「我以種種方便入定意三昧，以三昧心憶二十成劫敗劫，其中眾生，不增不減，常聚不散。我以此知我及世間是常，此實餘虛。」（《長阿含經・梵動經》）或說人間復為人間，牛復為牛，瓜復為瓜，人復為人。說是遺傳性的常性。這種說法，依然不出神教的範圍。照這樣說，人世間永遠沒有進步的希望，不獨違背人類社會進化的原理，且違背宇宙人生的真理，是故佛陀對此常見，說諸行無常。佛法的無常論，不僅依人死，或物朽說為無常，乃依因緣生法，生、住、異、滅，不停地變易，或進化、或退化、或動、或靜、或高、或下，都是無常變易的狀態。依此說為無常。佛不許「無常稱說常，不恆稱說恆。」（《中阿含經・長壽五品梵天請佛經》）無常、苦、無我，本為「阿含」的深義，佛常對弟子演說無常義。「大王！於意云何？色為有常？為無常耶？」答曰：「無常也。世尊！」復問曰：「若無常者，是苦非苦耶？」答曰：「苦，變是也。世尊！」復問曰：「若無常、苦、變易法者，是多聞聖弟子，頗受是我，是我所，我是彼所耶？」答曰：「不也。世尊！」（《中阿含經・頻婆娑羅王迎佛經》）是故無常，是從有情自身觀察到世界，是從一到多法，發現人世間一切法，都是生、住、異、滅法的無常。

7. 苦行→安樂　所謂苦行，就是以為人生現前所受的苦，都是前生所作的惡業，故今生要受苦；假使現在盡量受苦，把所有應受的苦受盡，快樂自生。於是「或以一日一食，或二日、三日、四日、五日、六日、七日一食，或復食果，或復食莠，或食飯汁，或食麻米，或食穢稻，或食牛糞，或食鹿糞，或食樹根枝葉花實，或食自落果；……或衣樹皮，……或著塚間衣；或有常舉手者，或不坐床席，或有常蹲者，……，或有臥荊棘上者，……或有倮形臥牛糞上者；……以無數苦役此身。」（《長阿含經・倮形梵志經》）六師中尼乾子，就屬於這一派的代表者。佛教根本反對苦行，因為這種苦行，根本沒有意義。因為「彼戒不具足，見不具足，不能勤修，亦不廣普。」（《長阿含經・倮形梵志經》）即沒有正知正見，怎麼能了知三世因果？前生為有我呢？抑為無我？本所作惡？抑未作惡呢？以及現在所吃的苦為已盡呢？抑為未盡呢？這種種問題，若沒有根本的智慧是不能解答的。況且因果業報有其定律，若是樂報，絕不會因苦行而轉為苦報，或是苦報，也絕不會因苦行轉為樂報。現世報業，絕不會因苦行而轉為後世報。後世報業，也不會因苦行而轉為現世報。苦盡甘來的說法，全是虛妄，實無所得。要解脫苦報，要依正知正見而修正定，成就一切智，獲諸快樂。佛告倮形迦葉曰：「若如來至真出現於世，乃至四禪，於現法中而得快樂。所以者何？斯由精勤專念一心，樂於閑靜不放逸故。迦葉！是為戒具足，見具足，勝諸苦行，微妙第一。」（《長阿含經．倮形梵志經》）是故佛陀於現世一切法獲得究竟了知，便「知此苦如真」，無煩無惱，常住安樂，無有苦悲。故以安樂救濟苦行。

8. **自我↓無我**　古代的印度，不論是哲學，或是宗教，都是與自我相配合的。最著名的數論師，就是主張神我與自性相合的自我哲學。或自我清淨的婆羅門教，總逃不了「我」的幽囚。人世一切的爭奪，都導源於自我。因有個我，即有我所（欲望），因有我所，故有爭奪。「以欲為本故，母共子諍，子共母諍，父子、兄弟、姊妹、親族展轉共諍。……母說子惡，子說母惡，父子、兄弟、姊妹、親族更相說惡。……（乃至）王王共諍。」（《中阿含經．苦陰經》）因各人要滿足自我的欲望，故造成人世間諍奪的痛苦。佛陀為救護人間，根絕人世間的爭奪，故說為無我。佛法的無我，不是理論的分別，乃依有情自身，依佛法的慧觀，說有生必有死，判定為無常，無常即是苦，苦即不自在，不自在，怎麼可說為我呢？無常、苦、無我為「阿含」的深義。無我的根源，乃從緣起說，以一切法生起，皆假眾緣而生。「此有故彼有，此滅故彼滅」的關係，以及無明緣行，行緣識，乃至生緣老死。若無明滅則行滅，乃至生滅則老死滅的緣起觀。愚癡的凡夫，不了解緣起的深義，於緣起法妄認為我、我所，於法生時便認為我，於法滅時，便認為無我。這個我與無我，皆依因緣和合而有我、我所。若無因緣，即無我、我所。在因緣和合當中，好像有個實體東西在那裡生滅，其實「法無自性」，若有實體或自性，怎麼會有生滅呢？「阿含」普遍地說明這個色是無常，無常故苦，苦故無我、我所，乃至「若有色，或過去，或未來，或現在，或內，或外，或粗，或細，或好，或惡，或近，或遠，彼一切非我，非我所。我非彼所。」（《中阿含經．牛糞喻經》）佛法依緣起故說無我，而化自我。

9. **懷疑論↓因果論**　所謂懷疑論，即是對世間一切法生起的原理，以及善惡因果都持懷疑的態度，不信有因果的定律。故說：「於恆水南，臠割眾生，亦無有惡報。於恆水北岸，為大施會，施一切眾，利人等利，亦無福報。」（《中阿含經．沙門果經》）由於對善惡因果觀念的懷疑，甚至說：「無施，無與，無祭祀法，亦無善惡，無善惡報。無有今世，亦無後世，無父無母，無天無化，無眾生。」（《中阿含經．沙門果經》）因為缺少正知正見，對宇宙間一切法生起，而沒有正覺的了知，故發生懷疑，由懷疑而生邪見，以為世間一切法都是偶然會合，「無因無緣而想生，無因無緣而想滅。」（《長阿含經．布吒婆樓經》）這近於斷滅邪見論。佛陀對此懷疑的邪見，說「有因緣而想生，有因緣而想滅」。一切法生起，皆依因緣所生，依因緣生法，說善惡相應，善因善報，惡因惡報，因果循環，貫達三世；或今生受報，或未來受報，因果定律，如響應聲，如影隨形，沒有絲毫的遺誤，更沒有懷疑的餘地。佛陀對此無因無果的懷疑論，說善惡因果報應，肯定人生向上努力作善的行為，建設合理的人生觀。

10. **現世主義↓三世因果** 所謂現世主義，即是無過去無未來，只認現世實有。「彼人愚惑，欺誑世間，說有他世，言有更生，言有善惡報，而實無他世，亦無更生，無善惡報。」（《長阿含經．弊宿經》）佛陀對此現世主義，不承認過去未來以及善惡報應，是違背現世的原理。因有過去，才有現世，因有現世，才有未來，這是相續性的世間觀。若無過去怎麼可說現世，故迦葉問弊宿曰：「今上日月，為此世耶？為他世耶？為人為天耶？」弊宿答曰：「日月是他世，非此世也，是天滿非人。」（《長阿含經．弊宿經》）即承認有他世，即有因果報應。故佛對此現世主義，說三世因果，以過去我為現在我的因，現在的我，又為未來我的因。故以三世因果化現世主義。

11. **唯物主義↓唯心主義** 唯物主義，說我們人類整個身軀，都是物質的構造，依地水火風四大原素而成。人死以後，四大分散，「地大還歸地，水還歸水，火還歸火，風還歸風，皆悉壞敗，諸根歸空。」（《長阿含經．沙門果經》）不問聖凡賢愚，終歸斷滅。故唯物思想，並非發明於歐洲，古代印度社會即已流行。無父無母，無善惡報，無因無緣的思想，都是受了當時唯物思想影響。馬列主義，視人為物，於此有何分別呢？佛陀對此唯物論，說唯心主義，以一切唯心所造。但佛陀非是全偏唯心主義，因救濟唯物論，故強調唯心說：依此一心可以為人，可以為天人，可以為鬼，可以成佛。以心為身體的根本。使心與身體獲得合理的調和。一切皆從心理為主。僅有身體，不能構想理論，人世間一切宗教、哲學、政治主義，皆導源於心地。佛法的唯心說，可說為理想主義，以一切理想皆導源於心思，心為理想的總匯。我們人格能夠向上，全根據理想主義。唯物思想，只是摧毀人類倫理觀念，排斥一切宗教，把人類陷入無父無母獸性的世界。故佛說唯心主義救濟唯物思想。

12.神格的中心↓人格中心　不論一神教，或多神教，或泛神教，都以神格為中心，宇宙人生，為神所創造；天時風雨，為神的主使。於是把宇宙觀、人生觀都納入神格觀念裡。神是萬能，人無自由，人只有敬神、祭神，變成神的奴隸，一切畜生變成神的犧牲品。古代印度社會惑於對神的迷信，動輒宰殺大量的生命供養神，以博神的喜悅，貪穢無厭的神怪，不知要殺多少無辜的生命。佛教根本否認有創造宇宙、主宰萬物的神，尊重人類平等，以人格為中心。人不但與神平等，並且與佛平等，佛生於人間，長於人間，得佛於人間。人類賢愚不肖的差別，絕非決定於種姓，而是決定於人格。有人格的，就是聖人賢人；沒有人格的，就是不肖的愚夫。故人生的價值在於完成偉大的人格，佛教即為攝導人格完成的宗教。是故佛教極重視人格主義，否認神格的觀念，鼓勵人格不斷向善、向上、向解脫而達到圓滿完整人格的佛。人類歷史上首先尊重人格的，就是佛教，是故佛教以人格為中心，否認神格主宰一切！

以上所舉的十二種思想，雖說是為二千五百年前印度社會所流行的思想，也可說為現在人類社會所有思想的體系。佛陀出世後，對當時印度宗教哲學思想提出種種的清算。包括上說十二種在內，使人類對於宗教哲學思想起了革命的作用，對宇宙人生有了新的認識，發現人生的價值，完全在善良的行為及完整的人格，不在神教的庇祐。佛陀於開創印度新文明，破除神教的迷信，糾正偏見哲學的思想，建設合理化的宇宙觀人生觀，揭開人類光明的前途。使人類對人生的價值有了嶄新的覺悟，促進人類自由平等的實現。是故佛陀的思想，不特於二千五百年前主導了當時社會的思潮，即於今日，猶不失為嶄新進步的思想！

佛法根本有情論

一、以有情為本說

㈠有情的意義

佛法根本的課題，即在觀察有情生滅流轉相續的真象。世間有情究竟從何處而來？將向何處去？以及有情身心的組織及其活動的形態是怎樣？這都是佛法觀察的根本課題。佛說無常、苦、空、無我、蘊、處、界的一切法門，都是依有情為立論的中心。依有情而建立佛法，離開有情，即無佛法可說。是故要了解佛法，必先探求有情的意義，不能了解有情，即不能了解佛法的真義。梵語「薩埵」，譯為有情、人、士等。情，即是情感或情欲的意思；具有堅強意欲前進的力量，這與普通所說動物相近。但《奧義書》所說有情較為廣泛，上從天界，下至植物，都說為有情。然有情真實的構造，是物質與非物質二種要素，亦即是肉體與精神二者結合所成者為有情。依佛法說：即是「名色」（nāma-rūpa），此語原出於梵書時代，含有現象或個體（individual）的意味。釋尊採用此語成立有情的單位。佛法說「名」為精神，即五蘊的受、想、行、識，「色」為物質，即四大及四大所造的肉體。《中阿含經．大拘絺羅經》說：「云何知名？謂四非色陰為名。云何知色？謂四大及四大造為色。此說色，前說名，是為名色。」簡要地說：名色，即指有情身心合成的個體。一般所說生命（jīvita）即包括精神與肉體而言。非是離開「名色」，另有生命。所以佛法不是偏於物質，或是偏於精神，佛法的生命，是精神與物質平等和合相應之體。但佛法又非二元論的思想，是精神物質並行論（Parallelism）。

救護人世間，解脫一切有情的痛苦，原是一切宗教哲學的本懷，但一般宗教哲學家，都陷於主觀的錯誤，不是從客觀立場去分析一元、二元、多元，或唯心唯物，就是妄想於自然界以外神祕的神、上帝、主宰等。想以此來解決有情的痛苦，而其實全是一種空幻的倚賴心理。這樣的結果，不是落於客觀的唯物實在論，就落於空幻的神祕唯神論。全都忽略了對有情本身的了解。要解脫有情的痛苦，應從有情身心去了解。佛說中道法，是離去二邊。所以佛法不偏於物質，也不落於唯神論。佛法根本否認神祕的神格。人生的苦樂，取決於有情自身正覺知行合一的德行，絕不是取決於梵天或是上帝，佛法是自覺力行的宗教，皈依佛法僧三寶，是重新認識人生，把握知行合一的德行，達到圓滿成就身行善、口行善、意行善，淨化人生的目的。《中阿含經．業相應品思經》說：「若有故作業，我說彼必受其報，……。若不故作業，我說此不必受報。」明確的指出人的升天堂，墮地獄，都看自己作業與否為標準，絕不是仰靠梵天或上帝的挽救。假使做了十惡業道，最後死了，必定要墮入惡趣。這時任憑牧師怎樣為你祈禱，想接你上天堂，都是誑妄愚蠢的舉動。猶如投石河中，人在岸上祈禱，希石浮現的行為，同樣的愚癡。佛法不同於一般宗教就在此，不存倚賴的幻想，祈求超越自然界以外的神力，而是腳踏實地，努力於知行合一的德行，取決有情自身正覺的行為，所以佛法以有情為根本。

㈡有情的種類　佛說眾生無量，而無量眾生（有情），依其精神活動的不同，可分為五類，或曰五趣（pañca-gati），或曰六趣（ṣaḍ-gati）。所謂五趣：即天、人、地獄、餓鬼、畜生，這是古代的分類；再加上阿修羅，即為六趣，亦即通常所謂六道輪迴。無論五趣或六趣，都存於世間的。在人間，有人、有畜生、有餓鬼。畜生中包括天上的飛鳥，地上的走獸，以及水裡的魚蝦，這又稱為傍生。鬼雖為人所不易見，但也住在人間。人間以上有天，天有種種不同，有高的天，有低的天，全視其福報大小以及禪定深淺而分別。在人間低一層的是地獄，地獄是極苦的所在，通常形容地獄的苦處，有十八地獄，有刀山、火箭種種的苦狀，全視有情業力輕重而分別，《長阿含經．世紀經》對此有詳細的說明。阿修羅遍於五趣，其性好鬥。五趣或六趣，除掉人間與畜生，其餘都含有神話的性質，但為各宗教一致的信仰，即如地獄、天堂之類的，釋尊也認為這是輪迴應有的現象。

在五趣中，最有意義的，就是人間的「人身」。在人間以上的欲界天人雖比人間壽命長，但只沉醉於庸俗的欲樂，根本沒有正覺的真理。人間以下的地獄，苦趣的有情，受苦不暇，哪裡還能談到修行？畜生與餓鬼，雖在人間，然為業力所縛，前者弱肉強食，隨時有被吞噉的危機，而且愚癡而沒有智慧，後者常在飢渴之中，修行的條件遠不及人類。是故五趣中，只有人類才有知苦求樂的知覺。人在五趣中居於升降最重要的樞紐，於是造成一般人想升天界，怕墮地獄的觀念。但在佛法上說：天人雖有五欲可享，但五衰現前，福報享盡，依然要下墮，唯有人間最好，所以《增壹阿含經．等見品》說：「三十三天著於五欲，彼以人間為善趣，……所以然者，佛世尊皆出人間，非由天而得也。」欲界天人耽著於五欲的享樂，不能知苦，不能精進修道，要求解脫，只有向人間求。所以佛在《增壹阿含經．聽法品》說：「我身生於人間，長於人間，於人間得佛。」佛是人間的聖者，是即人而成佛，不是天上的上帝，也不是上帝的使者，是人間最偉大的覺者，天人為了要求真理的智慧，梵天、帝釋、四天王常率領天人下降人間，參加法會，請佛開示正覺真理之道，所以天人要仰望人間為其善處。愚昧的眾生，卻為上帝使者所欺騙，說天堂是怎樣的快樂，人間怎樣的黑暗，把他們的心眼，都接引到一個渺茫天國上去了。釋尊出現人間，徹底覺悟人生的真諦，佛說「人身難得」，又把他們叫回到人間，要他們重新地認識人生，建設人間的淨土！

㈢有情的產生

無論是五趣或是六趣的有情，依其出生方式分別，可分為四生（catasro-yonayaḥ），即胎生、卵生、濕生、化生。一、胎生，如人與牛、羊等畜生，都從母胎生。二、卵生，如雞、鴨、雀等，都從卵生。三、濕生，如蚊蚋、魚蝦等，都從濕地而生。四、化生，如天界、地獄，都是三生以外的自然化生。四生的說法，也非釋尊的發明，早於《奧義書》就提出胎生（jarāyuja）、卵生（aṇḍaja）、濕生（saṃsvedaja）、種生（bījaja）。釋尊以化生代替第四種生，因為佛法未把植物納入輪迴界，但釋尊於植物也非常的愛護，不准無故傷害植物的一草一木，這在佛制戒條中也有明文規定。可見佛說四生比《奧義書》四生廣泛而具體。

要依四生生長的助緣說：胎生與卵生，都必賴二性和合的助緣；濕生，無論蚊蚋，或是魚、蝦，都從自身排卵、體外受精成為新生命。化生，不需假憑肉體的結合，純依業力而生。四生中以化生為最高——天界，也為最低——地獄。並且普遍於人、鬼、畜生的三趣中。《大智度論．放光釋論》）說：「五道生法，各各不同：諸天、地獄皆化生。餓鬼二種生：若胎、若化生。人道、畜生四種生：卵生、濕生、化生、胎生。人是胎生，是普遍的說法；但人的化生、卵生、濕生，雖是科學發達的今日，尚未能有證明。但在佛法中早有說明，劫初的人是化生；《大智度論》對卵生、濕生雖有根據的說明，然尚待現代科學者來證明。

依有情存在的特性，佛說有三界：欲界、色界、無色界。欲界不但有精神、肉體，還有五欲與男女的環境，從地獄到欲界六天的眾生都戀著這樣的環境。且「以欲為本故，母共子諍，子共母諍，父子、兄弟、姊妹、親族展轉共諍。……以欲為本故，王王共諍，……民民共諍，國國共諍。」（《中阿含經．苦陰經》）人世間一切人我是非爭奪，都以欲為本故。至於色界與無色界，則純為天部，且屬化生，二者同為禪定力勝；色界雖然有物質（肉體），但以住於禪定，故無欲望的活動。

㈣有情的延續

要了解有情身心的活動，不僅從種類方面分別，更須從生存的所依去觀察。有情生命的延續就如燈炬一般，必須時時添油，使他能繼續燃燒放光。使這個光明能永遠地延續下去。維持有情一期生命主要的因素，就是飲食。佛告諸比丘：「有四食資益眾生，令得住世，攝受長養。何等為四？謂一、麤摶食，二、細觸食，三、意思食，四、識食。」（《雜阿含經》卷第十五．三七一）飲食於有情生命，不僅提供活動的能量，並於體質上增加了營養，使一期生命得以延續，並且能使精神體質持久而不衰。「若比丘於此四食有喜有貪，則識住增長，識住增長故，入於名色，入名色故，諸行增長，行增長故，當來有增長。」（《雜阿含經》卷第十五．三七四）明白的說出，飲食不獨能延續有情現前的生命，並且能延續當來的生命。是故說：「一切眾生皆依食住。」古時印度苦行外道，因為找不到解脫苦的方法，迷信宿作因，於是盡量逼迫自己吃苦，減少飲食，或一日一食，或二、三、四、五、六、七日一食，或食樹皮，或食草根，存著「苦盡甜來」的幻想。釋尊初出家，依仙人學，雪山六年苦行，日食麻麥，也受了苦行外道的影響。後來覺得這個非究竟之道，故接受牧女獻羊乳，恢復身體的健康，才於菩提樹下完成正覺。可見飲食不特有益於有情的色身；法身資養，雖不需要飲食，但需假借色身而修，無形中飲食於法身也有間接的助緣。故《根本說一切有部毘奈耶》卷第二十九說：「若無事斷食者，得越法罪。」可見飲食於我們修道者是多麼的重要呢！

第一、麤摶食，或曰段食。即是我們日常的飲食，例如一日三餐分段地來吃。「彼摶食者，如今人中所食，諸入口之物可食噉者，是謂名為摶食。」（《增壹阿含經．苦樂品》）。飲食為資養色身重要的原素，延長有情生命的根本，特別是我們人間的有情。故說：「眾生之類，以此四食，流轉生死，從今世至後世。」（《增壹阿含經．苦樂品》）《奧義書》也說「食味所成我」（annarasamayātman）為自我存在的五種層次之一，即指因進飲食而得成就的「我」。

第二、細觸食。觸，即是根、塵、識和合所發生的感覺。由所發生感覺的不同，有可意的，有不可意的。可意的，叫作樂受；不可意的，叫作苦受。這裡所說的觸食，當然主要的是指可意的樂受而言。因為在可意感覺上——樂受，才能使身心得到快慰喜悅，精神才能暢旺，如同吃飯一樣能增長身體的營養，活動力增強。因有這樣的效力，故叫作觸食。不可意的感觸，能使人苦悶煩惱，或刺激精神，甚至失望，都有損身體的健康。身體疲憊時，需要臥睡按摩，來使精神體力恢復。《中阿含經．伽彌尼經》說：「身麤色四大之種，從父母生，衣食長養，坐臥、按摩、澡浴、強忍……。」可見有情生命的延續，不僅需要飲食，猶需要觸食。飲食只能增長肉體的營養，觸食能增長精神的暢旺，為精神生命重要的因素。

第三、意思食。意思，即思心所的願望，簡要地說，就是心思的希望。有情生命，不但需要飲食來資養，並且需要理想的希望來鼓勵，使其精神奮發，身心安樂。一個人要是感覺到沒有希望，即成為絕望，絕望的人生，就不能活下去。故自殺的人，多半是對人生前途感覺得沒有希望，成為絕望，非自殺不可。假使有一點希望的人，絕不會自殺。梁啟超曾說「人生生於希望」，也就是這個道理。可見意思食於有情生命的關係，是怎樣的重要了！

第四、識食。這個識，不是第六意識的識，乃十二因緣中行緣識的「識」。這個識，又名「執取識」，即執取有情的身心為自體，能使生命延續，發展身心的力量。識緣名色，為佛法重要的教義。「名色」，即是有情身心的自體。有情初托胎時，攝受父精母血赤白二渧，就是有取識。能使「名色」延續滋養，繼續的增出、出胎，乃至長大成人，都是這個識的力量。《中阿含經・嗏帝經》說：識為輪迴的主體。雖遭釋尊批判，但釋尊初觀緣起時，僅止於識。《雜阿含經》（卷第十二・二八七）說：「識有故名色有，識緣故有名色有。我作是思惟時，齊識而還不能過彼。」這個有取識，不特為有情生命延續重要的因素，並為有情新生命再造的主體，初期十二因緣的根本。故一分學者說，無明與行二支是後來所附加，初期緣起觀，僅止於識，即根據於此。

㈤**食，是釋尊經過深刻的觀察，所揭示出來的**　第一屬肉體的要素，第二、第三、第四屬於精神的要素。有情有賴於四食延續一期的生命，並為發展當來的新生命的主體。是故人類的生存與未來生命的延續，都有賴意思食與有取識的再創。人類有個共同生存的欲望—意思食，不但希望個人的生存，並且從個人到家庭，乃至整個民族的繁榮，整個國家的生存。不僅人類的有情是如此，即是非人類的一切畜生，乃至昆蟲如螞蟻等，都要繁榮他的種族，都要生命，這是人類有情及非人類的有情共同而普遍的希求。釋尊的慧觀，洞徹一切有情求取生存的欲望，故極端主張戒殺，使一切的有情都能共存共榮，故有「情與無情，同圓種智」的悲願。由此可知四食於有情生命延續是如何重要了！

二、有情組織的要素

(一)有情的身心組織

我們對「名色」的分別，了解有情生命延續的要義，但有情身心組織是怎樣呢？依佛陀慧觀的分別，即依蘊、處、界詳細地觀察，說明有情身心組織的內容。蘊觀，著重心理的分析，處觀著重於生理的分析，界觀著重於物理的分析。依蘊、處、界三法不同的立場，詳細去觀察有情身心的心理、生理、物理組織的真相，說明有情色、心平等的真義。

1. 蘊觀　蘊，是積聚義，即同類相聚，大則是五，小則無量，這類似細胞的說法。《雜阿含經》（卷第二．五五）說：「若所有諸色，若過去、若未來、若現在，若內、若外，若麤、若細，若好、若醜，若遠、若近，彼一切總說色陰。」陰是覆蔽義，蔽覆本性，為蘊的異譯。經佛陀的慧觀，把有情身心的組織，總歸為五聚：即色（物質）、受（感情）、想（想像）、行（意志）、識（意識悟性）。這是側重於有情心理組織要素的觀察。

(1)色（rūpa）：色的定義，為變壞、質礙義。《雜阿含經》（卷第二・四六）說：「可礙可分，是名色。」變壞者，有體的質礙法終歸要變壞的。質礙者，即甲、乙兩種物質不可同時占據同一處所，所謂物質不可入性，具此二義故名色。故色可分廣義與狹義，廣義的色：即顯色（青、黃、赤、白等），形色（長、短、方、圓、高、低等），甚至說：「所謂色者，寒亦是色，熱亦是色，飢亦是色，渴亦是色。」（《增壹阿含經・聽法品》），故色的範圍極廣。狹義的色，即是肉體，諸如眼、耳、鼻、舌、身、色、聲、香、味、觸，及法處所攝色，都名為色。

(2)受（vedanā）：受，是領納義。前說的色，是屬物質方面，今說受則屬精神活動方面。即心理學所說：感覺與感情的作用。感情純為精神活動的表達，即於外界色法，無論是顯色，或形色，乃至音聲等引起一種反應，使精神上發生苦、樂等感覺及感情的作用。佛法的術語，即是受。受的原語（veda），即從「知」一語而來，由知識而起的感覺，這個感覺含有樂不樂的情緒，佛法依情識的分別為三：即苦受、樂受、不苦不樂受。即心理學所說的快、不快、中庸的三種感情，全是有情心理情緒的作用。

(3)想（saṃjñā）：想的定義，為「取像」，或曰「想像」，「所謂想者，想亦是知，知青、黃、白、黑，知苦樂。」（《增壹阿含經・聽法品》）就是於感覺或知覺上構成一概念聯想，分析綜合的作用。即如依眼所感受彩色，鼻所領納的香味，由手所觸感的形狀等，綜合各種感覺構成一花的觀念，這即是「取像」義。或曰想像花的色、香、形狀。但這個「想像」，並不限於外界的知覺，即記憶以往領受上對象，亦是想的作用，故稱為「想像」。

(4)行（saṃskāra）：行的定義，即造作的意思。《增壹阿含經．聽法品》說：「所謂行者，能有所成，故名為行。為成何等？或成惡行，或成善行，故名為行。」即如於外界花境，引起內心取花供佛的意欲，經心思的考慮，而發生「取花供佛」的行動。思考即行為作業的根本。行的主要，即思心所，「思」為業本。這「行」相當心理學的意志。廣義的說一切心理活動的基本。

(5)識（vijñāna）：識，是了別義。「所謂識，識別是非，亦識諸味，此名為識也。」（《增壹阿含經．聽法品》）前說受、想、行三法，雖為心理作用，但此作用生起的根本，即依心體識，此識為精神活動的主體。於受、想、行的對象上發生區別的作用，即是識蘊。而識又是支配前三作用者，它的任務，即在保持這三種作用成為統一性。

在心理學上說，這個識純為統覺（Apperception），或悟性（Understanding）的作用。就是統一判斷推理分別司心的作用，不但區分青、黃、赤、白的顏色，而且判斷苦、樂、不苦不樂的情緒，於此故說為識。要依心理學說明受、想、行、識作用；這可依知、情、意相配合；想與識屬知，受屬情，行屬意。這四種，全為心理的作用，而統一心的全體作用，即是識。故在心理學上識為「統覺」義。

五蘊的分類，在顯示身心組織的要素，而側重於心理的分析。五蘊的色屬物質的——色，受、想、行、識為精神的——心。佛雖說色、心二法，但非是區別色、心，是以綜合色、心不二為主體。或以五蘊全體為名色，或區別為名色與識，或依名色而有識。或依識而名色等分別。要以主客觀作分別：識為主觀，其他四蘊為客觀，或曰識為能詮，餘四蘊為所詮。

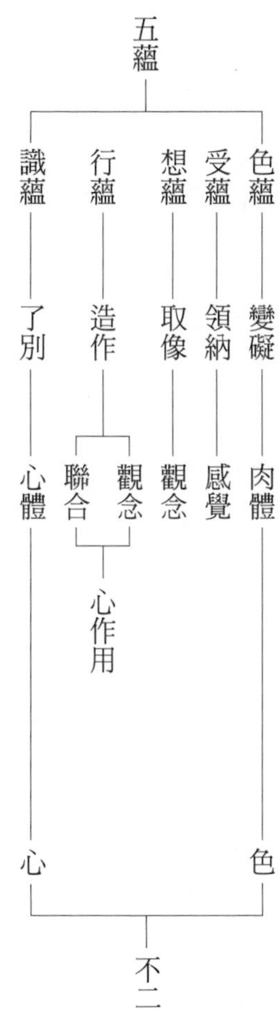

2. 處觀　處是梵語（āyatana），即生長門的意義。以有情眼等六識，不能單獨生起，必須有其所依處所，由此處所，而引發六識分別，色、聲、香、味等境界。是故六處，為主觀的識與所緣境根本的依處。由六處而生眼識、耳識、鼻識、舌識、身識、意識。由此六根引生眼緣色、耳緣聲、鼻緣香、舌緣味、身緣觸、意緣法的作用。依六根引發六識緣境的作用。故六根、六境皆依六處為中心。若沒有六處，這能緣識與所緣境，即失去依處。釋尊說：「有二因緣生識。何等為二？謂眼色，耳聲，鼻香，舌味，身觸，意法。……眼色因緣生眼識……。此三法和合觸，觸已受，受已思，思已想。」（《雜阿含經》卷第八．二一四）。依識的分別六根門不同，所謂六六法門。《雜阿含經》（卷第十三．三〇四）說：「何等為六六法？謂六內入處、六外入處、六識身、六觸身、六受身、六愛身。」這由於根門不同，引起認識區別的作用。六處中的前五處，即眼、耳、鼻、舌、身，為生理的機構，於五蘊中屬色蘊。受、想、行、識的四蘊為意處所攝，但意處所緣的境，總括色心一切法，故當五蘊的全部。有情一切活動依據，就是六處。六處與色等六境相合，名為十二處。釋尊為一般眾生迷於心的道理，也就是不明精神的現象，故詳細說明五蘊心理的內容。為一般有情迷於色的道理，即不解生理物質的現象，故詳說十二處。分析色法說明有情生理的組織。要是迷於色、心二法，即說十八界，廣開心、色的內容，以解有情的迷執，今將五蘊、十二處的關係，示圖於次：

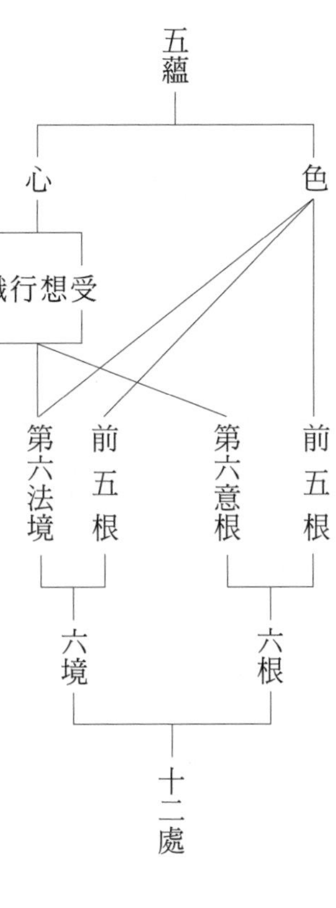

3. **界觀** 這個是以物質為主要，為說明有情身體的組織而分為六界。《中阿含經．分別六界經》說，有情依地、水、火、風、空、識，六大所成。前五界屬物質的範疇，骨肉屬地，血液屬水，體溫屬火，呼吸屬風，而地、水、火、風所依的空間屬空。由此地、水、火、風、空五大，即成立有情的肉體部分，最後一界識即屬精神活動的現象。綜合地等六大成為有情。如《增壹阿含經．六重品》說：「當知，六界之人稟父母精氣而生……。人身稟此精氣而生六入。」這又與名色相似。《雜阿含經》（卷第三．六一）

說：「所有色，彼一切四大，及四大所造色。」世間一切物質都不外乎四大界及四大所造五根、五塵。要詳細了解地、水、火、風、空、識於有情身心的關係，可參閱《中阿含經．多界經》。

㈡有情的本質

蘊、處、界是說明有情組織的要素，但構成這個要素，必有其本質，這個本質，即是構成有情的動力。

所謂有情的本質，亦即是有情成立的因素。這個因素有多種說法；或說業（Karman），或說無明（avidyā），或說欲（chanda），這三者為有情流轉生死的根本，也就是有情本質的因素。如《雜阿含經》（卷第十．二六六）說：「（眾生）於無始生死，無明所蓋，愛結所繫，長夜輪迴，不知苦之本際。」有情流轉生死第一因素，就是無明，是無始以來存在著，這與生俱來的，因不能探其起源，故說為無始。無明的解釋，要以《阿含》最具體。說為「不知前際，不知後際，不知前後際；不知於內，不知於外，不知內外；不知業，不知報，不知業報；不知佛，不知法，不知僧；不知苦，不知集，不知滅，不知道；不知因，不知因所起法；不知善不善、有罪無罪，習不習，若劣、若勝，染污、清淨；分別緣起，皆悉不知。」（《雜阿含經》卷第十二．二九八）這是無明的性質。有情為無明所蓋，於一切有為法、無為法、善不善法，缺少正覺了解，故為「愛結所繫」。

但所謂愛，不外自體愛，及境界的愛。自體的愛，又名我愛，因有我愛的活動，即必然有我所愛，這就是「此有故彼有」的關係。佛說的愛，是有情生存意欲的根源。經中常說三愛——欲愛、有愛、無有愛。「欲」，即是五欲，色、聲、香、味、觸，對此五塵貪愛追求，始終不捨，就是欲愛。「譬如狗子繫柱，彼繫不斷，長夜繞柱，輪迴而轉。」（《雜阿含經》卷第十・二六六）這是形容有情為愛欲所繫流轉的現象。「有」即指有情自體而言，佛法以有情為本，以有情存在為「有」。或說三有——欲有、色有、無色有。或說四有——生有、本有、死有、中有。有愛，即有情自體的愛。無有愛，即是了解因緣所生法，否認自體愛的存在。這個愛在三愛中最重要，一切人我是非爭奪都由於自體愛欲不能打破。佛法不是講愛，是要洗滌有情的情欲，達到無有愛，一切的有情都因為「愛欲」，渴愛所縛，故對於五塵外境，發生貪愛追求。因有愛，而有取。故有愛，即有取。故有執取名色自體的「有取識」產生，而為生死的根本。這即是有情為愛繫縛而有生死流轉的根本義。

有情一切的活動，都脫離不了情愛繫縛的支配。它的活動範圍，非常地廣泛，不特留戀以往境界，並且欣求未來的美果，總想未來會比現在好，但對現在的環境，無論怎樣地好，總是不滿足的。所謂「顧戀過去，欣求未來，耽著現在」。由於有情為愛結所繫，對於無常變遷現實的境界，缺少正覺的了解，構成心理上的矛盾，這個矛盾的根源，依然是無明的關係，《雜阿含經》（卷第十三．三三四）說「愛無明因」意謂愛以無明為因。無明者，就是不正思惟，不正思惟又以何為因呢？謂「緣眼、色，生不正思惟，生於癡，彼癡者是無明，癡求欲名為愛，愛所作名為業。……無明因愛，愛因為業，業因為眼、耳、鼻、舌、身、意亦如是說。」（《雜阿含經》卷第十三．三三四）。有情由於不正思惟，引起意識的活動，即養成有情欲愛的性格。因貪愛而作業，這個業，即是有情成立的動力。無明、愛、欲都屬於煩惱部分，由於有情愛活動的結果，才有業。以煩惱業為根本，才有五蘊，若沒有煩惱等業，即不能產生有情的組織。世間依業而轉，有情依業而轉，有情為業所縛，猶如車輪依車軸而轉。

有情依業而有相續流轉，依四食的資養生命得以延續，依五蘊或六處或六界的和合關係而構成有情的自體。無明、愛、業，所詮的意義，都為有情活動的原理。也就是有情的本質，因有無明而愛，而造作業，才有五蘊六界身。無明來自身內，非是身外的活動。在未活動以前原始狀態，名為無明。要展開無明的自體，即是五取蘊。由無明而行，乃至生、老、病、死等現象。有情不特身心的組織要依此，即有情一切活動都要取決於業的本質。因為業的關係，有情才能無始無終的相續，決非單如車輪的流轉。

三、有情生死流轉的根本

㈠生死流轉義

有情為蘊、處、界的結合體。在表面上說：以四食的滋養，而延續生命。實際有情生死流轉，不僅是靠四食的滋養，而與業有根本的關係。所以不能具體的了解業，就不能了解有情生死相續的根本。因為業的性質不同，才有種種性，種種欲的有情產生。這個不同的原理，就是業力的關係，非是有個神或是上帝在主使。這又名為輪迴（saṃsāra），依業而有輪迴。但輪迴的思想，亦非始於佛教。古代印度哲學，即倡導此說；這與吠陀時代的「常我論」相似，到佛陀時代，才捨去極端唯物實在論，加以改造成為佛教的人生觀。依業而有輪迴，為佛教人生觀的重要的教義。要是離開業，就無法說明人生種種的差別，甚至不能明瞭人生理想的歸宿。

古代印度認為「業」，無論是宗教家或哲學家，都不能脫離「我」的關係。不是認為「我」所幻化的作用，就是認為「我」的以外創作——他作。結果把業所創造的新生命，都不出於「我」的幽囚。所以《雜阿含經》（卷第六．一三三）說：「何所有故，何所起？何所繫著，何所見我？令眾生無明所蓋、受繫其首，長道驅馳，生死輪迴，生死流轉，不知本際。」佛教根本否認有我，故非自作，亦非他作，以中道緣起說明有情生死流轉。有情生死相續根本在於業，但業從何而生起呢？《雜阿含經》（卷第十．二六六）說：「（眾生）於無始生死，無明所蓋，愛結所繫，長夜輪迴，不知苦之本際。」無明與愛為有情生死流轉的根本。無明的解釋，在前章說過，就是不明，或不正思惟。簡要的說：對於宇宙人生缺乏正覺的了解，所以於色起貪欲追求。如《雜阿含經》（卷第三．六二）說：「愚癡無聞凡夫無慧無明，於五受陰生我見繫著，使心繫著而生貪欲。」由於有情貪欲於色，為色所繫，於色不離欲、不離愛、不離念、不離渴，輪迴於色，隨色所轉。受、想、行、識亦復如是，「以縛生，以縛死，以縛從此世至他世」。（《雜阿含經》卷第三．七四）甚至說：「譬如狗繩繫著柱，結繫不斷故，順柱而轉，若住、若臥，不離於柱。」（《雜阿含經》卷第十．二六七）

明確地說明有情為色所縛的真象，有情於色，欲不斷，貪不斷，受不斷，於色若有變易，便生諸憂悲惱苦。且於「色不如實知故，樂著於色；樂著色故，復生未來諸色。」（《雜阿含經》卷第十．二六七）由於貪著於色，不獨為現在憂悲惱苦的因緣，並且為流轉生死的根本。於「色見我，令眾生無明所蓋，愛繫其首，長道驅馳，生死輪迴，生死流轉。」（《雜阿含經》卷第六．一三三）因為有情貪著色，是故不能解脫生死苦惱，所謂心惱故，眾生惱。有情迷悟解脫的根本，就在色等五蘊。迷則流轉生死，悟則心淨，眾生淨。「不樂著於色、受、想、行、識故，於色得解脫，受、想、行、識得解脫，我說彼等解脫生、老、死、憂、悲、惱、苦。」（《雜阿含經》卷第十．二六七）是故說貪愛為有情流轉的主因，也就是業的根本。

㈡死後相續義　有情於現世獲得一定身分，為生命的必然性。從生下到死時，這一期不斷活動中，即是命根（jīvitendriya）或曰壽（āyus）。此外的特徵，依身體說：有暖氣，有呼吸。依心理上說：則有識。即依壽、暖、識三，說為有情的壽命。《中阿含經．法樂比丘尼經》說：「有幾法生身死已，身棄塚間，如木無情？……有三法生身死已，身棄塚間，如木無情。云何為三？一者壽，二者暖，三者識。是謂三法生身死已，身棄塚間，如木無情。」這是分別有情的死亡與否，即依壽、暖、識來判斷。人死壽命終了，暖觸漸失，身體僵冷，諸根敗壞，即告一期壽命結束。但修道比丘入滅盡定時，壽不滅訖，溫暖不去，諸根不壞，故不能說為死亡。

有情必於一定時期之後，不能持續壽、暖、識，即告死亡，也就是壽終。這是依四大所成的肉體的解體而說；不能說有情生命至此終了，永不再起。因為有情依業而有生命，有情的身軀雖有死亡，但有情的業，不隨身體而消滅的，是相續的流轉著。《本事經》（卷第五）說：「二法恆相隨，謂業及與壽；業有壽亦有，業無壽亦無。壽業未消亡，有情終不死；壽業若盡滅，含識（有情）死無疑。」

這是說依業而有生命，業滅，則壽亦滅。有情的業既是流轉相續，則有情壽命也隨之流轉。所以佛說：有情的死，並非有情生命的絕滅，這只限於意識的活動及五根的敗壞。而有情生死的根本——無明，依然存在。並且業的性質是不斷隨緣生滅，一遇到現行的機會，馬上又是一個新生命的出現。

佛法說有情流轉生死現實的經過，先要有男女的結合，這是流轉（胎生）的第一步，雖有男女的結合，要是不能持其本能的欲望，依然不能產生新生命。若依生命說，純是業的創造力，自己創造自己，不過是假借男女結合的助緣而已。佛法說父母及乾闥婆（gandharva 或譯健達縛）三事和合，才有胎生。乾闥婆雖屬神話的名稱，佛陀說為欲界中有之身。或說為識，即攝收父母赤、白二渧為有情自體，即是名色。在母胎中經過五位，才出胎，其應有的生命再出現，這個名為再生。

有情死後再生的經過，差不多是這樣。死後的現象，在外面看，雖屬絕滅的樣子，實際上有情生命的自體，依然可能繼續執取五蘊，托之而生。其間雖一度解體，依然可再結合新的五蘊，如是相續不斷，猶如燈一般繼續地燃燒放光。

這裡有個疑問，假使有情身心的組織，為前生五蘊引續而生，為什麼不能記憶前生的事？依佛法說：生命的本質，不是知識，是因業而感召。《長阿含經．大緣方便經》說：「『若識不入母胎者，有名色不？』答曰：『無也。』『若識入胎不出者，有名色不？』答曰：『無也。』」這是說入胎之識，乃生命的異名，不是意識，所以嗏帝比丘說：「今此識，往生不更異。」（《中阿含經．嗏帝經》）主張識為輪迴的主體，被佛批判。有情的意識不能記憶前生的事，這是合理的解釋。要是聖者的佛陀，不消說，前生後生無量世都能解了，佛陀常對弟子說前生及後生的命運。如說：「彼十六大國有命終者，佛悉記之。」（《長阿含經．闍尼沙經》）「我有弟子有因有緣，憶無量過去本昔所生。」（《中阿含經．箭毛經》）「復次，比丘尼聞某比丘尼於某處命終，彼為佛所記，三結已盡，得須陀洹，不墮惡法，定趣正覺。」（《中阿含經．娑雞帝三族姓子經》）

到了聖者的地位，無所不知，了達三世因緣輪迴，以及有情一切作用。有情只能記憶今生、過去事，還不能記憶前生或後生輪迴的有無。佛陀的慧觀，洞察一切有情業因果輪迴，佛法不是發明輪迴，是要有情了達輪迴的根本原理——業。要有情覺悟脫離生死輪迴業的束縛。

㈢業的本質　佛教的生命觀，即依有情五蘊的積聚及業相的解釋。離開五蘊，根本就不能理解業的相續真象。五蘊為有情身心的組織及有情一切活動的根據。「（於）色見我，令眾生無明所蓋，愛繫其首。」（《雜阿含經》卷第六．一三三）由於有情愛欲為本的思心所，引發一切身心活動，即為行業。故行與業，即指思心所引發身心活動而言。由身心活動而有力用，即稱為業。又分「表業」與「無表業」。要依業的發展經過說：一切善惡業，都由於有情於觸對現實時，引起思心所，經過思維的考慮，然後動身發語，即留有行為的遺痕，這個行為遺痕，即稱為業。是故業是經過內心與身語相互激動的關係，因此，有說業為色，但無質礙；有說業為心，又無知覺。所以業不能看作單獨個體的性質。既不可說為物質，又不可說為精神，是附屬於識的某部分，業雖為有情身心活動的結晶，但又不即是有情的色心，然又非離開有情單獨存在的部分。所以古代印度哲學者，說業為靈魂的附著物。要是離開靈魂的主體即不存在。佛說業為有情身心活動的遺痕，雖不離有情的色心，但又不即是有情色心的潛能。《中阿含經．鸚鵡經》說：「彼眾生者，因自行業，因業得報，緣業、依業、業處，眾生隨其高下處妙不妙。……何因何緣男子女人壽命極短？……何因何緣男子女人壽命極長？……何因、何緣男子女人多有疾病？……何因、何緣男子女人無有疾病？……當知此業有如是報也。」由於有情觸對現實境，經過內心思量、決定，然後表現言語採取行動，這些行為有善與不美的關係，故影響於有情生命的前途，業為決定有情生命前途的主力。有情生命的長短、高低、美醜、善惡、貴賤、貧富、賢愚、黑白等一切惡趣、善趣，都是依業得報，取決於自己善惡的行為，而決不是受自上帝的賞罰。

有情生命前途的一切現象，雖多取決於自己的業力，但業的種類，有很多的分法，略說有三類：⑴定業不定業。善有善報，惡有惡報，這是定業。不定業，也取決於有情自己行為，譬如一個人犯了國法，依法要處極刑，但因他悔過向善，或戴罪立功，因此，極刑減為徒刑，由極刑減為徒刑，即成為不定。這個「不定」是由於悔過向善所致，非是無條件的不定。所以有情由持戒、修定、修慧，重業可轉為輕業，也成為不定業。⑵共業不共業。依自作自受原則，一人做事，一人承當，但人類自他共依的社會，有時一人做事，不但影響了自己，同時還影響到他人，甚至整個國家民族都受到他的影響。就如一人作亂，勾聯異族的叛變，從影響自己部分說：即不是共業，從影響他人方面說：即是共業。自己的不共業遭遇病苦疾難，只有忍受；他人的共業方面，則相拒相攝，構成一個複雜的社會關係。個人的不共業，只有自己努力改善；但社會的共業，必須大眾共同努力改進，或挽救。如遇到天然災難，如水災、地震等，即要社會群策群力共同救濟。⑶引業與滿業，人類的美醜、善惡，雖決斷在業，但在業的功用上也有區別的。在引業所感的人類說：人類的本質，大都相同的，所謂共業所感；但人與人之間不同的部分，如人的相貌、賢愚、夭壽、貧富等，則彼此顯有差別，這是過去各人滿業所感的現象。這種差別，多半為過去業力所感，也有為共業及自己現業所造成。如一人，於今犯盜罪時，五體有所損傷，即為自己現業所成。由於引業所感的人類，既成定局，今生已無法挽救改造——如成為天人，享有天人的身量、壽命與福樂。但由滿業及現在業所感的人生，可以改造的，不善的，改為善；善的，使他增長。佛法雖說：有定業，但猶重視人生現前的改造，由個人的改造到社會全體的改造，達到一個純善共榮的社會——共業。所以佛法的社會觀沒有神造的思想。是自己創造自己，乃至改造社會全體的責任，都需自己做起。

㈣**業與因果的關係**　依業而有因果，因果是業的必然性。《中阿含經．思經》說：「若有故作業，我說彼必受其報。……若不故作業，我說此不必受報。」這是善惡因果的定義。依因果意義說：分為同類因果及異類因果二重。

第一、同類因果。所謂如是因感如是果，種瓜得瓜，種豆得豆的定律，即如今生的聰明，可為來世賢明的因，今生怠墮，來世為愚癡。從前佛陀時代，有兩個持狗雞戒的外道來問佛，將來會感生如何的果報？佛答：「持狗雞戒，修狗雞心，觀狗雞形，若無缺犯，身死命終，生狗雞類，若有缺犯，當生地獄。」佛陀明白地說出六道輪迴的果報，決不是第三者的賞罰，完全取決於自己的業力。所以佛說修狗雞心成狗雞報，懷鬼心投鬼胎，修十善生天界，這是自然的法則。善行者，受善果，惡行者，受惡果，是故因果說法，不僅重視人生行為的價值，並且鼓勵人生努力向上，力行善法，自己創造，達到人自尊自重、自信自強的目的！

第二、異類因果。由於有情現象間的性質不同，說有因果的關係，主要的，就依倫理的立場說：譬如人世間的現象，往往見到行姦作惡的人，而能享受幸福；一向行善種德的人反遭受禍患，讓許多人對於善惡因果報應發生懷疑，這是由於不明瞭三世因果的諦理。依現前有情的行為，絕不能判定這種現前人生矛盾的現象。就如今生壽命短暫的好人，照今生他的行為，找不出他的短命的理由，但要是追向他以往——前世，原來是由於前世多行殺生，今生才感短命報。反之今生行姦作惡的人，為什麼會長壽呢？原來是由於前世以慈心憐憫他命所致。所以今生壽命長短的果報，不能憑今生善惡行為來照驗。依因果的意義，區別有情現象的果報，二者都脫不了因果的定律。即如今世為什麼多疾病？前世苦惱眾生故。今生為什麼無病？前世慈心愛撫眾生故。今世為什麼相貌醜陋？前世多瞋故。今世為什麼體貌端正？前世柔和故；乃至今世貧苦，前世未行善故。今生富貴者，前世行慈善故。即於此中，殺生與短命，愛撫與長壽，這都屬於異類因果的關係。今世善惡行為或在今生受報，或在未來受報，說為因果。異類的因果，不僅可做為人類社會勸善懲惡的教育，並且也是了解人類社會種種差別現象極重要的理論。

這兩種因果，有情於同類的因果，比較容易了解；即自作自受，這是基於心理的根據。最難理解的，就是異類的因果。這個不是直接意志的創造，就如前面說的：由於前世殺生，依其慣性，今世應當還要殺生；但殺生的人，感短命報。這從哪裡找到證據呢？還有，前生多惱眾生，今世感苦厄報；前生以慈心愛撫眾生，今生為福德神。這種種都從哪裡獲得妥當的證明？有慧者說，現前一切的現象都可做證明。前說的同類因果，是基於自己性格，闡明自己創造自己的意義，要依現前國法說：善即賞，惡即罰，即是最明顯的事實。賞罰分明，無爭論的餘地。因果為自然的法則，是附有不可思議力。佛陀的慧觀，洞徹有情前因後果的真象，說明人類社會前途的苦樂，不是繫於神明賞罰而取於有情自己，粉碎人類超越的倚賴感，揭示人類光明的前途，所以佛法以有情為本，即在此。

佛說緣起法

一、根本緣起觀

㈠緣起的意義

佛法根本的方法，就在探求宇宙萬有現象的起因，我們這個世界為宿命造呢？為尊神造呢？抑為無因無緣呢？為有邊？抑為無邊呢？為常呢？抑為無常呢？乃至人生的苦惱為自作呢？為他作呢？抑無因作呢？這種種知見為古代印度宗教哲學家所爭論不能解決的問題。由於佛陀智慧的觀察，才發現諸法因緣性的生滅，即是緣起法。緣起為「阿含」根本的思想，無常、苦、空、無我，都依於緣起而成。十二因緣，或十二緣起、四諦，都是緣起觀的對象。依緣起而探得諸法因果相續的關係。人世間一切法生起，都離不了這個相依相助的要素。這個關係，在佛陀時代，有時名為因（hetu），有時名為緣（pratyaya），乃至說為條件（nidāna），或為集（samudaya）等。這些術語的本質，即是「此有故彼有，此滅故彼滅」。簡而言之「緣此故彼起」，任何一法生起，都要另備條件。要依廣義解釋這個「此與彼」關係，或是條件，即是因緣作用，亦即是緣起

（pratītya-samutpāda）的法則，也就是緣起的定義。

佛說：「我今當說緣起法法說、義說。」（《雜阿含經》卷第十二．二九八）。什麼是緣法起說呢？謂「此有故彼有，此起故彼起」。「謂緣無明行，乃至純大苦聚集。」泛指因、果二法，以顯一切法生起同時，或異時因果相依的關係。「此有故彼有」，即是有因必有果；「有彼故有此。」即是果必從因生。以「此故彼」的關係，構成因果律緣起的定義。以一切法生起都必須依「此故彼」因緣的關係，絕沒有一法單獨或偶然可以存在的。在依存的關係上，要依異時說，則前者為因，後者為果；要依同時說，則主體者為因，相從者為果。這雖說為因果的法則，但依所詮方面說：與主觀方面不同，故所詮方面也就不同了。以此觀察這個世界，在時間上是無數異時因果相續的關係，在空間上是無數同時彼此依存的關係，是無限相依相助和合性的生存著，這即是諸法因緣的精神觀。佛說有為法（samskṛta）即指因緣生法而言，以一切因緣生法，都是無常變遷的，故說：「空相應緣起隨順法。」（《雜阿含經》卷第十二．二九三）所以佛陀觀察宇宙人生的結果，悟達了宇宙萬有不是神造的，也不是偶然的，是有因有緣世間集、有因有緣世間滅的緣起性。也就是有生必有死，無生則無死的因果定律。不過這個緣起性，非常深奧，不是一般人所能了解的。故佛對阿難說：「此甚深處，所謂緣起，倍復甚深難見。」（《雜阿含經》卷第十二．二九三）但這個深奧的緣起法，當時有人疑惑是佛陀的發明，所以佛陀特別聲明：「緣起法者，非我所作，亦非餘人作。然彼如來出世，及未出世，法界常住。」（《雜阿含經》卷第十二．二九九）這是肯定說緣起，為諸法生起的必然性、普遍性，為因果的定律。愚癡的凡夫，不了解宇宙萬有真相，妄認神造說、偶然說。佛揭示「此有故彼有，此滅故彼滅」因果相續緣起的法則，即以此對治一切無因或邪因論。

(二)緣起的辨別

佛說緣起法的目的，即在探求宇宙人生的真理，進而找出斷除生死煩惱的方法。而緣起意義，非常廣泛，且又深奧，不是一般人所能了解的。然就類別上分，則不外前說的同時因果及異時因果。佛陀為欲有情明瞭生死相續性的生命，「我今當說因緣法及緣生法」（《雜阿含經》卷第十二．二九六）。因緣（緣起）與緣生在表面上雖沒有什麼分別，但在二者作用上，顯有不同之處，也就是顯同時與異時的關係。緣起，是約眾緣和合所生方面說：以一切法生起，必須仗因託緣而生，在「此有故彼有」的原則下，才有法的生起，這是佛法根本的慧觀。緣生，是約果必從因生方面說，以一切法生起必須從因而生，對因名果；在一定的條件和合下，才有法生，故說為緣生。這是二而非一的關係。什麼是緣起法？「謂此有故彼有，此起故彼起，如無明緣行，行緣識……。廣說乃至純大苦聚集起。」（《雜阿含經》卷第十三．三三五）什麼是緣生法？「謂緣無明有行，乃至緣生有老死。」（《雜阿含經》卷第十二．二九六）前者以「此有故彼有」，顯緣起之理體，明同時因果。後者顯果必從因生，緣無明有行，顯異時因果。佛說緣生法時，特別加上「若佛出世，若未出世，此法常住，法住法界」（《雜阿含經》卷第十二．二九六）的表述，以明諸法本來如此，也就是顯因緣法因果的必然性，譬如有生必有死的定律，「謂緣生故，有老、病、死、憂、悲、惱、苦。」（《雜阿含經》卷第十二．二九六）但緣起與緣生究竟有什麼不同呢？即依緣起而顯緣生，緣起為主動的，從緣而起，緣生為被動的從緣所生，這顯有因果的關係。佛說緣生時又加上「法住、法空、法如、法爾，法不離如，法不異如。」（《雜阿含經》卷第十二．二九六）。這把緣生法視為不生不滅法性，是因果的深義。並肯定地說：「審諦真實、不顛倒，如是隨順緣起，是名緣生法。」（《雜阿含經》卷第十二．二九六）這即是依緣起而顯緣生相續因果法，緣起為因果法則中所必具的理體，緣生又為因果法則中所必具的事象，因緣與緣生，即理即事，顯因緣與緣生的差別。但世俗人昧於正知見，對於宇宙人生事象中找不到頭緒，或說無因而生，或說常或說斷，都落於邪見。佛法的慧觀，了知一切法皆從因緣所生。說多聞聖弟子於因緣法、緣生法如實，正知善見世間一切善不善法生起，皆離不了因緣，故曰：「有因、有緣，眾生有垢。」、「有因、有緣，眾生清淨。」（《雜阿含經》卷第三．

八一）這即是排斥六師異學，以為一切善惡罪，都為無因無緣偶然會合的邪因論。

1.依緣起而有流轉　從緣起而探得有情相續的生死，即「此有故彼有」、「此起故彼起」、「謂緣無明行……乃至純大苦聚集」。人生生死相續必然的程序，即由於無明；無明者，即是不明。不知善法、不善法、有罪、無罪法，這個不明，就是惑。因沒有正知正見，故身、口、意妄造諸業。因造業故，而有生、老、病、死、憂、悲、惱、苦，純大苦聚集。依苦樂而又煩惱，不知善不善法，而又造業，因造業又招感生、老、病、死苦果。惑、業、苦三道，是這樣展轉不停。有情在生死軌道上流轉，找不到根源，故說為無始。

2.依緣起而有還滅　佛法從緣起探得有情生死相續的因果性，了知一切法有因、有果，果必從因生，因必有後果，即「此有故彼有，此生故彼生」的因果必然的理則，但佛法非是以探得人世間生死相續因果為滿足的，有情生死相續既以「此有故彼有」為生死相續的因果，則必須消除「此有故彼有」的人世生死相續因果性。但怎樣消除人世間的生死相續呢？我們依緣起探得人世間生死相續性，是由於「此有故彼有」的關係，現在要消除這個生死相續，依然要依緣起觀消滅它。由於有情不知善不善法，而妄造諸業，感受果報。假使對於諸法有了正知正見，就不會妄造生死諸業，倘不造生死諸業，即能斷諸苦惱，達到「此滅故彼滅」的目的，「無明滅故行滅，行滅故識滅……乃至純大苦聚滅」。

（《雜阿含經》卷第十三．三三五）這就是人世間生死相續是由於不了知諸法緣起，而妄造諸業，招感苦果。了知諸法緣起，離無明而生明，「此滅故彼滅」，這即是還滅的原理，依然為緣起說。

㈢緣起的異說　緣起的真義，「非我（佛）所作，亦非餘人作」，為諸法生起的必然理性。「緣起」真義，雖非佛陀所發明，然依歷史的考察，佛教的緣起觀與佛陀前後宗教哲學思想或同或異，以及其思想起源的背景，在間接與直接有類似的關係，故對於當時類似緣起哲學思想有參照研究的必要。試舉佛陀前後宗教哲學類似佛教緣起觀部分：

⑴遠在梨具吠陀末時有名的〈無有歌〉（Nāsadīya Sūkta），以讚歌的形式，敘述宇宙開展的次第。在宇宙之初，混沌未分之時，有一個種子（abhu），依其熱（tapas）的力量開展，遂成為欲（kāma），依欲更開展成為現識（manas），於是宇宙次第成立。這即是依心理展開之次第而觀察宇宙的結果：種子——欲——識的系列。這與佛說的無明——行——識的系統相似。佛法的緣起解，初三支與這個種子——欲——識有淵源的關係，是可以想像的。

⑵《奧義書》，其主要立論的思想，就是無明（avidyā）為現實界的本源。於心理的觀察，以意欲為活動的源泉及思想次第相應發展的根據，其說明的方法，近於佛法緣起

觀。在其最著名之《廣林奧義書》（Bṛhadāraṇyaka Upaniṣad）中有如此的說法：人依欲而成，依欲而有志向（kratu），依志向而有業（karma），依業而有果（phala）。

這與佛法緣起觀相對照：佛說的「無明」即是欲，「行」即為志向。「識」與「名色」以下，依心理的活動，相當於業。「生」、「老、病、死」，即相當於果。其名目雖不同，但從心理的觀察，是可以相通的，這是無疑的事實。

(3) 降而至於學派時代，於人生問題研究，最近於佛教緣起法的，當為數論師的二十四諦觀；即自性（prakṛti）——覺（bodhi）——我慢（ātma-māna）——五唯（pañca tanmātrāṇi）——十一根、五大的系統。這類似佛教的緣起觀，但這個學說系統的構成，當在佛陀以後，佛教緣起雖非導源於此，但兩者顯有間接的關係。佛初訪阿羅邏仙人，其對佛陀所說修行觀法，就是以生、老、死為原因。其論說的方式：

冥初——我慢——癡心——染愛——五微塵氣（五唯）、五大（肉體）——貪欲瞋恚——生、老、死、憂、悲、惱、苦

依此說，則佛法的緣起觀，或即依此說法加以改造而成。無明即是冥初的別名，行為

是我慢的異名，識為癡心，愛取即染愛，而有五微塵氣與五大。觸受即貪欲、瞋恚，只是阿羅邏仙人是否以此說教授修行時期之佛陀，在古代記錄上無法找到證據。其次與佛陀同時的耆那教，在教理思想上也有許多類似佛教的地方，其在《阿迦籃伽集》（Acaranga Sutta）說：「由瞋而知慢，由慢而知欺，由欺而知貪，由貪而知欲……故賢者不可不避瞋、慢、欺、貪、欲、憎、惑、識、生、死、地獄、獸及苦。」

這雖屬雜亂無秩序的思想，但也可說類似於佛教的緣起觀。還有尼夜耶派（The Nyāya School）之人世觀說：「現世為苦所充滿，其因在於有生；生之原因，由於為作業；而作業是以煩惱為基礎；煩惱以無知為根據。故人若欲離苦，即不可不滅除無知。」

這即是無知——煩惱——業——生——苦（老死）等次第而生。雖然只舉了五支，但已頗似佛法緣起十二支的系列。

以上所舉諸種類似佛法緣起觀，無論在佛陀以前或佛陀以後，可見佛教緣起觀思想的構成，雖說是佛陀慧觀所成，但也不是偶然的，必為參照各種宗教哲學思想所成，或加以改造。這些對於考察佛教緣起觀的背景上，應視為必要的資料。

二、緣起的內容

㈠十二因緣

十二因緣有情流轉生死，即在這十二有支，或曰十二緣起，說明有情流轉生死的因果系列，為佛教根本的教義。它的內容即是謂：「無明緣行，行緣識，識緣名色，名色緣六處，六處緣觸，觸緣受，受緣愛，愛緣取，取緣有，有緣生，生緣老病死。」總結地說：就是「純大苦聚集」。這即是十二有支程序，各支間都有互相依止的關係，由此構成生死相續的因果事象。

佛陀初修道時，即依十二因緣作次第順逆兩種觀想，完成正等正覺。順觀者，依無明緣行，行緣識，乃至生緣老病死，如是純大苦聚集。逆觀者，依無明滅則行滅，行滅則識滅，乃至老死滅，如是純大苦聚滅。說：「我時作是念：我得古仙人道……我從彼道見老病死、老病死集、老病死滅、老病死滅道跡，……我於此法，自知自覺，成等正覺。」（《雜阿含經》卷第十二．二八七）這即是釋尊依此完成正覺。三世諸佛，亦依此順逆兩觀，達到諸法無我，解脫生死相續，成就正等正覺。是故緣起觀想，應視為解脫的根本法，對「何法有故老死有？何法緣故老死有？」（《雜阿含經》卷第十二．二八七）應有詳細思惟的必要：

1. **老死**（jarā-maraṇa） 老死為人生苦的事實。要詳細說明這個苦，包括生、老、病、死、憂悲惱苦。三苦、八苦、無量諸苦，都隨著老死而來，但為什麼會有老死？這是流轉門觀察的出發點，即因為有「生」。

2. **生**（jāti） 因有生即不得不死，既有了生，即有憂悲惱苦的現象，若沒有生，也就沒有憂悲惱苦，這個「生」應為老死的根本。然我們為什麼會生呢？這即是真的緣起觀的開始。我們說生，必有其根據，最重要的根據，即因為有「有」。

3. **有**（bhava） 這個「有」，即指過去業力所規定的存在體。要具體地說：就是欲有（kāmabhava）、色有（rūpabhava）、無色有（ārūpyabhava），而三有所有依報（器世間）、正報（有情世間），既為業所招感，即不得不生。這即是我們所以說為有緣生的根據。然我們為什麼會有這個「有」呢？即因為有「取」。

4. **取**（upādāna） 所謂「取」，就是追求或執著的意思，在經中說有欲取、見取、戒取、我取四種。但都因自我要求滿其欲望為根本，在家人執取五欲，出家眾執取偏見，以及無意義的禁戒，因有此執著，故有情墮落三有的境界。但這個執著生起，亦非偶然的，即因為有「愛」。

5. **愛**（tṛṣṇā） 這個「愛」是依欲而生起最劇烈的表現，也是有情的特徵。在性質上有「欲愛」、「色愛」、「無色愛」的三種。這純為心理活動中一種現象。亦即意識活動之一，在愛欲發動時，初步所能引起心理上作用，即因為有「受」。

6. 受（vedanā） 這是說明有情染愛生起，不是無因的，是由於苦樂憂喜情緒的領受所以引發染愛。但這情緒的知覺性領受生起也不是無因的，即因為有「觸」。

7. 觸（sparśa） 因有「根塵識三者和合而起的識觸」，才引起苦樂感情的領受。若沒有觸，即不能發生領受的作用。但觸覺生起，亦非無因，即因為有「六入」。

8. 六入（sad-ayatana）：曰六處，「六處」即是有情的自體。在與對象相接觸而起感覺性作用，即是眼、耳、鼻、舌、身、意六根的機能，但這六根機能又從何而有呢？即是從「名色」而有。

9. 名色（nāma-rūpa） 即依六根活動所構成身心和合的組織，名為心理的要素，即受、想、行、識，屬於精神。色為身體的要素，即指物質。通常解釋，名色即是五蘊和合的身心全體的意義。這個身心於自覺意識始能統一，其統一的中心，就是「識」。

10. 識（vijñāna） 這個識，原屬名色一部分，在「名色」只限於認識作用。但在這裡，卻為名色所依存的中心，並有執持的功能，使名色能夠增長不壞。甚至出胎，都是這個識的功能，具有眼、耳、鼻、舌、身、意六種機能。經常在自我意識下活動，那就是

「行」。

11.行（saṃskāra）　這個「行」純為自我意識的作用，在表面是以身、口、意活動為主；實際上是以自我意識為基礎，以求滿足自我所起的欲望，故有造作的功用。但為什麼會有造作？即因為有「無名」。

12.無明（avidyā）　這即是吾人無始劫來生死相續之原因。亦即是流轉生死緣起觀的終結。

以上所說，僅對流轉門作簡單的解釋。還滅門已詳前說，故從略，要明瞭這十二支次第相連關係，可以五系說明之：

(1)老死↑生↑有
(2)有↑取↑愛
(3)愛↑受↑觸↑六入↑名色
(4)名色↑↓識
(5)識↑行↑無明

第一系，專就事實觀察人生，生、老、病、死次第的根本。即是因為「有」的存在。第二系因為有的根本，即是愛欲。第三系由根本愛染的發動以明心理的經過。第四系從認識論的立場以明身心的組織及活動的根源。第五系從認識發動到生命的根本。總結地說：十二因緣，以無明為根本意欲的基礎，從識、名色的認識關係而生起愛染，以明心理的經過。故有情愛染為創造的根本。《雜阿含經》（卷第十二．二八三）說：「顧念、心縛，則愛生，愛緣取，取緣有，有緣生，生緣老、病、死、憂、悲、惱、苦。」要依時間順序說。大部分為同時依存的關係。關於十二因緣系統解釋，頗感困難，因為這裡涉及緣起支數及佛陀哲學思想全部觀察的問題：

1. 緣起支數的探求　依緣起探得有情生死相續的起因，就是無明行等十二支。在《阿含經》中處處說十二緣起，此為《阿含經》極重要的教義，但緣起支數思想果為原始的思想嗎？實有研究的必要。在巴利文《長部．大緣經》（Mahā-nidāna Sutta）詳說緣起中，就沒有無明與行二支。六入為受與觸所攝。表面上總共僅九支。又《長部．大本經》（Mahā-padāna Sutta）敘說毘婆尸佛悟證的因緣。其中緣起支僅十支，缺少無明與行。在漢譯《長阿含經》，關於這兩處雖同說十二支，但其成立時間較遲，要依所傳原形上，二支或可斷定為後來所補加。這個十支與十二支不僅數目的問題，且於教理上也有重要的關係。最初說緣起觀，因未具足十二支，故略說十支或九支，是故部分學者說，十二支為後來整理所附加的支數。

這個問題，在《雜阿含經》（卷第十二．二八七）有一段文，該值得重視的：「世尊告諸比丘：『我憶宿命未成正覺時，獨一靜處，專精禪思，作是念：何法有故老死有？何法緣故老死有？即正思惟。生如實無間等：生有故老死有，生緣故老死有。如是有，取，愛，受，觸，六入處，名色。何法有故名色有？何法緣故名色有？即正思惟，如實無間等生：識有故名色有，識緣故名色有，我作是思惟時，齊識而還，不能過彼。謂緣識名色，緣名色六入處，緣六入處觸。緣觸受。緣受愛，緣愛取，緣取有，緣有生，緣生老、病、死、憂、悲、惱、苦，如是如是純大苦聚集。』」這是緣起最初發現的經過。依此為生死的原因及解脫法的根本，此為佛陀自覺與緣起觀成立經過重要的資料。於此應注意的，即所謂十二因緣中「識」與「名色」有相依的關係。「譬如三蘆立於空地，展轉相依，而得豎立，若去其一，二亦不立，若去其二，一亦不立，展轉相依，而得豎立，識緣名色，亦復如是。」（《雜阿含經》卷第十二．二八八）因識名色有特別相依的關係，故從此以後不能上進。「齊識而還，不能過彼」，當時即依此判定為生死的起因，無明、行二支顯未納入最初緣起觀中。《大緣經》或《大本經》所說九支或十支，應視為直述佛陀最初的緣起觀。

依部分學者說：無明、行二支為後來所附加，這也未必盡然。因為佛陀在一切處，都說「無明」為有情生死的根源，這是教義中最古的思想。「行」為有情根本活動的要素。在經中處處有說，二者都為佛陀所主張，以敘說緣起觀。特別是嗏帝比丘主張以識為輪迴的主體，說「今此識，往生不更異」（《中阿含經・嗏帝經》），佛陀斥為邪見，可見佛陀並未採取識為生死流轉的根本。

佛說緣起觀，在起初根本沒有嚴格界線，故不一定從那一法觀起，有時從愛觀起，如《雜阿含經》（卷第十二・二八三）說：「若於結所繫法隨生味著。顧念、心縛，則愛生；愛緣取，取緣有，有緣生，生緣老、病、死、憂、悲、惱、苦。」這即是從愛觀起。或從名色觀起，如說：「若於所取法隨生味著、顧念、心縛，其心驅馳，追逐名色，名色緣六入處，六入處緣觸，觸緣受……生緣老、病、死、憂、悲、惱、苦。」（《雜阿含經》卷第十二・二八三）因緣觀的起點，以及因緣觀的支數，實不一而足。《大毘婆沙論》說緣起觀，從一緣起說「一切有為法」；二緣起說「因與果」；三緣起說「惑，業，苦」；四緣起說「無明，行，生，老死」；乃至十二因緣，種種形式皆以觀察立場不同，故所說相異。若以此為基礎，總括全體的意見，未免欠妥。前所引的經文，可說佛陀於識、名色關係上特別體會出的見解，而識與名色又為佛法重要的教義。當時佛陀專心於身心活動的觀察，依其所現關係上，或依現實的活力，說為形式根本成立的條件，斷不能依形式判為最後的結論。

佛陀教義中最具特質的思想，就是緣起觀。在形式上也較完整。種種緣起觀中以十二因緣最為完整，在內容上，佛教緣起觀，為心理的，特別以認識為重，即依識、名色說明六入、觸、受、愛、取等心理活動的次第，為其他緣起中所未見的。也就是十二因緣的中心，無明——行——識的系統，從無明讚歌以來，《奧義書》，復經佛陀慧觀完成定論。佛陀以種種因緣為背景，才達到無師自悟的目的，洞悉無明、行、識名色的關係，說為緣起的根本，這個應為佛陀獨創的思想。

2.緣起三世義　依緣起探得有情的起因，雖如上說，但後來緣起說，又分為三世或二世流轉相續的關係。在原始佛典中，僅敘說緣起的支數，並沒有作三世或二世的解釋，故三世或二世流轉說，應為後起的思想。然在《中阿含經．嗏帝經》、《長阿含經．大緣經》，早有三世輪迴思想的萌芽。這可說為緣起觀中一種進步的啟示。

復次，三事合會入於母胎，父母聚集一處，母滿精堪耐，香陰已至。此三事合會入於母胎，母胎或持九月十月便生，生已以血長養，血者於聖法中，謂是母乳也。彼於後時諸根轉大。根轉成就，食麤飯麨，蘇油塗身，彼眼見色，樂著好色，憎惡惡色，不立身念少心、心解脫、慧解脫，不知如真。所生惡不善法，不滅盡無餘，不敗壞無餘，如是耳、鼻、舌、身、意知法……不敗壞無餘。彼如是隨憎不憎所受覺，或樂或苦，或不苦不樂，彼樂彼覺求著受……若樂覺者，是為受，彼緣受有有，緣有有生、緣生有老死，愁慼啼哭憂苦懊惱可得生。如是此淳大苦陰生。（《中阿含經・嗏帝經》）。

於此經可以了知，依緣起觀，從前世說起乃至到未來生。要以過去、現在、未來，配合十二支，說明三世輪迴的現象。無明與行（業）為過去，識為生前死後托胎時最初一剎那所謂「靈魂」，亦即執取識。名色、六入、觸、受等是次第生理及心理上機能完成，及活動完成一個獨立的有情，即是現在的果報。前後相望為一重因果。對於現在外境而有愛欲執著，從此經營現世活動的事業，即有愛、取、有的行動，也就為未來生命的種子。遂有未來生活具體的果報——生，老死——這又是一重因果。從此死了，因有生、老、苦、樂的滋味，又招感生、老、死命運的未來生活，而這個再流轉如前，永無盡期。

㈡四諦因緣　佛法因緣觀，分世間因緣及出世間因緣。十二因緣，只探得有情生死相續因果的必然程序，以及依因緣探得有情生死還滅的必然理則。純為觀念的方法。要從有情世界而實現人生理想的境界——解脫境——必須依世出世間緣起觀。如《雜阿含經》（卷第二・五三）說：「我論因說因。……有因有緣集世間，有因有緣世間集；有因有緣滅世間，有因有緣世間滅。」這是說明世間集，世間滅，都必依於因緣，說明世間集的因緣，即是緣起支性，世間滅的因緣，即是聖道支性。緣起支性，即十二因緣，說明世間雜染因果相續的法則。如《雜阿含經》（卷第十二．二九三）說：「所謂有是故是事有，是事有故是事起。」即是緣無明行，緣行識乃至緣生老死悲惱苦。聖道支性，即是四諦中道諦——八正道——要想超脫世間雜染而達到出世清淨的法界，必須修聖道正法，才能實現。簡扼的說：緣起支性，世間的，雜染的；聖道支性，出世間的，清淨的；而總括世間、出世間因緣觀，就是苦、集、滅、道四諦。苦集二諦是說明世間因果，滅道二諦說明出世間因果。也是從有漏到無漏解脫必然的程序。

1. 苦諦　苦為人生現實的滋味，這個苦是包括生、老、病、死的四苦，這是來自身內的苦；愛別離苦、求不得苦、怨憎會苦的三苦，這是來自社會的苦；而總括諸苦的，就是五陰盛苦，合之為八苦。在此四苦八苦當中的人生，雖然有時候以世間的技術，如醫學、衛生等，可解決老、病等苦，但要想徹底解決人生所有生死的諸苦是不可能的，要解決一切苦，首先要能解脫一切苦的原因。什麼是苦的因？即是：

2. 集諦　集是富有招感性，為招感一切苦的原因。這個因，就是以愛為根本，譬如世間本來是無常，要求它常住不變，即是愛的作用。因為愛，見到「色」有變遷，即生苦。故苦集二諦有因果的關係。但佛法的宗旨，不僅在說明世間雜染的因果，是要有情脫離雜染的因果。脫離的方法，即是：

3. **滅諦** 這個滅，就是要滅除生、老、病、死一切的苦，達到清淨解脫的涅槃。使有情從愛欲囚籠中獲得解放。依照聖智觀察證得清淨的自由，就是涅槃。這是修學佛法者的偉大的目標。要實現這個理想的方法，即是：

4. **道諦** 所謂道，即是正見、正思惟、正語、正業、正命、正精進、正念、正定的八正道。這是通達涅槃的大道，滅諦為道諦的果，道諦為滅諦的因。故滅道二諦亦有因果關係。這與苦集二諦，在形式上雖相同，實際上滅道二諦是出世間的、清淨的；常樂我淨離諸苦惱，為佛法價值的世界觀。苦集二諦為世間的、雜染的，是苦的，為無價值的人生觀。苦集二諦為俗諦，為世間的因果；滅道二諦為真諦，為出世間宗教的因果。

四諦因緣，總括世出世間因果理則，為緣起中重要的理性，佛法雖不是泛論因果，是要於現實事相中了解世出世間因果的必然性，依此必然性，去完成清淨必然的理性，達到淨化身心的目的——如圖：

- 因緣
  - 緣起支性
    - 苦 — 果
    - 集 — 因
    - 世間
  - 聖道支性
    - 滅 — 果
    - 道 — 因
    - 出世間
- 因果

如何是佛？

僧問洞山：「如何是佛？」山云：「麻三斤！」

這是洞山守初的答問，為洞山有名的公案，這個公案立足在現象——實在的立場上，是超越了肯定與否定所顯現的宇宙萬有無始無終活潑地平等的真理。因為宇宙萬有說有、說無，都不能直接悟入佛的實際理體。宇宙萬有存在諸法實相中，而諸法實相又普遍地在萬有中，實相（法）就是萬有的內生命，無時無刻不在躍動著。眼所見的黃花、草木，無一不是法，無一不是佛。由此類推「麻三斤」，自然也就是佛，這個佛便是第一義諦。我們對於宇宙萬有，一向都是根據自己分別意識的立場來判其善惡的價值。但對「如何是佛？」卻不是分別意識所能悟入的。所以趙州田庫奴的公案裡說「至道不揀擇」，就是指示出：佛，是超越了揀擇，離去了分別，不得以取捨相對揀擇的。一揀擇，就是分別，分別是妄，佛不是妄，怎麼能以分別悟入呢？假使立足在離開肯定與否定絕對立場來觀察宇宙萬有，則宇宙萬有無一不是法、不是佛，無一不是活潑地存在著，這又何必要問「如何是佛」呢？

僧問趙州：「萬法歸一，一歸何處？」州云：「我在青州作一領布衫重七斤。」這與洞山答「麻三斤」對象雖不同，然也是從現象上顯宇宙實相平等的真理。僧肇所說「天地同根，萬物一體」，及莊子所謂「天地與我並生，萬物與我為一」，也是就現象顯宇宙萬有一味平等的意思。從差別上觀，則宇宙萬物無一物是相同的；就平等觀，則宇宙萬物自有其共同平等普遍的原理，這就是法的根本。從根本上生起法的緣故，所以說「天地與我並生」。但從法上觀宇宙萬象生起，則宇宙萬物都是法的顯現，都是同體的，所以說「萬物與我為一」。能明白宇宙萬有一味平等的原理，才能悟入「如何是佛」的答案、「麻三斤」的第一義諦。佛在世時，一日外道問佛：「不問有言，不問無言。」世尊沈默良久。外道讚歎云：「世尊大慈大悲，開我迷雲，令我得入。」外道去後，阿難問佛：「外道有何所證，而言『得入』？」佛言：「如世良馬，見鞭影而行。」

這個質問是很明顯的，就是說我今天要請問世尊的，不是超越了本體上有無的說明。所謂佛到底是什麼？佛所悟的內容是什麼？佛為了顯示「離四句，絕百非」絕對存在著，示以暫時的沉默。這就是世尊把自己大悟的內容，本來面目，完全呈現出來的姿態。這個沉默的心境，是顯出離開有無二邊之絕對境界，也就是達摩所謂「廓然無聖」的境界。於是外道於這裡豁悟真理絕對的法，撥開迷雲而得入。這就是世尊離開有無二邊所顯出自體佛，所以佛不是從有無或是分別所能悟入的，也不是從聲音，或是身相所能求得的。《金剛經》說：「若以色見我，以音聲求我，是人行邪道，不能見如來。」所以丹霞說：「佛之一字，吾不喜聞。」趙州說：「念佛一聲，要漱口三日。」乃至丹霞燒佛像取舍利的故事，都是離開了音聲，離開了身相，是超佛越祖的直接突破如來藏，立足在平等理體上，直證「見性成佛」的境界。這比洞山「痲三斤」又似乎更進了一層，這是禪家最高的理論。

如何是禪？

一

禪，就是「禪那」的簡稱，譯為靜慮；是集心於一處寂靜的意思。

中峰禪師曰：「禪何物？即吾心之名也。心何物？即我禪之體也。」故禪之體即是心，心即是禪之宗，故《楞伽經》曰：「佛語心為宗。」禪門傳法，不曰傳法，而曰傳心，或曰傳法印心，都以心為主。此心究竟如何體驗呢？這不是利用分別思想所能捕捉的！要以「直覺妙悟」，才能體驗到絕對心的所在。

因此，禪的功用，以體驗絕對心為中心。體驗了絕對的心，才能領會到禪的滋味，故禪不以一經一論為所依，而以究徹大乘佛教根本原理，體現佛陀正覺妙心所顯現之絕對性為使命，是故禪不可僅視為一宗，實是佛法的總府。是佛陀直覺真境所顯現絕對神性的名稱，不可以名立，故稱之「說似一物即不中」，達摩名之「教外別傳」，或曰「聲前一句」。聲前一句，千聖不傳。不可說有，不可說無。斷去有無，離去是非，構成禪的根本原理。

二

禪與其他宗派不同，它不依據經教，是從橫貫經教根源佛陀正覺妙悟心中而來。「不立文字，教外別傳，直指人心，見性成佛」，這是禪獨樹的別幟。不依文字，直指汝心，唯求自己的解脫，只要一旦抓住了自己心靈上所獨具本性那個核心，便會發現「道本圓成」、「何假修證」、「人人具足」、「個個圓成」的正覺妙悟所顯的絕對生命。這個「圓成」，既在汝心，只要觸著實際抓住實相便獲得「冷暖自知」活活脫脫的生命，是故禪不在言說間，只須實際體驗，始得理會。

僧問馬大師：「離四句，絕百非，請師直指某甲西來意！」馬師云：「我今日勞倦，不能向汝說，問取智藏去！」僧問智藏，藏云：「何不問和尚？」僧云：「和尚教來問上座。」藏云：「我今日頭痛，不能為汝說，問取海兄！」僧問海，海云：「我到這裡卻不會。」僧回頭把請教的經過報告馬大師，馬師云：「藏頭白，海頭黑。」

馬祖道一嗣南嶽懷讓禪師法，住江西，法人布滿天下；也就是六祖大師預示的「馬駒踢殺天下人」的人物。「西來意」，為禪宗最重要的公案，其開端始於馬祖。問的意思很明顯，就是說禪的根本法，既不立文字，又離言說，那麼，就請把所有否定、肯定、懷疑、折衷、是非、善惡、長短的一切議論言說分別統統丟掉，請大師指示達摩畢竟將來些什麼？既曰「離四句，絕百非」，是無言無說；在無言無說當中又從何答起呢？於是一個推「勞倦」，一個推「頭痛」，一個推「不會」，把「西來意」愈推愈莫名其妙，致後來祖師關於「西來意」問答，無慮數百次反覆的商量，也就是種因在此。要是從理論上說明「西來意」，是畢竟不可！況且又是「離四句，絕百非」，又從那兒說明祖師「西來意」！可是卻從「勞倦」、「頭痛」、「不會」上把「祖師西來意」赤裸裸地完全答出來了。

這就等於問：如何是祖師「西來意」？答曰：「柳綠花紅。」因為一切法，法住法位，既「離四句，絕百非」，如何能道出「柳是綠」、「花是紅」的法住法位本來面目？因此，馬大師說：「藏頭白，海頭黑。」無異說：鷺是白的，烏是黑的，青是青的，紅是紅的；不用理論分別「離四句，絕百非」的言詮，只以「藏頭白，海頭黑」來顯「冷暖自知」祖師西來意。

這就是說：絕對的真理，是言說不到的，無言無說是禪的根本法。故歷代祖師啟迪學者，動不動就以「離四句，絕百非」的機鋒來彰顯自己心靈上所證明的絕對境界！掃除學者意識上的分別知見。

百丈問溈山：「併卻咽喉唇吻，作麼生道？」溈山云：「卻請和尚道！」丈云：「我不辭向汝道，恐已後喪我兒孫。」

這個問答與前所舉問答意義相同，也是「離四句，絕百非」如何說禪？百丈懷海嗣馬祖法，住百丈山大雄峰，為宗門著名的宗匠。溈山為百丈侍者。百丈便問溈山閉卻咽喉唇吻如何說禪？在百丈自己於絕對無言無說的真理，已經領悟到「個個圓成」的家珍，為了要啟示學者，故做此問。溈山深知閉卻咽喉怎能說禪？況禪又非可說，於是說：「請和尚道。」百丈也來得爽快說：「我為你說未嘗不可以，可是說出來以後，要喪絕了嗣法我的人啊！」

為什麼呢？禪的根本法，不是憑言說的，是直覺的妙悟，是絕思絕慮的根本法。百丈要溈山超越語言思路答出「離四句，絕百非」的根本法。聰敏的溈山卻用逆襲的方法，假使語言能答得出的話，就請和尚道吧！我是沒有方法的！質言之，直覺的妙悟所顯現絕對的生命，不但不在言說間，亦復不在經教中。叫我怎麼能說出呢？

三

在宗門中有兩個祖師，起初都是依經教尋求真理的，一個是貧無立錐之地的香嚴，一個是訶佛罵祖的德山；後來都為祖師斫破，認識家珍，燒卻經典，成為一代祖師。

香嚴智閑先是研究經教，在百丈前問一答十，後參溈山。一日溈山問：「我不問汝平生所學解及經典上所記得的，『如何是父母未生前本來面目？』試道一句來！」智閑於此，竟茫然莫答，歸寮將平日看過的經典從頭要尋一句酬對，竟不可得。乃自歎畫餅不可充飢，屢乞溈山說破。山曰：「我若說似汝，汝已後罵我去，我說底是我底，終不干汝事。」師遂將平昔所看文字燒卻，曰：「此生不學佛法也，且作個長行粥飯僧，免役心神。」乃泣辭溈山，在南陽獨居參究。一日因鋤地芟草時，隨手抛擲瓦片擊竹作聲，竟廓然省悟。遂歸菴沐浴焚香遙禮溈山道：「和尚大慈，恩踰父母！當時若為我說破，何更有今日事！」並寄溈山一偈云：「一擊忘所知，更不假修持；動容揚古路，不墮悄然機。處處無蹤跡，聲色外威儀；諸方達道者，咸言上上機。」

德山宣鑒，精究律藏，於性相諸經無不貫通領會。常講金剛般若，每曰：「一毛吞海，海性無虧；纖芥投鋒，鋒利不動。學與無學，唯我知焉。」後聞南方盛行禪風，乃氣不平，曰：「出家兒，千劫學佛威儀，萬劫學佛細行，不得成佛。南方魔子敢言：『直指人心，見性成佛。』我當摟其窟穴，滅其種類，以報佛恩。」遂肩擔《青龍疏鈔》南下。在途中見一賣餅婆子，因息肩買餅點心，遂與婆子問話。婆指擔曰：「這個是什麼文字？」師曰：「《青龍疏鈔》。」婆曰：「講何經？」師曰：「《金剛經》。」婆曰：「我有一問，你若答得，施與點心。若答不得，且別處去。《金剛經》道：『過去心不可得，現在心不可得，未來心不可得』，未審上座點哪個心？」這句問話，卻如鎗頭直向敵人猛刺一般，使得那鼻孔遼天的德山老漢，滿面慚愧，一句也答不出，遂逕往龍潭。德山是個當仁不讓的，至龍潭曰：「久嚮龍潭，及乎到來，潭又不見，龍又不現。」潭曰：「子親到龍潭？」師無語。一夕夜深下山，潭點紙燭度與師，師擬接，潭復吹滅，師於此大悟，便禮拜。潭曰：「子見個什麼？」師曰：「從今向去，更不疑天下老和尚舌頭也。」遂將《疏鈔》堆法堂前舉炬曰：「窮諸玄辯，若一毫置於太虛；竭世樞機，似一滴投於巨壑。」遂焚之。

以上所舉兩個公案，很明顯的，就是佛法的真理不在言說經典中。當時溈山為什麼不肯為智閑說破，一是因絕對真理是離諸言說，是閉卻咽喉的，怎麼可以說得出呢？一是因禪是心法，各人本具的不在經典中，我說的是我的，不干汝事，等於我吃飯，汝不能飽，佛法重在實際參究，因此，智閑終以捨卻經典知見，離去言說，始達到實相的妙悟。德山觸著實際絕對的真境，始悟到窮諸玄辯，於真理的性命上，等於畫餅，不能充飢！香嚴、德山後為宗門著名的祖師。

四

從香嚴與德山兩個公案看來，就顯出禪與教根本不同的。因為依據經典所發現的真理，是一種「真理觀」，不是真理事實的本身，更不是研究者自身的真理，這樣的真理，是「想像的真理」，在學說上雖有相當價值，但畢竟不是真理事實！禪是根本否認學說上的真理，故曰「我宗無語句，亦無一法與人」，就是說真理只有直覺妙悟才能體驗真理的生命，也就是真理只有真理自身的表示始能完整。如人自己，只有自己認識自己，才是絕對的正確。這不容絲毫假借的，所以禪之所以安立於「不立文字，教外別傳」基礎上，就在不假理性，以直覺智，達到「聲前一句」，捉住自身經驗的事實，創造出永恆的新生命。以是，要想在佛法中獲得大解脫，實現本有生命的人，不必嚼古人糟粕，或求神靈、拜祖先，只要向著自己心靈大覺體驗上進攻，以掃蕩戰的戰略，把八識田中無量劫所有業識的種子，是非、人我、長短、煩惱、涅槃、肯定、否定、有無、一切議論、惡知、善見掃殺得乾乾淨淨，保證終能制服一切，戰勝一切，身心脫落，成為法中王！

無我與大悲

佛教根本的思想，就是無我與大悲。佛說的無我，不是一種理論，乃是依於因緣生法所得的實際體驗。從人生到世界，宇宙間一草一木的生起，都是仗因託緣而生，就中沒有一個單獨個體的存在。所謂「此生故彼生，此滅故彼滅」。因為一切法沒有固定不變的實體，故說為「無我」。世間人所以妄計有個我，或是妄計有個法，就是不了知此因緣生法的真義。世人所說的「我」，就是軀殼的色身，這個色身，乃是地、水、火、風四大所造色。人身的髮毛爪齒，皮肉筋骨，髓腦垢色，皆屬於地。唾涕膿血，津液涎沫，痰淚精氣，大小便利，皆歸於水。暖氣歸於火，動轉屬於風。一死以後，四大分散，人既不成，我在何處？所以二乘人能了知因緣假合，破除我執，厭生死，樂涅槃，但是沒有救度眾生的大悲心。大乘菩薩不特了知我空，並且照見諸法性空，即《心經》所說：「照見五蘊皆空。」由照見五蘊皆空，故了知一切我執、法執都是妄想計度，本來空無自性，由於法無自性，故了知一切法本來不生，亦復不滅，既無生滅，亦就沒有垢淨的性質及增減的數量。實證一切法，無我相、無人相、無眾生相、無壽者相，自他平等不二。大乘菩薩以平等不二相，破除一切我執、法執，發大悲心修六波羅密行，以四攝法利益有情，廣行度眾生事，這即是大悲心。

一般人對於佛法的真義，都不甚了解，以為佛法的意義，只寄託在泥塑的偶像上，或是少數僧尼身上，這實是一種錯誤的觀念。佛法不在形式上表現，乃在促進人生理性的覺悟。比方佛說無我的真理，不獨有助於人生理性的了解，並且促進發揮人生本有善良的德性，即佛說以大悲心行度眾生事。人類世界一切的禍亂，大之於國際間，小之於社會、家庭，人與人間一切的爭奪，都導源於人們不了解佛法說無我的真理，迷於我執而自私貪婪，爭權奪利。故人類世界發生國與國爭，家與家爭，人與人爭；母與子爭，子與母爭；母說子惡，子說母惡的現象。人生所有本能的德性、天良、正義、理智、情感，都為自私貪婪權利欲望所遮蔽。不特對他人缺少同情心、正義感，甚至父子之間，母子之間，兄弟之間，一切人倫養育的恩德，兄友弟恭的情感、理智、良心都喪失殆盡。人簡直成為貪欲的禽獸，更不相信善惡的因果，說人生貧富、貴賤、賢愚都是偶然的，優勝劣敗，適者生存，乃為世間之至理。這些不正確的邪說，都由於不了知因緣生法的真理，為人類世界禍亂的根本。佛說因緣生法，要人了解諸法空相，既沒有主宰的我相，也沒有固定的法相，一切都是假託因緣和合而生。雖屬眾緣生法，但因果事象必然的程序依然存在。故佛教主張欲救世界，息滅戰爭，首先要人止惡行善，發大悲心，改善人心，斷除小我貪欲、強權剝削的思想，轉而為無我救世的大悲心。使人生社會，在互助、推誠、謙讓、仁愛的美德下，安定社會，繁榮種族，平息禍亂，達到共存共榮的目的！

歷史上一切的偉人，不論宗教家、政治家、哲學家，他們所以能夠成功，都富有這個無我大悲的思想。釋迦佛、孔子、孫總理，他們為改造人生社會，增進人生社會的幸福，能犧牲自己造福世人，特別是釋迦佛犧牲國王的地位，對人類世界發揮出偉大人格同體大悲救世的精神。商朝的賢相伊尹為政的思想是沒有不可事奉的君主，沒有不可治理的人民。所以治世也出仕，亂世也出仕。在他想，天下的人民，任何一個男人或女人，如果有受不到仁政的照顧，那就像是自己陷害了他們一樣，所以孟子推崇他為「聖之任者」。舜帝的時代，大禹治洪水九載，三過家門而不入，此皆「先天下之憂而憂，後天下之樂而樂」無我救世的精神。孫總理畢生為革命奮鬥，為求統一中國，犧牲自己，把大總統的權利地位，讓予袁世凱，獲得千百萬人民愛戴，此為中外歷史上罕有的偉大政治家的風度。所以無我與大悲的思想行為，不獨為佛教徒努力的目標，亦且為現代政治家、哲學家、教育家，所共同崇尚的美德。因為一切政治家、哲學家、教育家，都有改善人生社會救濟世界的志願。這一個抱負，與佛教慈悲救世的精神相同。政治家果欲實現個人政治的理想，首先要有佛教的無我大悲的修養。「無我」為實行民主政治的第一步，「大悲」為服務人民根本的精神。〈普賢行願品〉說：「諸佛如來，以大悲心而為體故。因於眾生，而起大悲；因於大悲，生菩提心；因菩提心，成等正覺。譬如曠野沙磧之中，有大樹王，若根得水，枝葉華果，悉皆繁茂。生死曠野，菩提樹王，亦復如是：一切眾生而為樹根，諸佛菩薩而為華果，以大悲水饒益眾生，則能成就諸佛菩薩智慧華果……。」

這是佛陀開示民主政治的真理。民主時代的政治家，要是不以人民為主體，即休想實現個人政治的理想。學佛的人，要是沒有救度眾生的大悲心，即休想獲得智慧花果。故現代政治家、教育家、軍事家，都應當學佛。其次歷史上一切忠奸之分，也在於此。文天祥、岳飛、史可法，以及秦檜、張邦昌、袁世凱之流，前者為犧牲自我捨身為國，後者為己心重，賣國求榮。所以文天祥、岳飛到最後關頭，從容就義，毫無畏縮，其所以有如此壯氣，就是具有無我大悲偉大的精神。可見無我與大悲的思想，不特有關個人榮辱成敗，且為整個國家民族興亡所繫。

今日自由世界所缺少的，就是這個無我大悲的思想，比方今日東亞局勢之所以如此，全由雅爾達的秘密協定。當時，英、美為減少本國人民對日戰爭的流血——自私，不顧同盟國的利益，出賣中國，讓蘇俄重占東北，造成今日東亞嚴重的局面。反之，開羅會議，由於蔣總統仗義執言保存了日本天皇地位。日本投降後，蔣總統為安定東亞，猶以寬大聲明，以德報怨，這是何等偉大的抱負！今日中、日兩國所以能合作，即基於蔣總統寬大的聲明，也就是無我大悲的精神所感召。艾森豪全球政策宣布後，充分顯出美國人民具有正義偉大、無我大悲救世的精神。英、法關切美國全球的政策，特別是英國反對艾森豪解除臺灣中立化，十足表現出英國人自私、卑鄙，狹隘無恥的民族性，對人類世界沒有大悲心、正義感。為了保持香港貿易的利益，反對美海軍封鎖大陸，這種沒有正義感，自私自利的民族，總有一天會自食其果，受到東方民族的唾棄。西方的國家，倘不能放棄自私、偏狹國家的觀念，而以整個人類世界福祉為前提，那麼這個自由世界休想獲得和平的保障。

自由中國，今日所負的復興民族的責任，是歷史上最艱難的。我們能否完成復興國家民族的責任，就看我們全體國民能否犧牲小我而以無我大悲的精神拯救整個國家民族及整個人類世界而定。今日自由中國緊急的需要，即是要能犧牲個人的權利地位，而以復興民族為己任的無我大悲的精神。有這種精神的人，就是菩薩再來！

人生佛教

今日承貴旅社聯誼會諸位先生盛意，邀東初來演說佛法，但本人對佛法並無深刻的研究。既遇此殊勝因緣，謹提出「人生佛教」做為說法的主題。

人類歷史已走到積極進步的民主社會時代，我們要在這一個進步時代裡求生存，首先要革除傳統腐舊的思想，向新的方向前進！

進步的人類社會，必須配合進步的信仰。民主時代的今日，絕不是信神、信鬼、信上帝的時代；是一個信仰人、信仰佛的時代。佛是由人成的，人能信佛、學佛必能成佛。「佛法在世間，不離世間覺」，這就是佛教要覺悟人類的根本觀點。佛降生在人間，成佛在人間，三藏十二部經典都是為拯救人類而說。其目的，在淨化人心上種種自私自利的我見，使整個人類覺悟到「利他則成兩利，害他則成兩害」的人生因果的法則。改變用各種競爭以求生存的思想，養成人類互助共生共存的美德，使人類社會獲得永遠和諧安寧的秩序。因此，今日人類社會所需要的佛法，不是求個人解脫的聲聞道，或是厭世的緣覺道，乃是基於整個人類共同生命延續繁榮的人生佛教。依人乘正法先修完美的人格，保持人乘業果不失，則整個人類共同生命人性獲得了延續；這樣人類才有進修無上正遍覺的可能。也就是欲造萬層樓房必須從基礎造起，佛為了要建設基於人群社會為對象的新人生觀，在人間說了四十九年法；所說三藏十二部教義，是包括全部宇宙人生因果的真理，是指示我們應如何把人生行為納於因果法則中去覺悟現實的人生，由人而超人，甚至達到成佛的目的，這是給人類思想上一個偉大正確的啟示。

第一，佛是什麼？就是梵語「佛陀」的簡稱，意思是「覺者」，如稱有學問的人為學者一般。因佛陀是覺悟到宇宙人生實相真理的聖人，所以稱為覺者。佛不是創造宇宙及主宰天地萬物的神，乃是人類最高覺悟的模範。我們人類之中，能覺悟到宇宙人生實相真理的，也唯有佛。佛不但自己覺悟宇宙人生實相真理，並且也要一切眾生覺悟，佛說一切眾生皆有如來智慧德相，但因妄想執著不能證得。佛說的那種智慧德相，始終在人生精神方面是一個無價的珍寶，將來人類社會無論怎麼變化，即使整個佛教寺院組織與僧侶信徒都被消滅了，但佛說的那種清淨智慧德相分毫無損，仍將為人類精神上一個堅強力量，只要秉持大悲無我的精神努力不懈，則佛說的那種智慧德相終有實現的可能。佛為了要以他那種覺悟思想為基礎，建立一個覺悟性人生觀給人類，便常說：「世間無常，國土危脆，四大苦空，五陰無我，生滅變異，虛偽無主……如是觀察，漸離生死。」（《八大人覺

經》）

這種警覺性的法語普遍地存在佛教經典中，這也是給我們對宇宙人生一個新啟示。無疑的是要我們於日常生活中覺悟這個無常苦空、無我不淨的人生。然我們不獨對宇宙形形色色生滅變異的萬法，不能深切體察其無常空的真義，即對地、水、火、風（堅濕暖動）四大和合的五蘊色身，也不能徹底明瞭其生從何來死歸何去之因果法則。數十寒暑的生命期限，有著生、老、病、死無量無邊的痛苦。終身忙碌，不論為事業忙，或為國家忙，或為名利忙，但忙到最後究竟哪一件是實在？又哪一件能帶走呢？其結果都逃不了佛說的一個空。空，實是我們人生最大的警鐘，只是我們沉迷不悟而已。

人是富有堅忍性的動物，人生什麼痛苦差不多都能堅忍耐受，說了也容易了解苦趣的滋味。唯對佛說無常空的真理，卻是茫然不解。以為佛法是崇尚空的理論，不解空是諸法實相的真理，是聖人修行正法所得一種境界，小乘人只能證得我空，尚不能證法空。大乘菩薩只能證得我、法二空，尚不能圓滿究竟證得空空的真理。唯佛能究竟圓滿證得二空所顯的真如理。這個空的真理，正是我們學佛的人所要努力取證的。也可說人世間所有人我是非，一切罪惡，皆由不解二空所顯的真理，而妄從四大和合假相上分別有人我是非，我種種相，法種種相，復從我執上起我貪、我瞋、我癡，種種顛倒相繼而生，造成人世鬥爭，互相猜忌，使整個人類世界混亂不安。倘能從佛學上不認幻軀相為我，了達人生宇宙緣起真理，宇宙萬物皆假因緣和合相資相助而成，並無真實體相；我相既不立，法相焉能存，人我雙亡，則人類世界永遠和平的願景不難實現。即今日我國政局之所以紛爭不得和平解決，亦復皆由彼此人我觀念太深，不了解佛說因緣所生法的真理。

第二，我們切不可因為佛法說現前人生無常苦空不淨，就對現前人生發生悲觀、厭離，甚至自殺的行為。要知道，現前數十寒暑，憂、悲、苦、惱的人生，並不是我們真正的本體生命；我們的本體生命，不唯沒有憂、悲、苦、惱，並且是不生不滅清淨自在的。我們無量劫來，生生死死，死死生生，輪迴六道，都不是我們真正人生。實質上，我們從來沒有生過，也沒有死過，世人生死猶如搬家一般，生在天上的人，享諸福報，等到福報享盡，復墮落三途受苦。譬如有錢的富豪，因為坐擁金山，住華廈，坐名車，吃大菜，狂嫖濫賭，恣意揮霍，家財花盡而住進貧民窟。而在三途受苦的眾生，業報滿後，承宿世善根，懺悔前非，而超出人間。譬如住貧民窟裡的窮人，自知窮苦，悟改前非，積極勤勞，得親友之贊助，漸成富人，由貧民窟搬入樓房去住一樣。要知搬家所住房屋雖有良窳優劣之不同，但其主人始終沒有改變，我們無量劫來輪迴六道，時而為人，時而為鬼，時而升天堂，時而墮地獄，就等於做投機商人時而富、時而窮一樣，皆是一種幻化現象。富不是真富，窮不是真窮。這又彷彿大海裡波浪一般，海面因風而生波浪，波浪有生滅，但海水之性則湛然不動，我們無量劫來生來死去等如大海波浪一般起滅，不足為奇。

如圖：

㈠幻化人生（波浪）

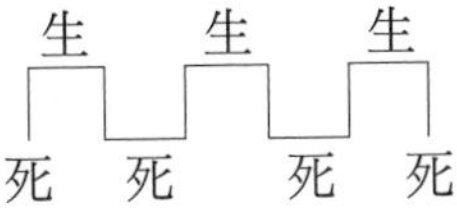

生 死 生 死 生 死 死

㈡本體人生（海水）

命 生

我們了解現前幻化的人生不是我們真正的本體生命，然我們對現實人生不特不要灰心，並且要積極改造現前的人生，淨化現前的人生。我們前面說過，海面因風而有波浪，我們人生因業力而有生死等現象。所謂業力，是包括三世因果法則的真義。我們現前意志活動所造成的業力，便為未來輪迴受生的主因。反之我們現前人生果報是以前生意志不斷活動所造成之業力為主因。如是流轉生死不斷，中間或善或惡，或苦或樂，皆由人自作自受。人因業力而有生死等現象，而業力活動引力非常之大，其活動若轉一向，則所感果報如影隨形，也就隨時轉換。業力雖為感受生命果報的主因，但並不隨個體死亡而消滅。因為所謂死亡，不過是構成身體的物質部分循物理法則而聚散的現象；而人生生命既不限於物質，則精神活動所造成的業力也就不隨身體消滅而終止。當然吾人身軀死亡之時，則業力自然而然牽引自己轉換另一方向，投另一胞胎；因此，另一生命又產生。這種轉換狀態，就是所謂輪迴的現象。果能了解輪迴及業力不滅的定義，則知我們生命是無始無終的相續。過去一切行為因，現在為果，現在一切行為因，又引生將來的結果。因果重重相續無盡，我們能明白因果道理，就知道人生有不朽的價值，因而我們更不應以現前人生為滿足，應求後世更超脫的美滿完善之人生。

第三、當我們了解了業力招感生死果報的道理，也就了解我們的生命既不操諸於神，也不屬於上帝所造。是我們各人創造自己，改造自己，所謂自作自受。我們要改造現前人生使得將來獲得美滿人生，必須以淨化人心為首務，即先完成人道本位上所有的善行，受持五戒十善是淨化現代人生的基本方法。也就是由人的立場而達到成佛階段上基本的戒條。五戒者：不殺生、不偷盜、不邪淫、不妄語、不飲酒。

㈠不殺生而仁愛　就是對於一切動物及微細生命都不加殺害，這不特是人類共生共存的基本條件，也是養成仁慈德性的根本；我們如果能對一切動物或微細生命不起殺害心，並且存有一種保護心、惻隱心、憐憫心、慈悲心、救護心，必能擴而大之，愛護人群，利益民生，則人與人之間即無互相鬥爭殺害的行為，則世間自臻祥和，何殺戮之有？至於以國法處治犯人或為救多數人而處治少數人，則不受此戒限制，佛許在家菩薩以大悲心行殺戒事。

㈡不偷盜而義利　就是對於人與人間一切財物移動，必依正義，雖一芥之微不予不取，是人類共存生活中一種正常行為，也是養成清廉義利道德的根本。人生衣食住行所需要之一切物品，皆經若干智力勞力分工合作出產，非是隨便取之於自然。此種財產，應受國家法律之保障，任何人不得強行攫取。人類社會愈繁榮，人性愈墮落，若有人閒蕩懶惰，不事生產，但求不勞而獲，此等行為不獨犯盜戒，且為正人君子所鄙恥。不義無恥的行為造成人類社會的混亂，所以佛律：「金銀重物，以至一針一草，不得不與而取。」

㈢不邪淫而禮節　今日世界各國大多採取一夫一妻的制度，男女兩性在合理合法的關係下，滿足了人之「大欲」，也維持了後代的繁衍，並且建立了人間重視貞良禮節的風俗。故佛律許在家夫婦配偶行淫，名為正淫。凡不經正當婚姻而行苟合者名為邪淫，邪淫多出於不尊重他人之自由意志之行為。不唯自己道德喪亡，人格墮落，傷害慧命，且破壞家庭和樂，擾亂社會秩序，傷風敗德，莫過於此。

㈣不妄語而誠信　就是人類社會，相處要言顧行、行顧言，言行一致，誠信不欺，是個人立身處世的根本，也是為團結人類，安定社會，促進國家興隆的根本至為重要。今世人類社會人與人、族與族、國與國間之所以不能真誠合作，就是由於彼此言行不能一致，不以誠意相待，以爾虞我詐為能事，造成人類社會人與人、族與族、國與國間，勾心鬥角，爭亂不休。孔子曰：「人而無信，不知其可也。」

㈤不飲酒而正智　就是不飲一切刺激麻醉性的飲料，以養成清淨人品，發揚正智為本。不飲酒能保持身心清淨，發生智慧，以飲酒不唯使生理心理失去健康，且易變成嗜好，傷身敗德，誤事肇禍，甚至身亡家破，皆由此而起。故有些國家用法律明文禁止，佛律立為遮戒。

以上五戒，於不殺生之下加仁愛，乃至不飲酒之下加正智，是舉佛教五戒與儒家五常並稱，每條上半截是所不當為，下半截是所應當為。上截為五戒，下截為五常，皆為人類道德的根本。十善由五戒開出，略則為五戒，詳則為十善。

此中語行四種，即由五戒中不妄語開出不綺語（花巧言語）、不兩舌（挑撥離間）、不惡口（粗口罵人）。意行中三法，即五戒中遮戒不飲酒開出不慳貪、不瞋恚、不愚癡，如是為十善法，為學佛初步之戒條。人能持五戒遵守人倫道德，取得人的資格，保持人的業果，才能學佛。質言之，學佛必須從人做起。如果做人尚不夠料，又怎能學佛做超人呢？能持上品十善道，來世必生天道，緣以無貪、無瞋、無癡，其心清淨安樂為天人境界，且此十善法不唯人天善法，並為二乘及菩薩所共修。《華嚴經．離垢章》云：「又此上品十善業道，以智慧修習，心狹劣故，怖三界故，闕大悲故，從他聞聲而解了故，成聲聞乘。又此上品十善業道，修治清淨，不從他教，自覺悟故，大悲方便不具足故，悟解甚深因緣法故，成獨覺乘。又此上品十善業道，修治清淨，心廣無量故，具足悲憫故，方便所攝故，發生大願故，不捨眾生故，希求諸佛大智故，淨治菩薩諸地故，淨修一切諸度故，成菩薩廣大行。又此上品十善業道，一切種清淨故，乃至證十力、四無畏故，一切佛法皆得成就。是故我今等行十善，應令一切具足清淨。如是方便，菩薩當學！」

由此觀之，十善業道為五乘之共法，人人所當學。以上十善法純從正面說，反之則為十惡法，十惡法感三途果報，法雖有善惡，皆不出吾人一念心耳。有人說我學佛可以，何必要持五戒，這是笑話了。我們修持五戒十善法，是站在人道立場上，表示具足仁慈德性，能愛護一切眾生，尊重一切人的生命財產及其人格。以竭誠之精神致人類社會於祥和安樂。試問五戒中，我們哪一條不應該持呢？我們可以做一個無仁慈德性的人而不愛護一切眾生嗎？我們不應該尊重一切人的生命財產而實行強奪嗎？我們要做一個無恥的人，不尊重他人的人格，放縱情欲，破壞倫常，表現無禮節的邪行嗎？總之，我們要想在社會上做一個有人格道德的人，要想博得全人類社會大眾認同，必先以竭誠仁慈心同情人類社會大眾。印度聖雄甘地之所以能博得世人的愛戴，就是他能以竭誠仁愛精神同情人類。五戒是我們同情人類大眾的基本道德，不持五戒，便不能做好一個人，遑論領袖群倫安邦立國了。五戒足可以輔助國家法律之不足，以善良風俗，促進社會的祥和樂利。南朝宋文帝時侍中何尚之說：「百家之鄉，十人持五戒，則十人淳謹。千室之邑，百人持十善，則百人和睦。持此風教，以周寰區，則編戶億千，仁人百萬。而能行一善，則去一惡，去一惡，則息一刑；一刑息於家，萬刑息於國，洵乎可以垂拱坐致太平矣。」

因此我們了解五戒十善法的真義，要挽救現代社會，淨化現代人心，就要提倡五戒十善法。五戒十善是適應現代人生的需要，為完成善行人格基本的條件，人能保持人乘行果，也就是使整個人類生命獲得延續，並且獲得美滿的人生。人類有了完善美滿人生為基礎，則進一步使人們漸從十信、十位、十行、十迴向、十地的修學開發人性中潛有的德性，重重進化，以至究竟得無上正覺——實現人生本體生命。所以說：五戒為人生佛教的基本，學佛初步的戒條！

五戒十善圖解

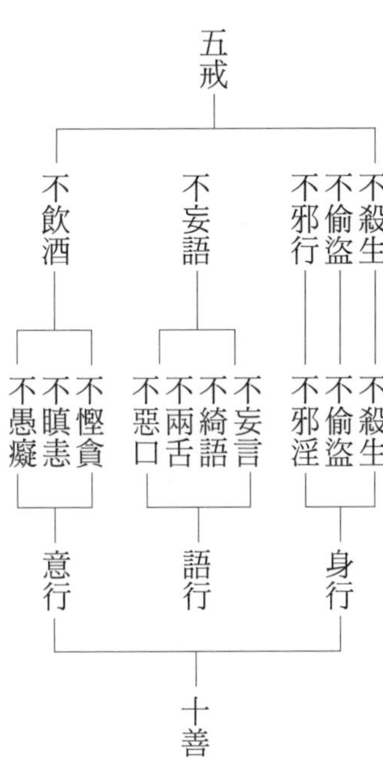

人生佛教根本的原理

一、佛教思想的源流

佛教的思想，含有宗教超然的性質，而沒有一般宗教迷信神教的色彩。以佛陀出生於人間，長於人間，於人間得佛，是人間的覺者，非是天上的上帝。故釋尊基於對人生社會諦觀的經驗，說的一切教法，不特包括了人生道德、哲學、倫理、教育、文化、藝術等多方面，並且都為發揚人格教育的原理。佛說五戒十善、四諦、十二因緣、六波羅密、三法印等法門，都為說明人生世出世間的因果及理事，以期發揮人生本有潛伏的德能——佛性。故佛說的五乘共法，雖包括人、天、聲聞、緣覺、菩薩，實由人↓天↓聲聞（緣覺）↓菩薩↓佛陀，層層地進化，而上達到究竟的佛果。雖上至於佛，亦仍以人乘為修行的基礎。佛說法的對象，多至九法界眾生。然亦以人類為主體。以六道說：天人沉醉於庸俗的五欲享樂。地獄苦趣的有情，受苦不暇，根本沒有修道的精力。畜生愚癡不知有善道可趣。唯有人類才知道有佛果可求，及三途苦趣應捨的思想。成佛作祖及三途受苦都由人所造作，是故人實居於上升下沉總樞紐的地位。釋尊為救人而出家，為度人而成佛，成道住世五十年所說的三藏十二部經教，都為淨化人生，改造人生社會，增長人生社會幸福，建設人生佛教的註腳，故捨去人生佛教建設，佛陀實無出世說法的必要！

二、以人為本的思想

佛教根本的思想，乃最切實以人為本位的思想。十力、四無畏、三十二相、八十種好的佛果聖德，要由人來修成；三途苦趣的惡業，亦復由人所造作。故《華嚴經》說：「應觀法界性，一切唯心造。」欲增進人生社會的福利，創造宇宙繼起的新生命，都必須以人為根本。所以佛說的種種淨土法門，雖為提高修學佛法者的理想，宣傳如來果位的功德，以使對佛身報土樹起崇高的信仰，然這只能認為修學佛法的一種目標，不能確認為佛教根本的目的。我們只可用這種目標來提高人生的理想，增進人生的興趣，以此增加人生社會福利，而絕不宜使之離開人生的立場。我們過去宣傳佛法，常忽視人生佛教的建設，而要在離開人生社會以外，另建樹莊嚴的淨土，這實在是偏頗的思想。大乘佛法的淨土觀，是娑婆即淨土，煩惱即菩提，乃至心淨故國土淨，是要我們不離開人間，要以人為本位，以入世為第一義。《迴諍論》說：「若不依世諦，不得證真諦；若不證真諦，不得涅槃證。」所以大乘菩薩以不樂涅槃、不厭生死的精神，做為貫徹佛陀大悲救世的本懷，今日應根據佛陀本懷的教義，來完成以人為本位的佛教建設。

佛教的人生觀，以發揚人生本有的德性為原則；人本的德性，就是佛性、慈悲。佛教的慈悲，類似孔子的「仁愛」思想。佛教以慈悲為出發點，愛護一切眾生，慈能與樂，悲能拔苦，這是發揮人類最大的同情心、正義感。佛說的慈悲，不唯發展人與人之間，並且擴大到人類以外的一切動物之間，視一切眾生皆是吾人過去世的父母兄弟姊妹，佛教主張不殺生，即基於這種意義，故佛教慈悲主義，實較孔子的「仁愛」思想為廣大。因為一切動物，乃至昆蟲螞蟻都有要求生存和繁榮種族的願望！

大乘菩薩的思想，是直接繼承佛陀慈悲的主義，地藏菩薩的「地獄未空，誓不成佛」，觀世音菩薩的隨類應身，普賢菩薩的無盡行願，都在發揚佛教慈悲救度眾生的精神。佛教文化能普遍於世界，其教化的重心，即在灌輸佛教慈悲思想，亦即是發揮人類善良的本性。

人生佛教的根本，即在淨化現代人心上種種自私我執，使人人都能脫離殺、盜、淫等十惡業，完成人生基本人格的修養，即不殺、不盜、不淫等十善業。我們今生，由於過去的善因，得生於人道，我們必須保持人道善因善果的生命，繼續到未來，使整個人類的生命得以延續不斷。人類有了善因善果道德為基礎，則進一步，再從十住、十行、十迴向、十地的修學，層層上進，發達人生本有的智慧德能，重重進化，乃至得無上正遍正覺。是故人生佛教的目的，不在上求天趣的善報，或到惡趣救度眾生，而是在淨化現代人心中的種種自私我見，使之悟到「利他則成兩利，害他則成兩害」的人生因果法則，改變人生彼此鬥爭，互相殘殺以求自利的思想，養成互助合作，共存共榮的美德。是故人生佛教的目標，不在出世，乃在促進人類進化，增進人生社會全體的福利，使佛教適應現實化的人生。故今日佛教徒的使命，乃在貫徹人生本有德能生命的實現。

三、人生知行合一的哲學

佛陀說法的重心，乃在改善人生社會的品質，發揮人生本有的德性。改善人生社會的品質，當以實踐八正道為最善。所謂八正道，即是正見、正思惟、正語、正業、正命、正精進、正念、正定。這是人生知行合一的哲學，也是佛陀對人生宇宙真相做實際觀察，所證得的自由進化於至善的正當的道路。吾人果能對人生宇宙事事物物，有正確不移之認識，具足正當的見解，分辨邪正，不落於唯神論、唯物論的一切荒謬的迷信，即謂之正見。由此正見啟示，對於人生宇宙一切事業之發動，如理思惟做正確的決定，即謂之正思惟。由正見的引導，正思惟的決斷，以真智修口業，不做一切非理之語，即謂之正語。對人、對社會，做有益於人生社會的善行，即謂之正業。依於正當資生的事業，合理的生活，不做投機事業，不行取巧欺騙，擾亂社會經濟，即謂之正命。能於一切道支努力不懈，即謂之正精進。行者對於宇宙人生真相的認知、思惟與決斷，必須熟習明記不忘，求其實現，即謂之正念。集中心念，不落於唯物論、唯神論等邪僻迷謬的見解，專心於現實的真相，而得於一心的，即謂之正定。這八正道支，以正見為首，以正定為根本，以分別推求覺知，終能達成如理智現前，不獨為人世間最上乘知行合一的哲學，也是眾生真正解脫生死煩惱的道路。

佛說的八正道與《大學》所說的「格物、致知、誠意、正心、修身、齊家、治國、平天下」八項條目，頗為相似。《大學》的格、致、誠、正、修、齊、治、平八項，乃是由個人內在德行的修養，發展到外界事業的完成，為一貫不斷進修的過程。本末兼收，表裡一致，為求知、修身、治國的根本。所謂格物，即是分析事物的道理，即佛說的正見；致知，即研究一切知識而求其實現，即佛說的正思惟；誠意即是正語；正心即是正定、正念；修身即是正業；齊家、治國、平天下，則可通於正命、正業。可見聖人之心，所見皆同。以齊家治國平天下為人生正當的事業。人不能貫徹大學格、致、誠、正、修、齊、治、平八項道理，就不配稱為「大人」。

今日天下大亂，邪說猖狂，其根本的原因，即由於一切不正的文化教育邪見思想所汨惑。由邪見為首，挑起各種的欲望，罔顧道德和倫理乃至引發奸盜邪淫一切罪惡的行為。不獨摧毀了人生社會的福利，並且喪失繼承人生基本的善因，破壞人生因果，斷絕人類生命的延續；動搖國本，危害民族生存，莫此為甚。是故居今日欲言救國救民族，應以佛說八正道支，以正見、正念、正定，配合人生社會教育文化，改造國民思想，灌輸正見教育，由小學而大學，應該注重以正業發展國民經濟事業，以正語、正命發揮民主政治的思想。教育、經濟、政治，為人生社會三大事業。正思惟、正精進，皆為發動推進此三大事業要素，而完成人生自由，達到社會安定之進化，故以此八正道配合大學格、致、誠、正、修、齊、治、平八項精神，以此奉為教育、經濟、政治最高的標準。恢復民族的正氣，鞏固國本，完成知行合一德性教育。試以圖說明如下：

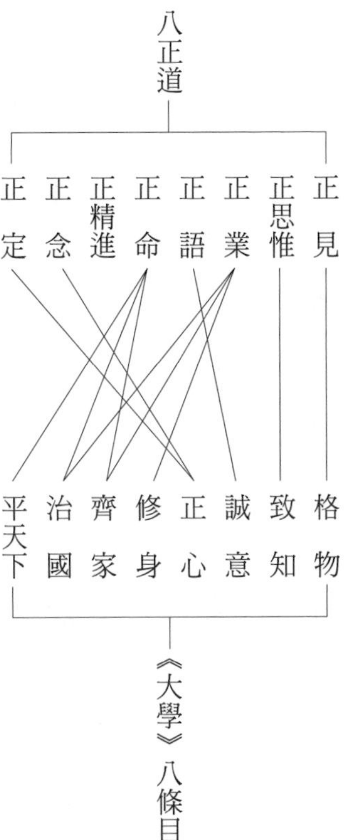

四、適應現實人生社會的需要

大乘佛法以化導人生社會至於至善為目的。「諸佛如來以大悲心而為體故，因於眾生而起大悲，因於大悲生菩提心，因菩提心成等正覺。」（〈普賢行願品〉）

這是佛陀依眾生而起大悲心，因大悲心而得成正覺。所謂眾生即指一切有情識的生命，人也是眾生之一，大乘佛法即是以人類為中心，適應人道之教化而施設。故太虛大師曰：「佛法雖無間生死存亡，而以適應現代之現實的人生化故，當以『求人類生存發達』

為中心而施設契時機之佛學，是為人生佛學之第一義。佛法雖亦容無我的個人解脫之小乘佛學，今以適應現代人生之組織的群眾化故，當以『大悲大智普為群眾之大乘法』為中心，而施設契時機之佛學，是為人生佛學之第二義。大乘佛法，雖為令一切有情普皆成佛之究竟圓滿法，然大乘法有圓漸、圓頓之別，今以適應重徵驗、重秩序、重證據之現代科學化故，當以『圓漸的大乘法』為中心，而施設契時機之佛學，是為人生佛學之第三義。」這是大師指出當依於現代人生化、群眾化、科學化為基礎，建設契時機的趨向無上圓漸的大乘佛學。由此可明白，佛法並非消極的人生觀，實是積極地發展人生，由人乘、天乘、二乘、三乘，到無上正覺。並非個人主義，實為群眾化。雖以無上圓滿究竟正覺為目的，但以完成人格修養為第一義。故太虛大師曰：「人成即佛成。」倘不能完成做人應有的善行，即無達到超人的菩薩，超菩薩的佛陀的希望，質言之，不能做一個好人，就不能學佛。

大乘佛法以「人生」為中心，在現代的人生化、群眾化、科學化的時代，要復興佛教，應發展以人生為中心的佛教。天堂固不適合科學化的時代，自私自利的小乘道，亦復不宜於群眾化的社會。人獨為萬物之靈，當有創造性的能力，改善人群社會生活，做好經濟政治建設，增長人生的幸福，搶救世界的災難。是故依於大乘佛法自利利他的原則，要使人人能捐獻出自己一切的精神能力，改善人類社會，使人群社會能互利互惠，斷絕一切侵略爭奪的行為，達到人類共存共榮的目的。今後不論政治家、科學家、宗教家，倘不能一致謀取世界永遠和平，則整個人類都將淪於毀滅，絕對沒有一人能幸免。故實現世界永遠和平，唯有發揚人生佛教。

佛說的一切淨土法門，雖為修學佛法者共同的目的，不論彌陀淨土、彌勒淨土、藥師淨土、觀音淨土、地藏淨土，都為隨機而說的方便法門。倘一味專求後世的勝境，或無生的寂滅，不獨與現實的人生社會脫節，並且不能圓顯佛法偉大的功效。是故大乘佛法說「娑婆即淨土」，《淨名經》曰：「心淨則國土淨，一切唯心造。」把大乘佛法具體化的適應於人生社會，故以現實人生為基礎，依於大慈大悲菩薩的悲願，隨機應化的精神，改善人生，淨化人心，建設適應時機的現實人生佛教，以實踐人乘行果，發揮大乘佛法圓滿的功效。

人生佛教的本質——倫理、道德、正覺

一般人對於佛教都缺少了正確的認識，有的認為佛教教理很深奧，說佛教是哲學；有的認為佛教重視儀式，說佛教是宗教；有的認為佛教主張出世，說佛教是超人的，非人倫的；甚至有的認為佛教超度亡人，於是說佛教是死人所需要的，不是人生所需要的；這種種說法，只可說是看見佛教的片面，沒有能窺見佛教的全體。

依佛教真義說：非特不是出世的，不僅死人所需要的，並且為入世的，為人生社會所需要的。佛教有句最流行的話，就是「佛法在世間，不離世間覺，離世覓菩提，恰如求兔角」。這是說明佛教根本的依處，即在人生的世間。捨去人生社會，也就沒有佛教可說。所以佛教不僅為適應人生社會而施設，且為做人的一種根本。我們不能做成功一個好人，根本就談不上做賢人，做聖人，做超人。所以一般人雖掛了學佛的招牌，但他自心上所有的自私自利，貪、瞋、癡、我慢、我見，以及人我觀念種種惡習氣，並沒有絲毫的改變或斷除；甚至連一個普通人所具有的倫常情感、同情正義的私德都沒有。試問這種人怎麼能做成一個有慈悲心、有同情心、有正義感、捨己為人的賢人？聖人？超人呢？質而言之：

就是沒有能完成做人的基本條件，也就不能夠學佛！

人生佛教的本質，究竟是什麼？簡單地說：就是倫理、道德、正覺。也就是要我們完成做人應有的善行，即是先要具足完整的人格，有了完整人格做基礎，才能配得上學佛。所以人生佛教的目的，不在求升天堂的善報，或往生他方世界的淨土，乃在要人做成功一個有倫理的互愛，有仁慈的道德，有正覺的理智，對於人生社會大眾富有情感，真誠敬愛，不欺詐，不殘暴，有同情心，有正義感，能捨己為人，福利社會的一個好國民。我們能做成功一個好人，即能學佛，甚至進而成佛。所以太虛大師曰：「仰止唯佛陀，完成在人格，人成即佛成，是名真現實。」

一、倫理的愛

佛教以救人為目的，這是盡人皆知的，但是怎樣去救人呢？是不是把人都救到另一個世界上去？等於用直昇機一樣，把傷兵從前線上救出送到後方去？這樣的救人，只是消極的，不是積極的。積極的救人，要從人心救起，也就是根本上實現和平，把所有的軍隊都脫離了戰場，這才是真正的救人。今日要救人，當從人的本質上救起，人的本質，就是倫理的道德。倫理不特為人生的根本，並且為安定家庭、鄰里、社會、國家和世界和平的根本。現在由於人類不能互相敬愛，所以家庭不和，社會鬥爭，國家多事，乃至世界不能和平，都因缺少這種倫理的愛做基礎。佛教對人倫道德特別重視，所以佛教於《善生經》上開示親子、夫婦、師生、親族、主僕、施主與沙門之間等的倫理關係。

㈠ **親子的關係**　人倫關係，親子最重。父慈子孝，兄友弟恭，夫唱婦隨，原是我國倫理教育的根本。佛教亦特別重視人倫互愛、互助的教育。《善生經》說：「善生！夫為人子，當以五事敬順父母。云何為五？一者供奉能使無乏，二者凡有所為，先白父母，三者父母所為，恭順不逆，四者父母正令，不敢違背，五者不斷父母所為正業。」

這是為人子的應有的態度。但父母對子女又該怎樣？

「善生！夫為人子，當以此五事敬順父母。父母復以五事敬視其子。云何為五？一者制子不聽為惡，二者指授示其善處，三者慈愛入骨徹髓，四者為子求善婚娶，五者隨時供給所須。」

這是父母對待子女，應愛之教之，使其安穩無患。父子果能依照佛說各行其五事，不特可使父慈子孝，家庭和樂，並可達到光前裕後的目的，由此進一步可發展社會互助的教育。

㈡夫婦的關係　家庭中除掉父母及子女，夫婦居主要的地位。夫唱婦隨，互相敬愛，本是我國傳統夫婦的倫理；而在女權發達的今日，夫婦的關係更處於平等地位。佛教尤重視夫婦互助平等的義務，不主張偏差，頗適合男女平等的真義。《善生經》說：「善生！夫之敬妻，亦有五事。云何為五？一者相待以禮，二者威嚴不媟，三者衣食隨時，四者莊嚴以時，五者委付家內。」這是丈夫對待妻子的態度。但為人妻的，又應怎樣對待丈夫呢？

「善生！夫以此五事敬待於妻，妻復以五事恭敬於夫。云何為五？一者先起，二者後坐，三者和言，四者敬順，五者先意承旨。」這是妻子對待丈夫的態度。今日人間夫婦感情不和，究其原因，互有不是，乃至發生重婚、離婚等不幸的事件，全由夫婦雙方沒有能盡到互敬互助平等相待的義務。果能依照佛說各行其五事，互相愛敬，互相合作，不獨可減少家庭許多爭論及一切不幸的事件，並能享受白頭偕老美滿和樂的幸福。

㈢親族的關係　人的天性，就是愛，不特愛父母、愛家庭，並且愛與自己有關係的親族、國人，進一步，愛人類世界。這都發自於人的天性，故人生社會，實建築於愛的基礎上。佛說的慈悲，就是發揮人的廣大的愛。今日人類社會之所以不能和諧相處，就是缺少這種廣大的愛，要發揮廣大的愛，必須從親族起。《善生經》說：「善生！夫為人者，當以五事親敬親族。云何為五？一者給施，二者善言，三者利益，四者同利，五者不欺。」

這是對於親族應有的態度。尤其在這個世界動亂的時代，我們對陷於因難的親族，應施予財物，或慰以善語，助其度過難關，不放棄希望，不喪失意志，決不可存有絲毫勢利，待以驕傲漠不關心的態度。我記得鄭板橋先生對他的弟弟這樣地說過：「對於貧苦親族，冬天來的時侯，先要泡一大碗炒米，佐以醬薑一小碟，給大人孩子喫得暖溫溫的。決不可以自己孩子在吃好的，親族的孩子在旁邊看，顯出貧富的階級，這皆是不盡人情。」板橋先生這種親族之愛，可為今日一般人的榜樣。至於親族又該怎樣對待人呢？《善生經》說：「親族亦以五事親敬於人。云何為五？一者護放逸，二者護放逸失財，三者護恐怖者，四者屏相教誡，五者常相稱歎。」

自己既受了親族的提拔或幫助，就要時時刻刻忠於親族，照應著親族，如果親族遇到擔驚受怕的事情，便要盡心盡力地幫助護衛；要是親族有放逸的行為，也應該委婉勸誡。總之既受人的恩惠，絕不能忘恩負義，對親族應時時存有報恩的心思。

㈣師生的關係　中國傳統的五倫中雖沒有明舉師生一倫，古代將師生攝於父子之中。因為孝順父母，敬奉師長，乃人倫教育的根本，《三字經》說：「養不教，父之過；

教不嚴，師之惰。」可見師長於家庭子女教育的關係如何重要了。《善生經》說：「善生！弟子敬奉師長復有五事。云何為五？一者給侍所須，二者禮敬供養，三者尊重戴仰，四者師有教敕，敬順無違，五者從師聞法，善持不忘。」這是弟子敬奉師長的道理，師長對待弟子是怎樣呢？

「師長復以五事敬視弟子。云何為五？一者順法調御，二者誨其未聞，三者隨其所問，令善解義，四者示其善友，五者盡以所知，誨授不吝。」

這是師長對待弟子的態度。近年來中國教育所以失敗（指在大陸而言），固然由於師教不嚴，對於課程採取敷衍態度。學生受了刊物宣傳而中了社會毒素，置教規於不顧，常以要挾師長，破壞教育行政為能事，但究其原因，實互有不是。倘師生果能各行其五事，必能使社會教育有良好的發展，達到振興教育的目的！

㈤**主僕的關係**　家庭中除親子、夫婦、兄弟姊妹相親相愛以外，主人對於僕人也要以仁慈心愛護他，決不可以虐待，或以奴隸相待，這都是違背人道主義。《善生經》說：「善生！主於僮使，以五事教授。云何為五？一者隨能使役，二者飲食隨時，三者賜勞隨時，四者病與醫藥，五者縱其休假。」

這種態度對待佣人，不獨合乎今日勞工神聖的精神，也合乎人道主義。但僕人對於主人又當怎樣呢？

「僮使復以五事奉事其主。云何為五？一者早起，二者為事周密，三者不與不取，四者作務以次，五者稱揚主名。」這是僕人對待主人的態度。主人虐待僕人固然不對，而身為僕人的，只想偷懶不做事，不忠於主人，天天想增加工資，這也沒有道理。主僕倘能依照佛說各行其五事，必能感情融洽，上下齊心。

㈥施主與沙門的關係　人生社會，原本就是採取分工合作的關係，譬如農、工從事生產，商人通有運無，知識分子的士，知書達禮，關心社會，講志節，能教化，故應受社會供養。佛教沙門亦屬此類，並且以世出世間善法教導人民，現世及未來皆獲得利益，自身亦有高尚的人品，故佛教沙門也應受施主的供養。

施主與沙門亦復含有互惠的意義。《善生經》說：「善生！檀越當以五事供奉沙門。云何為五？一者身行慈，二者口行慈，三者意行慈，四者以時施，五者門不制止（自由出入）。」這是施主對待沙門的，但沙門又怎樣對待施主呢？

「沙門當復以六事而教授之。云何為六？一者防護不令為惡，二者指授善處，三者教懷善心，四者使未聞者聞，五者已聞能使善解，六者開示天路。」這是沙門對待施主的態度。要使施主能聞法、行善，使其生生增上。

由上面看來，佛教所說的倫理的愛，雖極瑣碎，然懇切真誠，不獨比孔子倫常觀念廣博，亦復比耶穌教的博愛尤為徹底。我們要知道耶穌教雖以博愛為標榜，但它對人倫的態度是怎樣呢？不妨引一段耶穌教言給大家比較看看。〈馬太福音〉第十章，耶穌說：「你們不要想我來是叫地上太平；我來並不是叫地上太平，乃是叫地上動刀兵。因為我來是叫子與父親生疏，女兒與母親生疏，媳婦與婆婆生疏。人的仇敵就是自己家裡的人。」〈路加福音〉第十二章，耶穌說：「你們以為我來，是叫地上太平麼？我告訴你們，不是，乃是叫人紛爭。從今以後，一家五個人將要紛爭，三個人和兩個人相爭，兩個人和三個人相爭；父親和兒子相爭，兒子和父親相爭；母親和女兒相爭，女兒和母親相爭；婆婆和媳婦相爭，媳婦和婆婆相爭。」耶穌這些話，都很有毛病的，簡直是挑撥離間父子、夫婦、婆媳倫常的感情，視自己家裡人為仇敵，怎麼能說是「博愛」呢？這無異示人以鬥爭，製造仇恨，破壞人類的和平。所以耶穌教化的歐洲，歷古以來多戰爭，其原因也就在此。〈馬太福音〉第八章載：「有一個門徒對耶穌說：『主啊！容我先回去埋葬我的父親。』耶穌說：『任憑死人埋葬他們的死人；你跟從我罷！』」〈馬可福音〉第三章載：「當下，耶穌的母親和弟兄來，站在外邊，打發人去叫他。有許多人在耶穌周圍坐著，他們就告訴他說：『看哪！你母親和你弟兄在外邊找你。』耶穌回答說：『誰是我的母親？誰是我的弟兄？』」〈馬太福音〉第十章載，耶穌說：「愛父母過於愛我的，不配做我的門徒；愛兒女過於愛我的，不配做我的門徒。」像這種說法，試問與共產黨所倡導的「不愛爸爸，不愛媽媽，但愛史達林」又有什麼分別？把自己家裡人視為仇敵，不承認自己的父母弟兄，甚至父母死了也不准去埋葬，要以這種話，說是「博愛」，實不近乎人情物理。最不道德的，就是摩西指揮他的門徒說：「你們各人把刀跨在腰間，在營中往來，從這門到那門，各人殺他的弟兄與同伴並鄰舍。」利未的子孫照摩西的話行了，那一天百姓被殺的約有三千人（見〈出埃及記〉）。由此我們可明白耶穌教所暴露的一個面目並不是仁慈博愛，是個十足仇恨殘暴的劊子手。我從前對耶穌教也與一般人採取同樣的態度，以為什麼宗教都是好的；現在才發現我這種想法是錯誤的。尤其是站在民族立場上，我是不能贊成耶穌教的，因為我們今日正是要復興民族，要喚醒民族的靈魂；而喚醒民族的靈魂，最要緊的，就是要恢復五千年來中國固有倫理的道德，培養民族自信心和自尊心。耶穌教不特無倫理的觀念，並且是主張亂倫的，在〈創世紀〉裡說：「羅得的兩個女兒，都從他父親懷了孕。」「亞伯拉罕稱他的妻撒拉為妹子。」這是不適合中國民族性的宗教。最近內政部蔣渭川次長於〈東臺山地紀行〉（載《民間知識》第十六期）一文中也說到，山地同胞因受傳教士物質及精神宣傳影響，大多缺乏孝悌的道德，他們只知道有基督教的教義，而不知道三民主義，蔣次長對此深為憂慮。其實，豈但山地同胞，去年臺北建國中學也有部分學生及宜蘭縣員山國校教員，都以信仰基督教為詞，不肯向國父遺像及國旗行禮，這種種潛伏的危機，都值得我們當局者重視的。耶穌示人以鬥爭、殘殺、無人倫為能事，所以有人認共產主義為耶穌精神之新繼承者。今日共產黨所實行清算鬥爭，製造仇恨，殘殺同胞，無父無母，懺悔，坦白，末日審判等，幾無一不導源於《新舊約》。美國左翼作家辛克萊於其《宗教利益》一書中曾力言：「耶穌為無產階級革命的創始人。」耶穌對於不信仰他的人，都施以火燒，或施放瘟疫以殘殺，這在《新舊約》都有紀錄。反對耶穌教而被處死刑的，在西洋歷史上所見多有。今日共產黨鎮壓所謂「反動派」所做的種種傷天害理之事，無不一一載諸《新舊約》而為其藍本。所以今日我們要肅清「赤色」毒素的思想，不僅要消滅一切「赤色」刊物書籍，並且要知道「赤色」思想的根源，即在《新舊約》。故對《新舊約》中紕謬的部分，實有刪改的必要。

最痛心的，就是我國一般沒有正知正見的人們，把自己的祖宗都丟掉，跟人家去信仰。不供自己的祖宗，改供十字架，以為時髦。唉！竟時髦到連自己的祖宗都不要了。要知道，馬列主義是要亡我們的國家，耶穌教是要亡我們的祖宗，也就是要亡我們的民族。在此復興民族聲中，我們希望同胞要自愛，要自尊，不要受人家少許物質的引誘，就忘記了根本。要知道人家給你物質是有作用的。譬如美食雜毒，雖有好色好香，愚昧的人們，不知其中雜毒，貪食以後，飯食消化，毒性發作，喪身失命，無可挽救。今日我要特別勸請一般知識水準較高的人們，不要再漫不抉擇，為人利用，胡亂地提倡耶穌教，以戕傷民族的自信心，摧殘立國根本的倫理道德。我所以要說這些話，並不是反對耶穌教，是希望有心復興民族的志士們，要特別注意於此，應怎樣遏止這種無人倫的思想蔓延。我們不要以為掛十字架的，都是幹的好事，那些宗教「政客」，特別是若英國強生（Hewlett Johnson）一流的同路人，我們要嚴密注意他們的言行，以防止「紅色主教」（Red Dean）活動，利用滲透矛盾分化及暴動，這是防止間諜工作之一。

佛教所說倫理的愛，是其他宗教所不及的。《梵網經》說：「一切男子是我父，一切女人是我母。」所以佛教主張不殺生，就是把一切眾生都當為自己過去的父母兄弟姊妹看待。殘殺眾生，無異殘殺自己的父母兄弟姊妹。試問誰肯殺害自己的父母兄弟姊妹呢？佛教用這種廣大的倫理的愛，愛護一切人類及非人類的一切眾生。今日我們要復興民族，必須用這種廣博的愛為出發點，啟發一般國民父子的愛、夫婦的愛、兄弟的愛、主僕的愛、親族的愛；擴而大之，推到鄰里的愛，社會的愛。也就是由愛家人、愛親戚、愛同鄉、愛民族、愛國家，乃至愛整個人類世界的同胞。世間也決沒有一個不愛父母、不愛妻子、不愛子女的人，而能愛鄰里、愛社會、愛民族、愛國家，乃至愛整個人類的同胞。所以今日我們要依照佛說的這種廣博的愛去洗滌無父無母，不愛爸爸，不愛媽媽，但愛史達林的毒素思想。特別是人性墮落，倫理蕩然，無民族、無國家觀念的今日，我們要以這種廣博的愛團結民族，以愛堅定民族，以愛洗滌人類所有一切仇恨與殘暴的思想。這種廣大愛的啟示，愛的精神，實是安定社會人心，鞏固民族的精神，救國救民救世的根本。

二、社會的道德

前面所說的倫理的愛，是說明家庭父子、夫婦、親族、師生、主僕，互相敬愛，互助合作的道德。社會的道德，是由家庭的道德，發展到社會間人與人相處互敬、互助的關係。倫理的道德，直接關係到家庭的興衰，間接影響到親族及社會的福利。社會的道德，乃有關整個社會福利的問題。

道德的定義，究竟是什麼？簡單地說，就是自利、利他，雖能自利，不能利他，尚不能說是道德，何況不能自利？譬如迷信神教的人，以為殺生祭神為合理的道德，企圖獲得善報，實是一種錯誤的想法。殘殺眾生，罪過無邊，要以此為道德，祈求善報，等於投石河中，人在岸上祈禱，希求石頭浮現，同樣的愚癡。故迷信神教，固然得不到善報，就是占星、卜相、咒術、祭祀等，雖不是直接害人的行為，但也沒有善報。凡是一種行為得不到善報，都不能算是道德，故釋尊積極地反對：「行遮道法，邪命自活，瞻相男女，吉凶好醜，及相畜生，以求利養。」（《長阿含經》卷第十四・二一）這都是些不合理的行為，怎麼能說是道德！

佛教的道德範圍很廣，可分為個人的私德與社會的公德，前者為人乘法——五戒十善，後者為大乘法——四攝法。

佛說的五戒，即是不殺、不盜、不淫、不妄語、不飲酒；相當於孔子的五常——仁、義、禮、智、信。再由五戒開出十善法，這是人生基本的道德。倘能持此不犯，即能保持人生業果不失，兼行十善法，並有生天的可能。孔子的五常，特別發揮仁字。古人說：「仁者，人也。」就是仁愛為人的天性，是與生俱來的。這「仁」字相當佛說的慈悲，故佛教不殺生，即表示有仁慈的德性，今以五戒與五常並舉，分別說明於次：

㈠不殺生而仁愛　佛教以慈悲為主，故不許殺害一切有情，因為殺是殘酷的，是斷絕有情類的生命。雖在國法上為除暴安良，在國防上為驅逐侵略的敵人，不得已而用兵，也是出於愛護自己國家民族，所興的仁義之師，用來保障人類的和平，不是以殘殺為目的。故不殺生，不獨發揮人類天性的仁慈德性，並且為安定人生社會的根本。我們倘能以對一切有情類不起殺害心，並且存一種仁慈心、愛護心、救護心，由這種愛護有情類的仁慈心，擴而大之，愛家人、愛民族、愛人類，則人與人之間，必能化除互相仇恨、殘殺的行為，則人類世界自感祥和，哪裡還有什麼殺劫呢？

㈡不偷盜而義利　人類一切的財物，都各有其主，必須互相尊重，雖一草一木不與不取，這是維持人生社會共存共榮基本的軌則，並且養成國民清廉的美德。我們要是以這種清廉美德，資助他人，或為國家社會公共團體服務，則不獨能減少許多貪污枉法盜竊等不法的罪行，並且可增加人生社會的福利。倘存心以種種取巧的手段，掠奪他人的一切財物，亦復含有偷竊的性質，故偷盜不唯犯國法，且為不義無恥的行為，是為正人君子所鄙恥的，所以佛律有「金銀重物，以至一針一草，不得不與而取」。

㈢不邪淫而禮節　人類社會的男女關係，是以繁衍子孫為目的，然男女夫婦必有貞良禮節的倫理。佛律許在家夫婦配偶行淫，名為正淫，凡未經正當婚姻而苟合行淫者，名為邪淫。邪淫不獨有損自己的道德，且因損害對方的名節，破壞家庭的幸福，擾亂社會秩序，傷風敗德，莫過於此。

㈣不妄語而誠信　人類社會之和平進步，乃是基於誠信和諧的道德，今日人類世界，乃至人與人間，國與國間，所以不能真誠的合作，即由於彼此言行不能一致，不以誠信相待，以爾虞我詐為能事，造成整個人類世界陷於互相說謊，勾心鬥角，爭亂不休。我們倘能以誠信相處，必能贏得人生社會及世界永遠的和平。

㈤不飲酒而正智　凡是含有刺激、興奮和麻醉性的飲料，人喫了不獨容易染成嗜好，腐敗身心，以致亂性，由此肆行而容易發生一切不正當的行為，甚至亡身破家都由此而起，所以佛律禁止飲酒，以養成清淨人品，發揚正智。有些國家用法律明文禁止，佛律立為遮戒。

我們不殺害一切有情，這只是一種消極的道德，應當更積極地救濟一切有情，所以上列五戒，於不殺生之下加仁愛，乃至不飲酒下加正智，即含有積極的性質，也就是舉佛教五戒與孔子的五常並論。每條上半截是所不應為的，下半截是所應為的。上截為五戒，下截為五常，都為人生道德的根本。五戒，不殺、不盜、不邪淫屬於身行。由不妄語戒，又開出「不綺語」，即不花言巧語，言不及義。「不兩舌」，即不挑撥離間，搬弄是非。「不惡口」，即不出語罵人，或粗暴語侮辱人，這屬於語行。「不貪、不恚、不癡」，即不貪求無度，不憎恨他人，而對於事理能明白了解，具有正知正見，不為一切邪見所惑，這屬於意行；合之即為十善法。人能修此五戒十善法，即使不能生天，這人生社會必能減少許多枉法的罪行，成為和平清淨的世界。

有的人說，五戒專為佛教徒所修的，不是一般人所需要的。最近有人說：皈依三寶可以不持戒，這些都是錯誤的想法。我們是不是準備做一個奸盜邪淫、無惡不作、廉恥喪盡、人性泯絕的暴徒？假使我們想做一個好國民，哪一條戒不應當持？假使人人能持不殺戒，這人類社會，就不會有互相殘殺的禍害。能持不盜戒，就不會有許多貪污枉法偷盜的刑案發生。能持不邪淫戒，就不會有許多重婚、離婚乃至情殺事件的發生。能持不妄語戒，今日人類世界，也就不會有互相欺詐、說謊、虛偽的事件。能持不飲酒戒，也就不會因酒後亂性而發生的一切罪行。可見五戒不獨為學佛的人所應當受持，而且為一切人民所應遵守的，這是安邦立國的根本。從前宋文帝就慨嘆地說過：「假使人人能受佛化，我即能坐享天下太平的幸福。」當時的侍中何尚之對曰：「能行一善，則去一惡，去一惡，則息一刑；一刑息於家，萬刑息於國，洵乎可以垂拱坐致太平矣。」我們要是檢查全國憲警司法機關所辦的盜匪及刑事部分案子，哪一案不是違犯了五戒十善？可見五戒十善法實有補助國家法律上之不足。

今日我們要復興佛教，首先要復興以人為本的人生佛教。以人生佛教的本質，不殺、不盜、不邪淫、不妄語、不飲酒，重整社會的道德，振興民族的精神。肅清以殘暴為能事，以欺詐為本分，禮節掃地，廉恥道喪，節操不講，人性滅絕的邪說，實為今日當務之急！

我們對人生社會的群眾，不僅要不相害、不擾亂，並且要進一步發揮仁慈互助的道德。今天社會上，有許多失業及孤寡之人，失去生活的依靠。而有辦法的人巧取豪奪之餘只知自己穿得好，吃得好，根本不顧窮苦的人，造成社會貧富懸殊日趨嚴重的現象，這都是由於缺少仁慈互助的道德所致。佛說的四攝法：布施、愛語、利行、同事，即是發揮人類仁慈互助精神，增加人生社會的福利。

㈠所謂布施　就是有錢的人，凡是遇到天災人禍及窮苦的人民時，都要施財救濟。有智慧的人，要興辦義務教育，開辦佈教所，要施法與愚癡的人。有權威的人，要施無畏與被壓迫的人，使人生社會各個份子都能相互扶助，互相合作，有無相通，不論是窮人、無知識的人、被壓迫的人，都能過安居樂業、無憂無患的生活。

㈡所謂愛語　就是和所有人接談，總是出以和悅語、安慰語、獎勵語、稱讚語，懇切地相待，一團和氣，則必能博得眾人的愛戴和信任！

㈢所謂利行　就是建立福利社會，從事有益於人生社會公益的事業。特別注重便利旅客，比如備船，便利渡河，開設旅館，便利旅客，掘井奉茶，供人飲水，植樹成蔭，供人納涼，這都是有益於社會大眾的利行。《增壹阿含經．邪聚品》說：「園觀施清涼，及作好橋梁，河津渡人民，並作好房舍。彼人日夜中，恆當受其福，戒定以成就，此人必生天。」中國也有句俗話說：「修橋鋪路生天堂。」

㈣所謂同事　就是共同擔當職務，在一職務上自己必須要盡扶助規勸感化的義務，所以菩薩要攝化有情，以隨類應身，示以同事，便利教化。

以上四攝法中最重要且有益於社會大眾的，就是利行。由於佛陀常年遊行人間，特別感到利行的重要。所以佛陀鼓勵人興辦社會公益，說植樹造林、設渡船、掘井、開旅舍，都是生天的功德。可見佛說的社會道德，是要切合社會的需要，不是費而不惠的形式主義。

今日我們要想復興佛教，必須認清進步社會的文明，要反省傳統佛教徒習而不察的舊觀念，已漸漸把握不住社會群眾的心理。這裡最大的原因，就是我們舊觀念太深，不能隨時代進步。尤其是對於「功德觀念」，乃然側重在修廟塑像而沒有能關注到現實社會道德的需要。今日一切當以重視人生社會為原則，大乘佛教以利生為事業，故今後我們佛教徒必須修正過去以莊嚴寺廟為功德的觀念，轉而致力於現實社會的道德——慈善公益，以爭取社會廣大的同情。比如施針、施藥、施茶、造林、修橋、鋪路，乃至興辦義務教育，救濟失學青年等，都是有利於社會大眾的。強化實踐社會道德的功能，使佛教社會化。所以今日我們要想佛教走向社會化，爭取民眾信仰，復興佛教，這種福利社會的道德，實有提倡的必要。同時，在社會方面說，佛說的四攝法，不僅為佛教攝化有情，利益人生社會的道德，即社團的領導者，各級機關的首長也要以此攝化同志與同僚，並且為攝化家庭與社會者必備的條件。如《雜阿含經》（卷第二十六．六六九）說：「布施及愛語，或有行利者，同利諸行生，各隨其所應。以此攝世間，猶車因釭運。世無四攝事，母恩子養忘，亦無父等尊，謙下之奉事。以有四攝事，隨順之法故，是故有大士，德被於世間。」可見四攝法，也是發揮人的天性，由愛父母、愛家庭，擴大而愛同族、愛社會，愛國人，乃至愛整個人類世界。佛說一切眾生，都是我們過去的父母兄弟姊妹，這即是發揮廣博仁慈天性的愛，這種廣博慈愛的精神，實為福利社會、團結民族、復興國家根本的道德。

三、正覺的生活

人生佛教根本的目的，就是要實現正覺的生活。這個正覺生活的依據，即是八正道。八正道是人生佛教知行合一的哲學，也是人生的解脫道。佛教之所以偉大，不僅是理解人生的現象及窮究宇宙萬有的根源，並且對人生之究極及解決人生一切的問題，都有獨到的見地，實非一般宗教哲學所可企及。佛說解脫的方法，也不是離開人世間，或是企圖仰賴一個超然物渺茫無徵的上帝，乃依現實人生現象上求得悟解，由悟解而遠離一切自我主義的偏執，接近「生死即涅槃，煩惱即菩提，現象即實相」的生命真諦。

近數十年來，我國人心之所以萎靡不振，教育之所以失敗，經濟之所以落後，政治之所以不上軌道，推本窮源，乃是由於缺少這種合理的中道的正覺。

所謂八正道，即正見、正思惟、正語、正業、正命、正精進、正念、正定，這是正覺生活的依據，也是改善國民教育、民生經濟、民主政治的張本。

㈠國民教育　今日教育本在培養德、智、禮、群、美五育兼優的新國民，但必須以「正見」為先導，使國民對宇宙人生社會真相，對立國根本的倫理哲學，四維八德及三民主義，以及對佛說因果事理，都應有正確的見地。對宇宙萬物的根源，不偏於唯神論，也不偏於唯物論，真知灼見，不為一切邪見所惑。世間一切宗教哲學，由於知見不正，故對宇宙人生的原理，不是落於唯神論，就是偏於唯物論，所以影響到人的身業、口業、意業，乃至整個人生教育的思想，特別是迷信物質科學的文明，最為顯明。近百年來我國受了西方物質文明的衝擊，生起一種崇洋的心理，尤其是一般文化教育界人士，更是唯西方文化馬首是瞻，對於中國固有文化感到自卑，對於精神文化所孕育而成的典型的人物，不是斥為陳腐頑固，就譏為開倒車。「打倒孔子」、「否認宗教」，成為最時髦的口號。但我們打倒孔子廟，打倒佛寺道觀，打倒城隍廟的結果，不特毀滅了五千年來精神文化孕育而成的民族精神，並且摧殘了社會固有的道德，而讓唯物論毒素的思想，灌入青年人的腦袋，使多數青年喪失本國文化教育的信念，無形中戕害了無數青年心理，斲喪了民族的元氣，動搖了國本，顯而可見，是由於領導社會文化教育者缺乏「正見」所致。今日要復興民族教育，首先要有識別邪正的「正見正知」的教育，才能導正青年心理，鞏固對國民教育的信心！

㈡民生經濟　要安定家庭，繁榮社會，首先要注意民生經濟的發展。要求民生經濟合理化，即必須人人要有正當的職業，即是八正道的「正命」生活。而「正命」的依據，由「正見」的引導，而經正思惟的決斷，使自己身、口、意三業合理化。正業是不殺、不盜、不淫。正語是不妄語、不兩舌、不惡口等。「正命」是合理化的經濟生活。換句話說：為求經濟富裕，絕不以殺盜淫的行為，或欺騙的手段，或投機取巧，以求非分之財，這是人生正常經濟的根本。佛嘗為少年鬱闍迦說：「有四法，俗人在家得現法安、現法樂。」（《雜阿含經》卷第四．九一）哪四法呢？一、方便具足：即先要有正當職業。《善生經》說：「先當習技藝，然後獲財業。」設無知識、技能以從事生產，生之者寡、食之者眾，勢必會影響家庭及社會的經濟。正當職業，如種田、商賈，或以王事，或以書疏算畫。捨此以外，一切投機取財，或壟斷哄抬，以欺詐、剝削、非法獲取財物的行為，都不是「正命」。二、守護具足：有了財產也要有守護財產的方法，使財產不致損失。《善生經》說求得的財物，可作四分：「一分作飲食，一分作田業，一分舉藏置，急時赴所需，耕作商人給，一分出息利。」這是管理家庭經濟最合理的方法。三、善知識具足：即結交善友，不可與放逸、欺詐、凶險的人往來以防財產受損害。《善生經》說有六種原因損害財物：即是賭博、飲酒放蕩、非時行、伎樂、惡友與懈怠。四、正命具足：就是不浪費財物，以量入為出。若有所餘，也不鄙吝不捨。所謂當用則用，求其收支平衡。一味浪費固不可，而有錢不肯施捨，不獨無益於自己後世，也無益於現前社會公益慈善及家庭經濟，反被人譏為「餓死狗」。如《本經》說：「財物豐多，不能食用，傍人皆言，是愚癡人，如餓死狗。」沒有正當職業，專作投機取巧，固然不對；而有錢的人，不肯施捨周濟社會貧窮，亦復不當。今日大陸共產黨利用「土改」、「三反」、「五反」、肅清「惡霸」等手段，美其名曰：「打破貧富階級，提高人民的生活，改革農村經濟。」但其結果由於清算鬥爭，只是造成普遍的飢荒，使人民不能自活，而農村經濟根本破產，民主凋敝。可見一切強暴手段並不能改變民生經濟。唯有佛所指示社會經濟的方法，不獨可粉碎一切剝削主義，並且可為改進人生社會經濟的張本。

㈢民主政治　民主政治的導源，即是「正語」。正語的依據，由正見的啟發，以正思惟所養成高尚的人品，以正精進努力，才能分別邪正，認清民主政治的價值。自由中國以三民主義為民主政治的資本，故我們必要對三民主義有正確的認識，發揮民主政治的精神。民主政治又必以正語為原則，使人民有言論自由。在政治上固然不能限制言論，但言論也不能專作攻擊人的利器，或作虛偽的宣傳，以擾亂聽聞。故必須以和合語、正語宣傳正見，以化政敵為友，團結社會民眾。二次大戰後我國以民主政治為目標，由於政黨競爭，虛偽宣傳，由民主主義，而發生新民主、舊民主的分別，汩惑聽聞。尤其一般知識分子受「新民主主義」宣傳的，以致未能識別邪正，在思想上先有左傾促成心理上的崩潰。所謂「新民主主義」，只是使中國走上極端唯物論主義，使中國固有精神文化道德破產。推其根本原因，即由於邪見為首，故發生一切不正的欲望，而有不正的語言宣傳，前者為唯物論邪說所惑，後者為侵略者利用，不獨個人品格蕩盡，並且動搖國本，危害民族生存，莫此為甚。今日要復興民族，發揚民主政治，必要以「正見」化導民眾，以正語宣傳政治。使人民對政治發生興趣，增加對政府的信仰達到言行一致中道政治的目的。

以上所說八正道：正見、正念、正定，這屬於國民教育，從小學到大學應注重國民「正見」教育。「正業」、「正命」這屬民生經濟，以從事正當職業，使民生經濟合理化。正語、正思惟，這屬於民主政治，以正語啟發民智。教育、經濟、政治為人生社會三大要素，正精進、正念，為發揚三大要素，改進人生社會教育、經濟、政治，以期達到人生社會自由正覺的目的。

綜上所說人生佛教的本質——倫理、道德、正覺，這只是一個概念的說明。但我們所以要提出「倫理、道德、正覺」口號，其用意很明顯，一面以此肅清殘暴、欺詐，人性滅絕，廉恥道喪，無父無母的邪說，重整社會的道德，淨化人心，復興民族。一面要使人們確實認清人生佛教本質所在，為掃除佛教非人倫非世間的一切偏見，為復興佛教的根本。我們要復興佛教，要使佛教適應現代人生社會需要，必須以正覺為道德的基礎，以道德為實現倫理的張本。以倫理來做基礎，淨化人心，喚醒民族的靈魂。要鞏固社會的道德，必須實踐正覺生活。所以我們要佛教社會化，適應時機，建設人生佛教，必須用倫理為人生佛教的基礎，這樣的佛教，才能適應人生家庭需要。建設以道德為人生佛教的基礎，這樣的佛教才能適用社會大眾需要。建設以正覺為人生佛教的基礎，這樣的佛教，才能真正啟發國民正知正見；促進國民教育、民生經濟、民主政治的進步。完成淨化現代人心的職志，達到人生佛教建設的目的，這是人生佛教本質的意義。

胡適博士談佛學

這次胡適博士載譽歸來，備受自由中國各界人士熱烈的歡迎，特別是文化教育界。當然，胡博士為五四運動領導的人物，不特在中國文化教育界有相當的地位，即於歐美學術界也有深刻的影響。

胡適博士，這次在臺北各處講演；所講的，不僅有關國際政治的情形和學術的研究，並且每次演講幾乎都談到佛學，並且談到敦煌石室抄本經典，外流於歐美的情形。同時胡博士對禪學也頗感興趣的。有人說，像胡博士這樣新文化的人物，是學貫中西，博覽古今的學者，佛學不是久被文化界視為迷信思想嗎？胡博士為什麼也談起佛學來？這種說法的人我認為不確當，要知道，唯有博覽古今學貫中西的胡博士，才能賞識佛學乃至佛教文化於世界文化史上的價值，所以胡博士講演佛學不算奇特！

民國以來，中國文化界最富聲望的而研究佛學者有好幾位，當中最引人注意的，就是梁任公與胡適。

一、梁任公與胡適

梁任公研究佛學的動機，是由於流亡日本時受日本佛教文化的影響，他的《大乘起信論考證》，完全是擇譯於日本佛教史學家望月信亨的原著。故梁任公佛學是從歷史觀點出發，所以他的著作多半有關佛教文化歷史方面，如〈千五百年前之中國留學生〉及〈佛典之翻譯〉，是敘述中古時期佛教徒留學印度的史跡及譯經的情形；後來漸及教理的研究，因此使他對佛學發生熱烈的興趣，並有深刻的信仰！

胡適博士為什麼要研究佛學？我雖沒有聽他說過，但據個人的猜測，我相信他不是為信仰佛教而研究佛學，而是為了要完成他的那部《中國哲學史大綱》而研究佛學。因為他的那部《中國哲學史大綱》，僅完成了上古時期一段，而中古時期，中國哲學思想受了來自印度佛教思想的影響，特別是南北朝時代佛教文化代替了儒道文化流行於北方。老子清談格義的思想，又受了般若空觀思想的影響，於是結成儒釋道混合的哲學思想。大翻譯家羅什東來，玄奘三藏西行求法，印度大乘空有兩大學術思想全部搬入中國，不特使中國佛學思想起了革命的運動，即中國哲學思想，詩詞歌賦的文學以及繪畫彩刻藝術方面也起了革新的作用。六朝時代，國家以全部力量注重中印文化的溝通，於是佛教文化成為當時社會文化的主流。所以要研究中古時期哲學的思想，就不能忽視佛教的文化。胡適博士是個博古通今的學者，當然對於這些事實看得很清楚，他要繼續完成那部《中國哲學史大綱》，就不得不從事於佛學的研究，所以他的白話文學史、神會和尚傳及其他有關佛學著作，都是根據佛教文化歷史的考證。

二、胡適博士是富有歷史觀念的人物

對於佛教文化歷史研究頗感興趣，何況佛教文化歷史材料的豐富，於世界文化史上罕有能匹敵者。諸如敦煌石窟的抄本經典及雕刻美術都經過胡適博士賞識過。所以他的那部《白話文學史》中引用了許多佛教經典，特別是對於《法華經．譬喻品》，他認為是最好的白話文學；《維摩詰經》天女散花一段，說為最好的劇本。所以佛教在多方面影響於中國文學思想、聲韻、雕刻……。佛教未傳來以前，中國文學的思想，只限於《列女傳》、《神仙傳》、《封神榜》一類的作品。佛教傳入後直接影響文學思想很大，談天何止三千大千世界，一切都是無量無邊，因此才有《西遊記》出世。他的那本〈神會和尚傳〉，我也看過，的確虧他在巴黎博物館化了不少的工夫，把它抄回來。但六祖以後禪宗分南嶽、青原兩系，神會和尚在禪學史上是否堪為第七代祖，尚待研究。禪宗重傳法心印，六祖與七百人教授神秀競選傳法，由於六祖打破明鏡，否認菩提，立於「無一物」的境地，所以獲得第六代祖的榮冠。「無一物」為禪宗掃蕩知見的利斧，六祖常以這個「無一物」利斧來斫門人。一日六祖告眾曰：「吾有一物，無頭無尾，無名無字，無背無面，諸人還識否？」神會即出曰：「是諸佛之本源，乃神會之佛性。」六祖曰：「向汝道無名無字，汝便喚作本源、佛性，看汝將來即使有出頭一日，也只成個知解宗徒。」懷讓禪師自嵩山來，六祖問曰：「什麼物恁麼來？」師罔措，至八年方自肯曰：「說似一物即不中。」質此：懷讓才是六祖的嫡子。

神會便成為孽子了，怎麼能稱為第七代祖？

南宗所以能發揚於北方，並不是由神會見地的高超，這全由政治上的幫助。神會初到河南，當眾宣布「兩京法主，三帝門師」都是假宗，唯有他的老師是真的，當時就被北方人眾驅逐出境不能立足。後來因為安祿山叛變，唐明皇遠走四川，郭子儀因為軍餉困難，政府為籌餉鬻賣度牒。神會和尚利用這個機會起來報效國家，開始傳戒，所得資金全充軍餉，並協助推銷賣度牒。安祿山平後，政府為了要獎勵這位為國家效勞的和尚，於是神會被召入晉京，並承認他為第七代祖。由於皇上都承認他，其餘的人還敢說什麼？即是所謂「荷澤宗」。這一宗僅三、四傳就終了了！

談到佛教文物的問題，這更使人痛心。近代中國，積弱不振，亟思進新，而忽視歷史的文化，特別對於佛教文物視為落伍迷信的表徵。所以我們對於佛教文化史上最有價值的敦煌石室、龍門石窟、雲崗石窟，皆不予不重視。那知歐美的考古家，不惜生命，跋涉萬山，追尋此類文物。當歐美人發現敦煌石室，不特驚為東方藝術之宮，且歎為世界藝術史上的偉蹟。由於我們政府不重視保護，無知識的人民，洋人略施小惠，就把無價的佛教抄本經典及精美藝術佛像，任人竊取。所以敦煌石室裡許多佛像不是沒有頭，就是沒有手。龍門石窟，當馮玉祥軍隊駐紮西北時，破壞得更加悽慘，許多日本佛教徒看見這樣現象，都慨嘆地說：「中國人簡直不知道自家的寶貝！」

一個國家民族能夠值得世界文明國家的尊重，不僅靠堅實的國防，且要有優秀的文化。中華民國在世界上所以能夠得到文明國家的尊重，就是因為我們保有五千年來優秀的文化，特別是世界文化史上豐富的佛教文化的經典，中古時期中國佛教文化發達的盛況，當時世界無出其右。所以中古時期佛教文化在東方，不特影響於中國文化思想，從蔥嶺一直到扶桑之國日本，也都受到了佛教文化的影響。即到現在，我們到日本，所見日本各地名勝古蹟，以及所陳列的文物國寶，百分之九十以上，都屬於佛教文化。即如我國南宋刻版的藏經，在中國早已絕版，可是日本仍保有南宋版的藏經。日本佛教徒從中國大同雲崗石窟、龍門石窟、敦煌石窟，所取回有頭無手的佛像，或有頭無腿的佛像——都成為日本東京博物館的國寶！

可見人家何等重視佛教文物，以及如何善於保護佛教的文化！所以日本這個國家能夠強大，乃從多方面努力所致，特別是重視歷史文化古蹟。反觀我國政府過去對於佛教文化根本不重視，假使我們政府善於保護佛教的文化古蹟，也就不勞胡適博士遠從巴黎博物館抄回神會的語錄。因為我們不善於保護，乃至國寶外流。因為政府不保護佛教文化古蹟，所以全國名山古剎都成為國家的兵房，任意摧殘，而幾成廢墟。如今大陸淪陷，再經過共匪的破壞，我們將來恐怕連殘跡廢墟也找不到了。大陸重光，我相信工業建設不難恢復，只是我們許多文物古蹟將來怎樣恢復？沒有文化古蹟的國家，就等於一個人只有軀殼，沒有靈魂！我憂心我們國家的文化，經此變亂，不知要倒退若干年了！

我誠懇地希望全國站在文化界領導的人物，特別是像胡適博士一流文化界先進的分子，對佛教歷史文物既有了賞識，我們希望能進一步理解佛教哲學的思想。華嚴六相十玄的哲學，固然天下無匹，即龍樹、無著兩系哲學思想，亦非古代希臘哲學家，以及近三百年來大哲學家黑格爾、尼采、叔本華等所能夢及。同時對於佛教文化的古蹟，諸如敦煌石室、龍門石窟、雲崗石窟以及各地歷史名剎有關佛教精美雕刻與繪像，能夠進一步提倡保護，使多數學者能夠了解佛教文化古蹟的價值。同時希望我們政府對佛教文化古蹟也要盡一點保護的責任，為中華民族留一點高尚文化古蹟給後來子孫賞覽，也就是為我們四萬萬同胞於世界文化史上留一點面子了！

評胡適〈禪宗史的一個新看法〉

胡適博士於赴美前數日，在蔡孑民先生誕辰紀念會中講〈禪宗史的一個新看法〉，講稿發表於《中央日報》。我素來注意禪宗史的問題，於是引起我的好奇心，以為他對禪宗史真的有個新看法。我一口氣把他那篇演講稿讀完，哪知他全做的是搭題文章，全篇講稿不特沒有新的發現，即在取材上也犯了東拉西扯的毛病，一回兒拉到淨土法門，一回兒又扯到道生的頓悟，但淨土法門和道生的頓悟究竟與禪宗史有什麼關係？也沒有能說出來。最可笑的，他說「有神叫阿彌陀佛」，可見胡適連最普通的淨土法門也弄不清，哪裡還談到高深的禪宗呢？他對禪宗史根本沒有能告訴我們一個真正的新看法。他最信任的，就是神會的頓悟，反說六祖傳法為千古的疑案。試問沒有六祖的傳法，哪有第七代祖神會呢？

一、胡適的新看法根本是錯誤的

胡適博士之所以懷疑六祖的傳法，是根據他歷史的研究，校對唐宋《六祖壇經》，發現「宋本較唐本加了三千多字」，於是認為是新材料，根據這些新材料，就產生一個新看法，說「惠能傳法恐怕也是千古的疑案」。這種武斷，我真佩服胡適膽大。中國禪宗史上最精彩的一頁，就是一字不識的惠能與七百人教授師神秀競選傳法的一幕，這不特在中國禪宗史上有鐵一般的事實，即在中國社會文化史上也有不可磨滅的影響。以佛教影響於中國文化的，特別是唐代的文化，當以禪宗為最深刻且最普遍。這個最深刻普遍的影響，乃從六祖大師起。五祖以後，宗分南北，五祖下有慧安、玄珪。六祖下有青原行思、南嶽懷讓、永嘉玄覺、崛多三藏。牛頭下有智嚴、慧方，其次有荷澤神會、南陽慧忠等，於是造成了初唐時期禪宗勃興的氣運。到了中唐時期，馬祖、石頭、徑山、南泉、天皇、藥山、百丈、龍潭、丹霞、趙州、雲巖、烏巢等輩出，禪門宗風，便震撼了整個大江南北。及到晚唐時期，青原與南嶽派下，更分為「五家宗派」。又誕生了前代未聞的大德。若黃檗希運、臨濟義玄、溈山、仰山、文益、黃龍、慧南、楊歧方會等出，於是禪的宗派，構成「五家七宗」，在傳承上雖有派系，但無不仰承於六祖的頓悟宗風。當時不獨高僧大德都出於禪門，即朝野帝王文人雅士也傾向於禪風，若中宗、睿宗、裴休、白居易等，也都受過禪學的陶冶。所以禪宗為整個佛教文化的中心，也是唐代文化的中心；有了唐代禪學的文化，才有宋明理學的產生。這一串連貫的關係，都始於六祖頓悟的禪風。要是否認了六祖的傳法，即等於摧毀了整個禪宗史的生命，也就否認了整個以禪為中心的唐代文化。所以我說明胡適的新看法根本是錯誤的。

二、禪的生命根本寄託在見性

禪的生命根本寄託在見性，而不在文字的傳播。要以《六祖壇經》字數多少評量禪宗史的生命價值，那簡直不了解禪的立義。禪，雖屬於佛教的一宗，但不同其他的宗派，要依於經典。他是以「不立文字，教外別傳，直指人心，見性成佛」為宗旨。既「不立文字」就不依於經典，既「教外別傳」，就不立於構想，「見性」，只是「成佛」的一種境界。所以古人說「禪宜默不宜說」，或說「禪之一字，聖凡罔測」。可見禪是何等高遠而重在實行，不在文字上的宣揚。

禪不依於經典，並不是輕視經典，而是有他的看法。因為禪的主眼，體驗到真理並不在文字經典中，文字是符號，不是真理的本身，即是藉多量文字表現真理，也只是表現真理的意義，不是實際的真理。所以上從佛陀起就說過：「我四十九年未說一字。」禪宗不立文字道理也就在此。甚至後來也有祖師燒毀經典，以示不依文字的決心，禪和教不同其立場，於此可見。比如教家依於經典發現涅槃，這是釋尊的涅槃，不是研究者自身的涅槃。因此，涅槃被限於一種學說研究的對象，在自身上不會顯現的。即使誠諦的做思惟觀想，也只是「涅槃觀」，不是直接的涅槃。這種涅槃，在教家似有相當的價值，但在宗門根本否絕了這種對象的涅槃。道生的頓悟與禪宗的頓悟分別也就在此。《碧巖錄》第六則，記須菩提與天帝釋的問答，謂法不在經中，頗足引以為證：「須菩提巖中宴坐，諸天雨花讚歎，尊者曰：『空中雨花讚歎，復是何人？』天曰：『我是天帝釋。』尊者曰：『汝何讚歎？』天曰：『我重尊者善說般若波羅蜜多。』尊者曰：『我於般若，未嘗說一字，汝云何讚歎？』天曰：『尊者無說，我乃無聞，無說無聞，是真般若。』」

這是指出經中說的空，乃是語言說明，不是空的本身。同時，依於說與聞的空，非是真空，乃是說者概念所構成的空，實際上仍未超越於有。故真正的空，離開言說，超越概念而入於空三昧，如實的空才會顯現。所以「天帝釋讚歎須菩提無說無聞是真般若」。我們明白了這段話，就知道禪的立腳點，不在經典上，乃以自己本來絕對佛心為其立腳處。宗密曰：「達摩受法天竺，躬至中華，見此方學人，多未得法，唯以名數為解，事相為行。欲令知月不在指，法是我心故，但以心傳心，不立文字，顯宗破執，故有斯言，非離文字說解脫也。」

這是要我們向自心中覓取活生命，《楞伽經宗通》中說：「若頓悟本心，一超直入如來地，開佛知見，得自覺聖智，三空三種樂住，所謂禪定、菩提、涅槃。」

我們明白了禪以心為主體，只要我們一旦抓住自己心靈上所獨具那個核心，便會自然而然發現「道本圓成，何假修證」，直超自覺性心源，體驗到絕對生命所在，達到「冷暖自知」境界。所以禪只是以考核心地為中心，不以歷史文字經典研究為根據。因之，《楞伽經》也好，《金剛經》也好，《六祖壇經》也好，真的也好，假的也好，壓根兒這些東西，都不是禪的生命依據，更不是真理的涅槃。既不能充飢，又不能止渴。要是把這些東西當為禪宗史的研究，或依經典字數多少做為研究的計較，那簡直不解月不在指，同時，他就根本失去禪的意義。

三、禪不是訴諸理論的哲學

胡適依於他研究哲學的態度，來研究禪宗的頓漸，說禪宗是中國佛教的一個革新運動，其革新運動的意義：「一、是佛教的簡單化，將佛教繁瑣難懂的變為易懂。二、是佛教的中國化，佛教是外來的宗教，在此一千年中，受了中國的思想文化影響慢慢中國化。」我們對胡適這種說法，是不能完全同意的。禪，是佛教全體的思想，是釋尊正覺真境上所顯現的絕對神聖的名稱，不可說為進化，也不可說為退化，是佛教的根本法。在禪的本身是不受任何約束，也沒有固定的特定的主義，圓應無方。所以禪宗門庭：念佛、參禪、持戒、持咒，都融會其中，怎麼可說新或說舊呢？

要說到禪的源流，必須追溯到佛陀以前印度的情形。禪在印度古哲學「吠陀時代」，就有其淵源。「優婆尼沙士」時代，特別重視冥想及思惟，於是觀念論的思想，更形興盛。到釋尊時代，經釋尊徹底的體驗，對禪始完成改造的工作。故雖同名曰禪，但佛教禪與古印度外道禪，其方法與目的根本不相同。外道禪以自我、神我、梵我一如為對象。佛教的禪，分大乘禪、小乘禪，小乘禪說四禪八定，大乘禪說頓漸二修。後來宗密分為：外道禪、凡夫禪、小乘禪、大乘禪、如來最上禪五種，特別指禪宗的禪，為如來最上禪。這種分別，完全依於修道者的根機及觀想的對象。在《禪源諸詮集都序》說：「若頓悟自心本來清淨，元無煩惱，無漏智性，本自具足，此心即佛，畢竟無異，依此而修者，是最上乘禪。」

達摩所傳的禪，就是最上乘。達摩未來以前，諸家所傳的禪，都屬前說的四禪八定。天台依三諦修三止觀，其教義雖極圓妙，但其趣入門戶次第，依然屬於前說的諸禪行相，唯有達摩所傳，頓同佛體。達摩把無佛無眾生的頓悟禪，傳與慧可，開創了禪宗，五傳至六祖立於「無一物」頓悟境界，故獲得第六代祖的榮冠。六祖的「無一物」與達摩「廓然無聖」的否定成為禪的絕對境界。一般學者，往往把禪的教系，說為般若，實際上禪是禪，不屬於般若。六祖雖否認明鏡，打破菩提，表示其極處，但在其否定極處也有其更高的肯定。所以後人展開地說：「無一物中無盡藏，有花有月有樓台。」明白了這種意義，也就明白了六祖的「無一物」不是落於般若空觀的思想。後來宗門發揮「無」字意義，比如趙州的「狗子無性」的無字，都在貫徹六祖「無一物」的宗風。

四、禪的頓漸是不容假借的

黃梅以後，宗分南北，南方以惠能為代表的頓悟，北方以神秀為代表的漸悟，這是導源於當時競選傳說的偈語，也只是一時的分別，並非是永遠性的。後來神會打著六祖頓悟的旌旗，跑到河南大吹一頓說：兩京法主，三帝門師，都是假宗，唯有他的老師惠能是真宗。這時神秀已死了三十多年，北宗顯明的衰落，根本沒有特出的人才來酬答。胡適博士即依此斷定神會為禪宗革命家，說他為頓悟的領袖。頓漸雖屬心地工夫，但也不容假借的，同時也可以測驗的。禪門祖師常利用問話，測驗門人的工夫，達摩臨回印度時，便考問眾人心地工夫如何？當時門人道副說：「如我所見，不執文字，不離文字，而為道用。」祖曰：「你只得我的皮。」一尼名總持曰：「我今所解，如慶喜見阿閦佛國，一見更不再見。」祖曰：「你得我的肉。」道育曰：「四大本空，五陰非有，而我見處，無一法可得。」祖曰：「你得我的骨。」最後慧可禮拜達摩，依位而立。祖曰：「你得了我的髓。」因此，便將大法傳於慧可。達摩又曰：「吾逝後，法雖大榮，明道者多，行道者少，說理者多，通理者少。」這是達摩洞悉後來眾生，告誡慧可的話。

我們由此可明白頓漸的分別，是假借不來的。六祖一日告眾曰：「吾有一物，無頭無尾，無名無字，無背無面，諸人還識否？」神會即出曰：「是諸佛之本源，乃神會之佛性。」六祖曰：「向汝道無名無字，汝便喚作本源、佛性，看汝將來即使有出頭一日，也只成個知解宗徒。」神會的根機如何？經六祖親自考驗過，說他「將來也只成個知解宗徒」，所以神會在禪宗史上地位，始終不及青原行思與南嶽懷讓。懷讓的「說似一物即不中」，直透了六祖「無一物」心地，貫徹了達摩「廓然無聖」的頓悟。神會在禪宗史上只可說為六祖下的一派，怎麼能說為頓悟的領袖，且為第七代祖呢？胡博士究竟得了達摩祖師身上的些什麼？是皮？是肉？是骨？是髓？明眼人自然會清楚。我們總希望胡適能進一步悟解禪。

五、禪不重理論而重在體驗本質的事實

要以理論來說明禪的內容，那是根本不可的。在公案中僧問馬大師：「離四句，絕百

非，請師直指某甲西來意？」這就是說，請你離開理論來說達摩禪西來意？但離開「四句」、「百非」的理論怎麼可以說？而西來意根本不在理論中，所以馬大師最後答覆，是「藏頭白，海頭黑」，等於是說「法住法位」、「花紅柳綠」的意思。說了等於不說。分明地要想用理論詮顯西來意，那是畢竟不可能的，何況是「離四句，絕百非」呢？故馬大師的「藏頭白」、「海頭黑」的答覆，是超越了會與不會真如的活現的生命，是絕對的真面目。禪與孔孟的論理哲學不同也就在此：孔孟的人格道德化，倫理的觀念只被限於人格道德化的理論，不能體驗出人格所依本有心性的真面目。宋儒的理學家，只採取了禪宗的形式，未能體驗到禪的真生命所在，故不能發揮禪學的大用。所以與其說「佛教中國化」，不如說「中國佛教化了」。（這僅就宋儒理學家而說）

護法與清辨

在義淨三藏《南海寄歸內法傳》中說：「所云大乘，無過二種：一則中觀，二乃瑜伽。」這是它於西元七世紀後半期旅行印度時所得的觀感。中觀派，是傳龍樹、提婆等所說一切皆空。瑜伽派，是傳彌勒、無著、世親所說萬法唯識。前之說一切皆空，謂之空宗。後之說萬法唯識，謂之有宗。義淨曰：「中觀則俗有真空，體虛如幻；瑜伽則外無內有，事皆唯識。」這是兩派根本的差別。中觀與瑜伽空有兩派對立的形勢，特別是到了護法、清辨充分地突出而尖銳化。

護法，是唯識十大論師之一。梵語是達摩波羅（Dharmapāla），生於南印度達羅毘茶國（Drāvida）建志城（Kāñcipura）大臣家。壯年即名滿天下，到處摧伏外道及小乘諸論師，後駐錫摩竭陀國那爛陀寺，學徒雲集，聲譽五天，二十九歲，即隱棲大菩提寺，著《唯識三十頌》釋文等，西元五百六十年間，年僅三十二歲，即告入寂。清辨，梵語是婆毘伽（Bhāvaviveka），生於南印度末利耶那國（Malyara）王族家，出家學道，後遊中印度，依僧護（Saṃgharakṣita）學大乘及龍樹學，為南印度弘教領袖。祖述龍樹學。聽說護法於摩竭陀國宣揚唯識學，即欲與之論議，遂親赴波吒釐子（華氏）城（Pāṭaliputra），哪知護法去菩提伽耶，更欲詣彼處，先遣門下求與論戰，孰知護法竟不好論戰，就不得不折歸本國。

彌勒、無著、世親所倡的唯識學，在表面上與龍樹的一切皆空相反，但決不是因反對龍樹而倡議唯識；就龍樹所說，僅以唯識的語句變其形狀，遍計所執性，即是龍樹否定的迷執，依他起性表顯妙有的差別，圓成實性說明真空的理體，兩派所傳不外真空實相與唯識緣起，如真空不礙妙有，世親所說圓成實性的理體及緣起的本體，並不是凝然的真如，若依無著、世親等的勝義，無異龍樹等的勝義，不過是遮遣與詮顯的方法不同，要依般若意說，彌勒、無著、世親，同是繼承龍樹說空。後來因賴耶緣起說研究盛行，發揮出其特徵的結果，遂使中觀與瑜伽兩學派間劃出一條鴻溝。護法以後，賴耶緣起，儼然建立在性相別格的基調上，至此，兩派學說旗幟更為明顯，在研究上幾成為不相容的形勢；加之，龍樹以後，以破邪顯正為己任的清辨，遂成為空有對論的中心人物。

清辨的學說，就他《掌珍論》說：「真性有為空，如幻緣生故，無為無有實，不起似空華。」又說：「就世俗性說，有眼等；就勝義諦，立彼皆空。」依此可知，清辨對遍計所執的無，依他起性的有，均為就俗諦說；若依勝義諦說，則一切有為無為諸法皆是空。

護法與他所說，卻是相反；護法的正義，據《成唯識論》說：「依次依他，立生無性，此如幻事，託眾緣生，無如妄執自然性故，假說無性，非性全無。依後圓成實，立勝義無性，謂即勝義由遠離前遍計所執我法性故假說無性，非性全無。」依護法義，有為、無為並非一切皆空，以遍計所執法，是迷情上所顯，都無實在體性，故說為空。依他起性法，是因緣生法；圓成實性，是諸法的本體，此兩種法皆主張有。更論依他起性，「依他起性，有實有假，聚集相續，分位性故，說為假有。心心所色，從緣生故，說為實有。」依他分為假實，同立為有。清辨於空，分為無自性空與都無空二種，遍計所執為都無空，依他起性，因緣生故，許為假有，但於真諦為無自性畢竟空，這是空、有兩派正反不同的地方。

由此觀之，中觀、瑜伽兩派學說，到護法、清辨時已有顯著對立的形勢，在學說研究上兩派盡量做比較褒貶，中觀派譏瑜伽派為有所得的迷見，瑜伽派評中觀派為撥無邪見，各說自己為最勝義，但於判教組織上並未能各成一宗，僅不過於口頭盡量宣傳空有優劣論，以引誘學徒的注意，並無若何中心的興味，甚至無若何對抗論難爭鬥的事實。玄奘於《西域記》中說，護法對清辨使者答曰：「人世如幻，身命若浮，渴日勤誡，未遑談議。」護法與清辨間使者不斷地往復，終未見論議，於此可知兩者的風度。

護法著有《大乘廣百論釋論》十卷，《成唯識寶生論》五卷，《觀所緣論釋》一卷。清辨著有《大乘掌珍論》二卷，《般若燈論釋》十五卷，及其傳入西藏之《中觀心論頌》等四部，遂使兩者學說成為對立的根據。護法、清辨以後，戒賢、智光，更是明確地繼承兩學派對立的中心代表。

《盂蘭盆經》的意義

七月十五日，相傳為「中元節」，這是道教假託的名稱。其實，這一日在佛教叫作佛歡喜日，或僧自恣日。後來因目連救母，佛為其說《盂蘭盆經》，所以又叫作盂蘭盆日。

為什麼叫作佛歡喜日呢？佛在世時，規定四月十五日至七月十五日為安居節。因為夏季滿路昆蟲蟻子，唯恐僧眾出外托缽，腳下會踏傷昆蟲蟻子，所以利用這三個月眾僧在寺內依律儀而住，修持淨法，到七月十五日解居，各人隨喜托缽，眾僧經三月修持都得聖果，佛見歡喜，故名佛歡喜日。

什麼叫作僧自恣日呢？因眾僧經三個月長期安居專修戒定，唯恐於安居期中或有違背律儀的過錯，所以佛制十四、十五、十六三日，准許各人互相檢舉過錯，於是十方眾僧各自警覺、反省、懺悔，於此三日諸大比丘都能證得道果。

什麼叫盂蘭盆日呢？盂蘭乃是印度話，中國的話叫作「倒懸」，形容極其痛苦不堪的意思。盆乃是缽的異名。但七月十五日本不是盂蘭盆日，因為目犍連，初得六種神通，看見他的母親墮於鬼趣，即以自己缽飯施給他的母親，哪知他的母親，由於業障深重，飲食還沒有進入口內，即已化成火炭，不能得食。目犍連看見他的母親受這種痛苦，自己居然不能救脫，於是悲號大叫，在目犍連以為自己親證六通，一定能救他母親的，哪知竟不然！於是馬上去請示於佛。

佛是圓滿一切智慧的，是無所不知，無所不曉的。就率直地告訴目犍連說：你的母親罪過很重，你雖然證得六通，可是不是你一個人道力所能救她的，即使你孝敬真誠心能感動天地神祇，更不是那些天神地只邪魔外道所能救的。要救你的母親，要仗十方賢聖僧威神道力，才能救脫你母親。目犍連！我告訴你救度的方法，就是當七月十五日，僧自恣日時，你該為你七世父母及現在父母在苦厄中的，具飯百味五果，汲灌盆器，香油燈燭，床敷臥具，世間所有有美食好香用具放在盆中，供養十方大德眾僧。要知道，這一天是十方眾僧多能證道開悟，道力汪洋。凡是能夠依法供養自恣聖僧，現世父母六親，都能脫離三途苦趣，獲得清淨快樂，已亡七世父母，都能仗此道力生到天上去過著自在的生活。

當時目犍連就依佛開示的方法，於七月十五日，修齋供養十方眾僧。世尊並且飭令各聖僧在未受食以前，先為施主家咒願，然後才進食。於是眾僧及諸大菩薩，皆大歡喜，目犍連也不再悲號，他的母親即於是日脫離一切鬼趣的苦厄。目犍連馬上到佛前說：弟子母親今蒙三寶功德力，以及眾僧威神力，現在已經脫離苦厄。但是不知道未來佛弟子是不是也能依照我所做盂蘭盆救母方法，救度各人的母親呢？

佛說可以的，不特佛弟子，就是國王、太子、大臣，乃至百姓人民都可於七月十五日佛歡喜日、僧自恣日，以百味飯食安置盂蘭盆中，供養十方自恣僧，願使現在父母壽命百年，無病無災，沒有一切苦惱，乃至七世父母都脫離苦趣，生人天中，福樂無邊。最好佛弟子要年年七月十五日修此盂蘭盆，供養十方賢聖僧，以報答父母長養慈愛之恩！

這是盂蘭盆法會的由來，所以每年七月十五日各處都做盂蘭盆法會，也就依此方法。目連救母，為什麼會深入民間，成為家喻戶曉的故事呢？這有兩種原因：

第一、我們中國是以倫理孝道立國的，目連救母的故事頗與中國相傳二十四孝故事相應，所以很容易為廣大人民所接受，所以在許多通俗小說中常常引用目連救母的故事，民間戲劇有目連救母，現在連最時髦的電影也有目連救母。由於目連救母孝心真誠，超過二十四孝不知多少倍！因此普遍深入民間。

第二、由於目連救母的故事，使佛教走入民間，深得民心。那些道教徒看見了，也想出一個辦法，轉移人民對佛教的信仰，那就把佛教盂蘭盆日化為道教的「中元節」，這天也是赦罪地官清虛大帝的誕辰，所以要拜地官，做普度。

《道經》的說法是：「中元之日，地官校勾搜選人間，分別善惡，諸天聖眾，普詣宮中，簡定劫數，人鬼傳錄，餓鬼囚徒，一時皆集，以其日作元都大獻，於玉京山採諸花果，珍奇異物，……囚徒餓鬼俱飽滿，免於眾苦，得還人中。」

於是中元普度成為中國民間的習俗。把《盂蘭盆經》原意扭曲了。在佛教說，七月十五日僧自恣日，重在供養三寶，咒願施主現世父母得百福樂，祖先可以脫離苦趣，而現在反變為專事祭祀孤魂餓鬼的節日了。因此一般人誤解了盂蘭盆意義，認為迷信，要求禁止或限制。

一、《盂蘭盆經》中心思想

我們要了解《盂蘭盆經》的意義，首先要了解《盂蘭盆經》的中心思想。他的中心思想，就是悲、敬、孝三心。

佛教以大悲心為本，方便為門，目犍連因眼見母親墮落鬼趣，受種種苦，自己不能救脫，乃告訴於佛，佛以大悲心願說《盂蘭盆經》救母的方法，普度過、未、現，一切眾生，以彰佛陀無比大悲願心。故《盂蘭盆經》與一切大乘經典有同等價值。

佛法僧三寶為度世的舟航，為一切眾生的依止。佛為引導眾生植福修善，故叮囑恭敬三寶。叫目犍連於僧自恣日，具飯百味，盡世所有甘美飲食，供養十方聖僧，以敬三寶，斷除邪見。

孝敬父母，是為人之根本，儒教主張孝道，佛法亦重視孝順父母，《梵網經》中，佛以至孝名戒。《報恩經》、《心地觀經》、《地藏經》等都發揚孝道，足見佛教於孝敬父母特別重視。但儒釋二教對孝敬父母亦有顯著差別的地方。

(1)儒教於孝順父母，重在生前孝養，死後隆禮厚葬。佛教對父母生前孝養，雖與儒教相同，但對父母死後，則重在為父母修福懺悔，此於《地藏經》、《盂蘭盆經》，都有明文開示。

(2)儒教雖主張孝道，但不能拔苦，譬如二十四孝中王祥臥冰，董永哭竹，只能表示一念孝敬的心，然畢竟不能救脫父母的苦厄。佛教對父母孝而能救，佛成道後升天三月為母說法，目連救母，《地藏經》婆羅門女救母，都能使親人脫離苦厄。可見佛教孝道，才是徹底的孝道，俗說「一子出家，九祖升天」。

(3)儒教於父母之喪，須殺牲祭祀，表示孝敬，其實，只有增加父母逆緣，延遲超生善趣的時間，此於《地藏經》有說明。佛教對父母死後，重在為父母植福，誦經懺悔，以人死後，第八阿賴耶識住於中有生，等候辯論業果，故《地藏經》說：「是命終人，未得受生，在七七日內，念念之間，望諸骨肉眷屬，與造福力救拔。過是日後，隨業受報。」

這是儒、釋二教對孝敬父母顯著的分別。

談到鬼趣，人死不定為鬼，鬼死了有轉人身，或再生於鬼趣都不一定，故人不必畏懼死後要做鬼，只要在世不做鬼事，就不會墮落鬼趣。地獄、畜生也是這樣。要是知道皈敬三寶，念佛改過種善，不做損人利己的虧心事，就不會墮於三途苦趣，假使念佛修道的人，再墮三途苦趣，則世間也就沒有人了。地獄就等於人間監獄，好人不會關進去的，至於鬼中也有福德鬼、窮鬼、苦鬼、惡鬼、餓鬼（《地藏經》裡有詳述）。今簡略分別為無財鬼、少財鬼、多財鬼。

1. 無財鬼　就是沒有福德的鬼，不能得到飲食，常在飢渴之中，他的業報因緣有三種。

(1)炬口鬼，就是口常常出火，非常痛苦，這是由於生前燒毀村莊，焚燒賢良，掠奪人民財產，專做欺詐損人利己的壞事，死墮地獄，地獄報盡，再轉生此道。

(2)鍼咽鬼，就是頭大如山，咽如鍼孔，不能得食。這由前生破齋夜裡偷食，或盜竊眾僧食故墮此道。

(3)臭口鬼，就是口中腐臭，自惡受苦。這是由於多貪名利，自是他非，讚歎惡人，毀謗賢良，故感此報。

2. 少財鬼　比前者稍好一點：也有三種果報。

(1)鍼毛鬼，這種鬼滿身毛，尖利如鍼，行便自刺，痛苦萬分。這是由於貪圖利養，妄行鍼炙，或刺殺畜生，但為求財，不愈疾故。

(2)臭毛鬼，這種鬼毛利而臭，自拔受苦。這是由於販賣豬羊，烹宰鵝鴨，湯淋刀剝，使之痛苦難比，地獄罪終，墮斯鬼趣。

(3)大癭鬼，咽垂大癭，自決噉膿。這是由於嫉妒他人，常懷瞋恨心，故墮此道。

3. 多財鬼　或曰福德鬼，也有三種。

(1)得棄鬼，這種鬼常得人家祭祀棄捨的食品，由於罪多福少，少施多慳，常以預備棄捨的物品，惠施於人，故感此果。

(2)得失鬼，這種鬼常於巷間得到所遺食物。這是由於現財不肯布施，等到快要保不住時，或要不到時，方行布施。即如世間人往往自己所索不到的債務，布施給窮人去討一樣。

(3)勢力鬼，這類鬼在諸鬼中最有勢力，就是夜叉、羅剎，或諸多鬼王，他所受富樂類似人天，常住樹林中，或山谷間，或靈廟中，或居空宮。由於因地罪福不清，苦樂之因混亂，故感此報。

總之，這些餓鬼，都是心識變化，業力所感，如影隨形，雖父母至親，也不能代替。所以今世難得人身，要趁早覺悟，行善修福，不要空過。一朝死去，哪個為我修福？縱許子孫修建功德，也只能七分得一分；何況沒有孝子的人，如何去追悔挽救？在這個末法時代，人多半唯憂妻子，不念祖先，貧窮的人固然為生活所迫，有錢的人沉於酒色，哪裡還想到先靈祖宗，即使能追薦超度也只是表面文章做給活人看看！誠心超度父母的人萬分中難得其一，何況現在人重妻子輕父母呢？父母在世的時候，就不能順承親意，冷落嫌怨，生前尚且如此，死後還能期望這些子孫超度嗎？所以我要勸導有智慧的人趕緊努力，修植善因。

二、《盂蘭盆經》有益於世道人心的改善

或者有人說：在這國家多難的時候，我們要儲蓄一切力量，況且現在大陸長江兩岸十數省人民都困於水災，我們要趕緊救濟大陸同胞，然後再度先亡。還有人說，基督教徒多辦醫院救濟活人，你們佛教徒多在超度死人，這些都是迷信的事；這是似是而非的說法。

我們要了解一個問題，不僅從外表上去看，更要從側面或深處去研究。盂蘭盆會，表面上是超度死者，而它的內情，是表彰孝道，懷念祖宗，這是我國慎終追遠的傳統倫理精

神，也就是民族的精神，現在我們不是天天在喊要復興國家，振興民族精神嗎？要振興民族精神，首先要喚起民族的靈魂；民族的靈魂，就是祖宗。所以中國民族精神寄託於傳統倫理道德慎終追遠。精神上，盂蘭盆會是表揚慎終追遠的精神，是我們喚起民族靈魂，復國建國的根本。那些吃洋教不敬祖宗的人，才否認盂蘭盆會，視之為迷信。吃洋教的人，不但說敬祖宗是迷信，連向國旗及總理遺像敬禮也說是迷信，我不知道這些人居心何在？

人心的歸向，就是各人祖宗，只要大家心裡不忘祖宗，人人懷念祖宗，人人就有奮勇為國犧牲的精神。所以我們要激發民族精神，那就要以盂蘭盆會喚起民族靈魂，以此慎終追遠倫理的孝道做為建國的根本。因此誰能說盂蘭盆法會是迷信呢？

以佛法立場談佛法

從前印度有個外道，說他滿肚的智慧，唯恐要從肚裡迸出來，所以特用銅鍱箍其腹。並且向國王請求，欲與世尊辯論佛法的道理。哪知他肚裡不是智慧，是一肚皮的稻草，經過世尊三言五句一問，即理屈辭窮慚愧滿面而逃了。就如圓明在《覺生》四十一期所發表的〈獻給真正的佛教同胞們〉一文，好像他肚裡的智慧，就差不多同古代印度的外道一樣，假使不用銅鍱把肚皮圍起來，恐怕要迸出來了！可惜他出世太遲，假使出生於佛陀的時代，那釋尊座前又要多一個提婆達多爭著代佛說法；地獄裡也就多了一個謗佛謗法的可憐眾生了！

第一、圓明那篇文章，簡直是「胡說」！他所說的「自信」，簡直是貢高、我慢、狂妄到了三十三天。只因他業識太重，沒有把他「精神內的原子能」引爆開來，否則早已飛到月球上去了。要人「自信」，本無不可。佛說一切眾生皆有佛性，就是要人自信，不要自輕。但要是為強調「自信」，甚至說：「我們不要為神話所欺，當了知悉達多太子也同樣是一個人，也沒有三頭六臂，奇形異樣！」這是癡人的口吻！佛雖生於人間，長於人間，成佛於人間，然畢竟不能以人的心思來測量如來的跡象。世尊深知末法時代有情根機淺薄，要對佛陀的聖量發生懷疑，所以在《法華經．方便品》先說：「諸佛智慧，甚深無量，其智慧門，難解難入，一切聲聞辟、支佛所不能知。」在〈如來壽量品〉再三地說：「汝等當信解，如來誠諦之語。……汝等諦聽，如來祕密神通之力。一切世間天、人及阿修羅，皆謂：『今釋伽牟尼佛，出釋氏宮，去伽耶城不遠，坐於道場，得阿耨多羅三藐三菩提。』然善男子！我實成佛已來，無量無邊百千萬億那由他劫。……」這明確地告訴我們，不能以人的心理眼光來觀察佛陀的聖量。佛因為根機淺薄的人，故現八相成道的跡象。以佛陀所具足三十二相、八十種好、十八不共法、十力、四無所畏、四無礙智、八解脫、八勝處、九次第定、無忘失法、恆常捨行……種種殊勝功德，不特我們博地凡夫所不能測知，即一切聲聞、緣覺、辟支佛以無漏智也不能思維，知其限數！這種種殊勝的功德完全建立於佛陀殊勝果德上。假使為了強調「自信」，而連佛陀果證上的勝法以及大乘經中所說「萬行因華，莊嚴果海」，一切都否認，認為是「神話」，這不是狂妄胡說是什麼？當時提婆達多要與佛陀爭佛位，也是這樣說：「佛是剎帝利種，我也是剎帝利種；佛具足相好，我也有相好；佛有神通，我也有神通。」所以我說圓明要是早生二千五百年前，必定是個提婆達多第二！

第二、圓明在「虛心」的一段中，簡直抹煞一切，否認一切經典的價值，他說：「我們過去都被前人所欺騙，以為現存的大小乘一切經典，皆是釋尊或釋尊的報法身金口所直宣。因而對經典中明明與事實、人情、正理相違背，講不通的地方，也都千方百計，……把它圓謊似的圓起來。……其中不知增進了多少世俗的傳說、神話、他教、私人的教權意識，非理攻擊他人等言論在內，反使正當教義，弄得神怪百出，偽話連篇，……尤其近代科學知識發達以來，自更多牴觸。……佛為大哲學家之一，但並未言盡天下後世所有哲學。佛以耆那教、婆羅門教為背景，產生自己哲學系統，與後人依佛教，產生法華、華嚴哲學系統，並無兩樣。」

由這段文看來，圓明對於佛教歷史及佛教教義根本未弄清楚：

一、大小乘一切的經典，皆依據佛陀言語結集而成的文字，而結集經典的聖僧，又都是佛前的大弟子親聞佛陀宣說，由一人宣誦，並經諸大弟子證明。在佛教史上，經過一、二、三、四次結集所成一切大小乘經藏，何足懷疑？中國五經四書都為後人所集成。智者大師三大部、惠能大師的《六祖壇經》，都由他們的門弟子筆錄而成。就是中山先生的《三民主義》，就中也有部分為同志所補述。太虛大師許多講稿也是由他弟子記錄。要說凡是後來結集筆錄的經典都為後人杜撰，否認為佛所說，這是根本不懂佛教歷史的意義。

二、一切大小乘經典所詮顯的教義，或顯如來果位性相，若華嚴法界觀，六相十玄，重重無礙法門；或顯難行能行的菩薩道，若捨身餵虎、剜身千燈、香城粉骨、雪嶺忘軀，以及普賢菩薩無窮無盡的行願；或為人天眾說五戒十善；或為二乘眾說四諦十二因緣；或為凡夫說；或為法身菩薩說。如是自有種種神通妙用不可思議事。如《法華經》中龍女成佛事。《維摩詰經》中維摩丈室能容三萬二千師子寶座，其高八萬四千由旬。香國借飯事，維摩詰手接妙喜國，如斷取陶家輪事。龍樹菩薩於龍宮背誦《華嚴經》事。無著菩薩請彌勒菩薩，從兜率天下降人間為說《瑜伽師地論》事。《梵網經》中，由千華台上盧舍那佛傳之千釋迦，再傳之千百億釋迦。這種種記載，絕不是用人的心思所能推測得到的，這都是佛菩薩果位上所顯的境界。要是以此說為「神話」，說為「迷信」，那是根本的錯誤。即如維摩詰的事實，唐代有名的王玄策也曾到過印度，親訪維摩丈室，並用笏量其丈室，東、西、南、北各得十笏，每笏一尺，卻成一丈；即讚歎維摩詰神通妙用不可思議。玄奘法師遠遊印度時，亦曾親訪維摩丈室，頗懷疑《維摩詰經》中所說種種神通，恐非事實，並擬親題維摩室壁，申述己意。孰知濡毫向壁欲書，而壁與身終不能接近，捉摸終日，竟未能得，故未曾寫一字，於是奘師擱筆稱歎：維摩詰的遺跡，尚不可思議；何況當時所現神通妙用，更不可思議矣！於是疑念從此頓釋。由此觀之，現在人所懷疑的，也就是古人所懷疑的，王玄策、玄奘三藏，都是親造維摩詰丈室的人，我們對此二人所說的經過必然深信無疑。

再說龍樹菩薩、無著菩薩，同為印度中觀與瑜伽兩大學派的領袖，精通大小乘經論。其出生於印度，約為佛滅後六、七百年間，其對佛陀歷史上的事跡，必較出於二千五百年後的我們中國人要清楚得多。龍樹菩薩依大小乘經所造《中論》，特別是受《阿含經》所說的緣起、空、無我思想影響很深。而「阿含」，眾所共認原始的佛教，所記載佛陀與弟子間的事實，都接近於人情，是可信的。但《阿含經》中佛陀與佛弟子，也不是平凡的人。就如佛化三迦葉所現神通，及佛諸大弟子所現神通妙用，都普遍地存在於《阿含經》中。而龍樹為引正王點石成金，乃至為其太子所迫害，都有不可思議的跡象。我們要是完全根據歷史眼光及人情的心理來測量佛與佛弟子間的事跡，便有不可靠，近乎神話的懷疑。但佛的教義是建設於果位上，在沒有親證究竟圓滿無漏無分別智，根本上即不能辨別一切事象的真假。三乘聖人雖有這種智慧，然尚不能徹底識別一切事相，何況博地凡夫，焉能了知個中的真相呢？

三、大小乘經典所詮顯的一切法義，都是依據佛陀親證及聖智所行境，絕不可能用虛妄的分別識來測度；圓明僅拾得一、二科學哲學的名詞，就說佛法與科學相牴觸。其實他懂得什麼是科學？是哲學？這完全是欺人的話。近代科學家若王小徐、尤智表等，經他們研究所發表的文章都一致認為佛法所詮顯諸法的法義，必較科學哲學更具體，不特不相牴觸，並且可補救科學之偏。因為科學、哲學僅依於現比二量推理的分別，由於未能實證根本無分別智，對於宇宙萬有現象及來源，僅依照推理所得的判斷，只限於假定基礎上。愛因斯坦新相對論發明後，一切科學家哲學家以往所得經驗及推理的判斷都發生了動搖。佛所說宇宙萬有的象，都是依據根本無分別智如實照了所得的結論。佛說因緣生法，空無自性，以及說虛空無量無邊世界，都與科學的宇宙萬有原理判斷相符合；而科學依於推理的判斷，只能做為說明佛法真理的註腳。因科學家未能實證根本無分別智，未能深徹諸法的本體。佛法重在親證諸法的本體，故佛法實比科學、哲學高超得多。在未能親證諸法實相，開發等同佛陀正覺智，照徹宇宙萬有一切事事物物的平等真理以前，這所有的一切立論，都是屬於推理判斷的假定。在佛法上說，全是虛妄分別，假立自性；等於癡人說夢，何有其真實？（參閱《瑜伽師地論．真實義品》）

第三、圓明又發狂地說：「就我國大乘言，除三論宗以外，由印度太陽神思想影響而產生的經典，都立有一個真常唯心，如一心法界等。……以後所產生的大乘，一味就法性（法身）來強調，以為證得此法性，即得解脫。然而我們真的研究起來，就有疑問了。證法性一事，是否即解脫？而解脫即解脫，又何必一定要與此法性有關？……我偶而翻讀無著菩薩在《莊嚴論》中，所舉大乘為佛說的八因，不禁使我心驚肉跳。因為這位鼎鼎大名的無著菩薩，在此八因中，乃完全講蠻理。……佛是否為全知全能？即全知全能，又是否言盡天下後世佛教事？」

由此看來，圓明簡直墮入邪知邪見的深淵。可憐！可憐！

一、佛法所詮顯的法義，不論是大乘經典，或是小乘的經論，直接與間接都是建立於佛陀果位上。因為佛所演說的經典，都是為了度脫眾生。如《法華經》說：「或說己身、或說他身、或示己身、或示他身、或示己事、或示他事、諸所言說，皆實不虛。所以者何？如來如實知見三界之相。」凡夫為無明煩惱所蔽，不能如實知見宇宙萬有的真相。所以《法華經》說：「唯佛與佛乃能究盡諸法實相。」這是聖智所行境。即以人而論，人與人之間，由於智慧的淺深，職位的不同，彼此間許多事情，我們尚不能完全推測得到，何況佛果位上聖智所詮顯及聖智所行境？以六道諸趣說：人以上有天人，人以下有地獄、餓鬼、畜生。畜生，人可以見到的，但地獄餓鬼又在哪裡？雖然有人在夜深人靜時候遇見鬼，以及名人筆記、乩壇上都說有鬼臨壇，然這許多事，都不易以人的立場見證其存在的。但我們絕不能因為人所不見到的事，就否認它的存在。若以神鬼人所不易見，就否認它，這無異是否認六道諸趣，六道諸趣既不能成立，這六道以上的三乘聖賢涅槃寂靜，以及佛果也就被否認了。佛果都被否認了，那我們還學什麼佛呢？由此看來，我們在未能親證諸法實相，具足一切智慧、五眼、六通以前，不特不能了解諸法究竟實相，即自他多生以來所做的事，以及六道諸趣無量劫來隨業受身種種事相都不能了解，又怎麼了解那一宗為究竟與不究竟呢？

二、大乘各宗各派，若從平等門觀之，不論三論、唯識，或台、賢、禪、律、淨、密，無不依釋尊自覺心所流出的經教為法則，來發揮自宗的教義，故從根本說悉皆平等，並無優劣的分別。若依特殊門觀之，在取大乘教義中某一部份勝義，建立自宗特殊地位，以發揮本宗特殊教理，自有各自偏勝的區別。然而龍樹菩薩稱為八宗之祖，在他所造一切論疏中並未見發現說一切大乘經典，「若法華、華嚴，都從印度太陽神思想影響而來」，《法華經》為天台宗所依的經典，並以龍樹《中觀》、《大智度論》為立宗的張本，同屬於實相論系。一心法界的思想，導源於《華嚴經》，而《華嚴經》不特為龍樹菩薩從龍宮誦出，龍樹並造《十住毘婆沙論》解釋〈華嚴十地品〉。密宗與淨土宗屬於唯心論系，而密教根本由龍樹菩薩於南天竺開鐵塔門得法於金剛薩埵，故龍樹又為密教始祖；其所著《菩提心論》，專為解釋密教《十住毘婆沙論》中〈易行品〉，又為發明淨土思想，在禪宗龍樹又列為第十四祖。可見龍樹菩薩並沒有否認唯心系一切經典，若《法華》、《華嚴》等。同時龍樹菩薩思想實貫通《般若》、《法華》、《維摩》、《十地》、《入法界》、《般舟三昧》、《無量壽》諸種大乘經典所成。特別是深入《阿含》、《婆沙》及《律》等研究；所以龍樹菩薩絕不是為一般人所認為一經一論一宗的論師。是與馬鳴、無著、世親等菩薩重興大乘佛教的菩薩，怎麼能說捨三論宗以外，就好像沒有佛法了？

三、吾人修學佛法的目的即在求解脫，但解脫之道，有淺有深，所以先要了解法身、法性，解脫的意義，然後再來說明「證法性是否即解脫」，以及「解脫何必要與法性有關」？法身法性，其名目雖不同，然所詮顯的法體並無二樣。只有因其立名不同，其含義有廣狹的分別。

所謂法性，即指遍一切法的真實性，這個真實性，佛與眾生悉皆具足，只因眾生為無明煩惱所障，不能顯現。地上菩薩，雖顯而不全，唯有佛能完全覺了。於念念中證此法性，或曰真如、實際、實相，以此為身，名為法性身。這就狹義方面而說。

所謂法身，即指圓證無上佛果所成就的一切法，無論是佛所證的法，或所說的法，或思惟的法，都名佛法，總名法身。遍攝一切法無欠無餘，此在大乘名為法身，簡別非二乘解脫身，這是屬廣義方面而說。所謂解脫，即指二乘聖人以生空智斷煩惱障證得我空，所得解脫身。因未得法空智，故未能斷除所知障，不能遍知一切法故不能成法身。

由此看來，菩薩斷除煩惱、所知二障，實證諸法的真實性——法性，還有什麼不能解脫呢？也就是說已大學畢業，還愁沒有中學的資格嗎？要是僅能斷除煩惱障，不能斷除所知障，就等於僅有中學畢業，還沒有大學資格，就不能證得法身。所以要徹底地解脫，必須斷除煩惱、所知二障，實證諸法真如性，才能具體解脫——成佛。要是只解脫煩惱障，不斷所知障，不證法性，不是究竟的解脫，於此可見解脫與法性的關係是如何的重要了。圓明根本對此法身（法性）解脫的關係就未弄清楚，只隨口亂道而已！

四、一切經典所詮顯的教、理、行、果，皆以佛陀自覺心境為中心。佛是正遍知的覺者，無所不知，無所不曉。不獨世間一切法義無所不知，即出世間法義，亦復了了分明。《法華經》說：「不如三界，見於三界。」所以稱為三界「獨尊。」我們對於佛陀所說的教、理、行、果，所詮顯的一切不可思議的事，都必須以信仰為第一。《大智度論》說：「佛法大海，信為能入，智為能度。」《華嚴經》說：「信為道源功德母，長養一切諸善法。」是故信仰為入道之門。善財童子初於福城東大塔廟前，從文殊師利教，輾轉南行，求善知識，一心勤求阿耨多羅三藐三菩提。經一百一十善知識，最後，於彌勒樓閣內，遍證一切境界莊嚴藏解脫門。自念我今所證，不因福城東際大塔廟前見文殊指教，怎能得到此境界？作此念時，文殊師利唯恐善財童子智信不能合一，遂遙伸右手過一百一十城，按善財頂，做如是言：「善哉！善哉！善男子！若離信根，心劣憂悔，功行不具，退失精勤，於一善根，心生住著，於少功德，便以為足，不能善巧發起行願，不為善知識之所攝護，不為如來之所憶念，不能了知如是法性、如是理趣、如是法門、如是所行、如是境界；若周遍知，若種種知，若盡源底，若解了，若趣入，若解說，若分別，若證知，若獲得，皆悉不能。」（《華嚴八十》）這是明確地啟示我們，對佛所說的一切教、理、行、果，若遍周知，若趣入，若分別，若證知都必須以信根為第一。若沒有信根，這一切善法都不能成就！所以我們不特對佛陀要有絕對的信仰，即佛說的教、理、行、果，種種不可思議的境界，在自己心思所不能解答的時候，只有拿信仰去接受他，所以說「信為道源功德母」。《華嚴》說十信滿心，便成正覺。要是對佛陀偉大的聖格發生懷疑，比如是否全知全能，則對佛陀所說經教及詮顯的法義，又怎麼能深信了解呢？

五、相傳龍樹為證入初地的菩薩，無著為證入三地的菩薩。初地不知二地事，何況三地呢？所以空、有兩宗自有因立場不同，發生許多爭論。後來到了清辨、護法時代，兩宗相爭更為激烈。清辨對唯識法相發生許多難題不能解答，而護法又拒絕與清辨論議。所以清辨欲升天請彌勒解答疑問。然自己禪定力又不夠，經觀世音菩薩指示後，乃步迦葉尊者的後塵，入定於山中，等待彌勒下生，解答一切的疑難。由此看來，在未證聖果的人，對佛法所詮顯的法理，發生懷疑，在所難免。然而，我們自己必須認清，這是自己智慧不夠，信仰不切，要趕緊奮發修學戒、定、慧，圓證果位，才能了知一切法的究竟義。

第四、圓明在「合時」一段文中說：「不要為聖教量權威所迷，拾前人的牙慧。」好大膽的傢伙，居然連聖教量都不相信了，這是佛教的叛徒！是外道，是波旬。一切菩薩造論釋經，或者經疏，都是依於聖教量為本。地上諸大菩薩，雖有自證現量的智境，發揮教義，然於一切法真實義，尚未完全遍知，所以馬鳴、龍樹、無著菩薩等，皆要依聖教量，或比量，做為傍依造論。未登地的菩薩，根本未得自證現量境，雖間有類似現量境現前，然不足為憑依，所以賢首大師，必須依照佛果聖教量，發揮本宗的教義；他所依的契經，就是《華嚴經》。其次一切宗師論師，若智者、窺基、清涼、圭峰等所著述的一切經疏、論疏，若《法華三大部》、《華嚴疏鈔》、《唯識述記》等，都是依據大小乘經典。永明壽大師依三百種經論及祖師語錄做《宗鏡錄》。憨山、蓮池、蕅益，近代太虛大師都是著作等身，其所有著作，無不依於聖教量，這都能說是「拾前人的牙慧」嗎？要是聖教量不可以信，這圓明所認為可信的三論宗，也就發生動搖了。要是智者、賢首、玄奘、窺基、清涼、永明壽、蕅益、太虛大師等，所有的著作皆為「拾前人的牙慧」，我們倒希望圓明也來拾拾看，恐怕他再轉三十六身也趕不上歷代諸大師了。佛既不可全信——不是全知全能——聖教量又是不可信，龍樹《中論》還要待研究，無著菩薩又在講蠻理，這樣看來，圓明除掉他自己以外，天下恐怕沒有他所信仰的了，這不是天下第一號狂夫怪物是什麼？

總觀圓明那篇文章，捨去胡說八道，抹煞一切，否認一切而外，根本沒有一句正知正見的話。還虧他厚著臉說：「獻給真正的佛教教胞們！」這簡直給我們佛教徒一種侮辱。好像從釋迦佛以來，就沒有一個人能懂得佛法，我們對他這種狂妄愚癡我慢的邪見，理應默擯。只因有位同道憤慨含淚地說：「佛教不得了，洪水猛獸又來了。」馬列的信徒說：「宗教是鴉片煙，佛教是迷信。」現在佛教徒自己也說一切經典都是後人幻想出來的，佛不是全知全能，不要為聖教量所迷，否認鬼神……試問這不是洪水猛獸是什麼呢？唉！唉！有的人因為看了圓明的文章後，氣得連飯都不要吃了，不願與此魔子同生在這一個世界……。

我因為受了這許多話感動，所以拿起筆來寫了這一點意見。我相信這些意見，雖不能代表百分之百的佛教徒，至少也有九十九。大乘各宗各派的立場，容或不同，但決沒有否認聖教量，說佛不是全知全能，甚至說「一切大乘經都從印度太陽神思想影響而來」。佛在涅槃會上，雖說依法不依人，但不是否認佛的智慧不夠我們信仰的。假使沒有佛陀親證諸法實相，並且把它宣說出來，吾人焉知道有佛可成？有法可證？所以在未能究竟圓證佛果以前，我們對佛所說的一切經教何能否認狂妄不信呢？況且諸法實相，唯佛與佛乃能究盡。我們看了三部經、兩部論，拾得一、二名詞，就算懂得佛法嗎？

即使是懂得，也是相似地懂，不是實證諸法本來的面目。假使我們對這種狂妄邪知邪見的叛徒，都能容忍的話，那有什麼事件不能容忍呢？這整個佛法也就完蛋了，還有什麼光明真理可說呢？所以我最後提出幾點要求全國正知正見的同道們：

一、我們不要以佛法當人情，要一致起來撲滅這種洪水猛獸的邪見！

二、一致請求中國佛教會宣布圓明為佛教的叛徒，是摧毀正法的魔子！

三、一致要求佛教正信的刊物，拒絕刊載圓明的邪見言論！

四、人人要勸請同道親友們不要看圓明的文章，其功德勝於造七級的浮圖！

研究佛法應有的態度

示心悟·摩迦二同事

我們要研究佛法，應當採取一種什麼態度？

第一、我們首先要承認自己是個不夠料的人，然而我們為什麼要這樣的謙虛呢？因為個人的生命、智慧、能力太有限了！㈠在時空上說：時間上，上下幾萬年，千百世代，我們人只有數十年的生命，在這個悠遠的時間上我們能占了幾許光陰，真是蜉蝣也不如啊！在空間上，虛空無邊，世界無量，我們在這個廣博無量世界，無邊的宇宙當中又占得幾許寸土，真是滄海一粟也不如啊！所以人的一點心光無異螢火，真是渺哉小哉！㈡在學術上說：現在民智大開，科學發達。現在世界上所有各種學術何止千百萬種，所謂宗教、文化、科學、哲學、醫學、工學、農學、礦學、電學、化學、機械學等。再由政治思想的競爭，發生許多主義思想，所謂民主主義、社會主義、自由主義、共和主義、共產主義、虛無主義、無政府主義。如此種種學術，種種主義，我們一個人的精神、智慧、毅力，究竟有限，能於一種學問深入已經不易，何況再精通多種學術！所以現在學術須尊重專家。還有比世間學術更複雜，更廣博，更深奧的佛法，則更非個人一生的心力所能窮極。㈢在能力上說：我們人的能力就是兩隻手，兩隻腳，乃至眼、耳、鼻、舌、身、意。我們的手和腳都能工作，並且都能發生作用。捨此以外，我們的能力，全靠五官的作用，所謂眼能見、耳能聽、鼻能嗅、舌知味、身感觸、意能分別想像為事。眼等五識所緣的色、聲、香、味、觸，雖然都是真實的現量境，然人的眼等五識所緣的境界畢竟有限得很。即以眼力來說，眼的緣境，不要說十里八里以外，一里之外眼已不能窺見，何況千百萬里以外的事？眼是如此，其餘耳、鼻、舌、身也不能例外。現在世界上有許多學術理論及許多事實，都不能僅憑我們人的五官所能測量。譬如無線電發達後，能使我們看見千百萬里以外的現象（電影傳真）能聽到千百萬里以外的音聲。甚至我們的身體不僅在地面能走動，並且能飛上天空，能潛入海底，這都是證明不能僅憑人的五官能力測知無量世界。無邊宇宙萬事萬物的現象。何況宇宙萬有實相理體，更不是我們人的分別心力微末智慧所能測度！所以我們要承認自己為一渺小不夠料的人。同時，我們在這個偉大的時代裡做一個人決不能忘記求進步！

第二、我們首先要承認佛法是不可思議的！凡是忠貞的佛教徒對於佛陀聖格及佛說的法，必定有絕對的信仰，不會懷疑：㈠我們絕對相信釋迦牟尼佛的確是出生於二千五百年前的印度，現八相成道的佛陀。佛所說的經教及所詮顯的法義，以及佛陀所具足偉大的聖格，是經無量阿僧祇劫，行菩薩道所成就。所以佛陀不可思議的三十二相、八十種好的果德，六種神通所顯的不可思議的妙用，我們都要絕對相信。㈡我們信佛所說的一切佛法及所詮顯宇宙萬有實相的真理，是絕對的，圓滿的，無欠無餘。宇宙萬有實相的真理，不獨我們博地凡夫所不能了解，即二乘人也不能測知，雖地上大菩薩也只能分證，而不能究竟圓滿。以諸法實相的真理唯佛與佛乃能了知，唯佛聖智所能究竟；以諸法實相說，是離言法性，諸法相常住，有佛不增，無佛不減，常常時，恆恆時，法爾如是。㈢我們相信依佛說的教法，要能實際的體驗——修行，必定也能實證與佛同等的覺慧，同等的神通，同等的果德，同等的相好，一切智、一切種智、無礙智、自然智無不具足。㈣我們相信佛教中所說三乘聖賢歷劫修因證果的事實；二乘人證有餘涅槃。大乘菩薩，不住生死，不住涅槃，以大悲心代一切眾生受苦，救濟一切眾生；若地藏菩薩地獄未空誓不成佛，觀世音菩薩三十二應身，普賢菩薩無盡的行願，文殊大智主化一切眾生，以及中印佛教史上開宗說教及造論著疏諸大祖師，都為大菩薩化身乘願再來。這一一事實我們都要絕對相信，同時我們不僅以絕對相信為滿足，必須要進一步求實證！

第三、我們首先承認自己還沒有能親證到佛所說的真理，在我們未能實證與佛陀同等果德，開發等同佛陀的覺慧之前，對佛所說一切大小乘經典所詮顯教、理、行、果，只有絕對信仰，不容懷疑。所以我們要研究佛法的人，固然要以虛空有盡我願無窮的精神去體驗，不要畏難；然也不能僅憑個人微末的知識來測度，把它看得太易，甚至把三乘聖賢所顯神通妙用視為神話。要知佛法所詮顯的真義，乃從佛陀自覺心中透露出來，我們既沒有這種自覺心境，故對佛法研究要採謹慎的態度，不可妄自猜度，自誤誤人。

一、要研究佛法，應了知佛法根本的宗旨。佛法的宗旨，即在使一切眾生覺悟，開發等同佛陀的覺慧。由於一切眾生根性不同，諸佛菩薩隨機設教，或說小，或說大，或顯或密，或直暢本懷，或隨機應化，或現淨土，或現穢土，或天上，或人間，種種善巧方便設化，其目的無非使一切眾生，開發等同佛陀的覺慧，解脫有漏生死，實證諸法實相。所以佛所說教、理、行、果，自有大小、漸次、頓漸、了義及不了義的分別。故從眾生位上說，佛所說的一切法，無非妙藥，因病予藥解脫眾生的生死。若依佛果位上說，三乘二乘都為方便法門，唯有一乘法才是究竟了義教。《仁王經》說：「三賢十聖住果報，唯佛一人居淨土。」就法義來說，一一法皆為法界，諸法相常住，有佛不增無佛不減，故諸法實相真理，並非釋尊所創造，亦非梵天上帝所發明。

二、要研究佛法的教義，應了知佛法的真理，不屬於進化論式的思想，是超越時空的。近代有些人想以辯證法的正反合的方式來核定佛法思想的進化歷程，則徒然使正統佛法思想陷於混亂，根本無助於正法的宣揚。因為佛法所詮顯的真理，是絕對的，非相對的，所以許多大乘經典要彰揚佛法的真義，多以非常、非斷、非生、非滅、非漏、非淨、非有生、非無為、非有非空、非非有非非空、非一非異等否定方法，乃至心行處滅，言語道斷，不可以心思，不可以識識，因為真理是絕對的，離諸概念，斷絕是非，又怎麼可以有、無、空、不空、染、淨、生、滅等概念意識來詮顯？所以大乘般若經等常以否定方法，顯示佛法的真義。染淨既不可說，涅槃也不可說。因為依經典所發現的涅槃，乃是釋尊或祖師的涅槃，不是研究者自身的涅槃。這樣的涅槃只成為一種學術研究的對象，在自己分上不會顯現。涅槃是如此，所謂空、不空的法義也是這樣，都屬於概念的真理。在學說上雖有相當的價值，但距離離言法性的真理，還遙遠地很！

三、要研究佛教的經典，首先要了知某一種經典的思想來源，我們有了這種知識，才能評論某一宗派的思想，所說是否未盡圓融。比如《般若經》，是大乘經典中最古的經典。般若主觀為智慧，客觀的為空，然並不止於空。空，不過是對治妄心緣起的一種方法，實際要滅除妄心而顯淨心妙有的世界。所以般若實具足真空妙有的思想。般若由南印度開拓，由南而西，由西而北。般若到了北方，妙有的思想即與華嚴思想相會合，於是在地理上，南方為般若的中心，北方為華嚴的中心。後人把般若真空妙有的思想分開而論，實屬勉強。即以龍樹說，一方學者認為龍樹止於空觀，龍樹本諸般若的思想，實是繼承真空妙有的思想的體系，他的思想可分為方便觀、真空觀、妙有觀，此於其他著作中可看出其思想的體系。他所著的《菩提資糧論》、《十住毘婆沙論》為方便觀的代表；《中論》、《十二門論》為真空觀的代表；《讚法界頌》，若為龍樹所作，即為妙有觀的代表。《大智度論》卻居於真空的中心，即以此統攝方便與妙有的思想。再以有、空、中道而論，則方便屬有觀，真空屬空觀，妙有屬中道觀。於此可見龍樹思想的體系，並不如一般人所度，僅止於空的思想。如圖：

龍樹思想體系
- 方便觀——《菩提資糧論》、《十住毘婆沙論》——有
- 真空觀——《中論》、《十二門論》——空
  - 《大智度論》——空
- 妙有觀——《讚法界頌》——有

般若如此，我們於每一種經典的思想，若《法華》、《維摩》、《首楞三昧》、《如來藏經》、《勝鬘經》、《大乘涅槃經》、《解深密經》、《楞伽經》等，都要做深徹的觀察，始能發現其真正的價值。

四、要研究佛經，對於佛教歷史也不可不注意。佛陀的教法，雖是超越時空的，但歷史的考察，有時也能增加我們對某一種經典的認識，但不能做為抉擇真理的依據。比如龍樹菩薩入龍宮講出《華嚴經》事，這幾乎為佛教徒所共同信任的，然此一傳說，是否可靠誰也不能確定。近代人對此龍宮取經，儘管為避免神祕的說法，或說為表示深入自心，本著自證而結集的；或說龍宮取經，等於敦煌石室發現古經一樣。這些解釋，雖近乎情理的推測，然還不能釋人的疑慮。要從譯經史上研究，即發現問題的核心所在。這問題的關鍵，即在龍樹出世的年代。關於龍樹出世年代，經多數學者所共認是在西元三世紀，《華嚴經》要是龍樹講出的話，當在三世紀以後出現，然在西元一六七年支婁迦讖來華，二二〇年支謙東來，二六五年竺法護來華，他們各人都翻譯多數華嚴部經典（單本），總在龍樹以前一百多年，至少也在三十多年前，華嚴部經典已傳入中國。於此，可見大部《華嚴經》必在龍樹以前所成立，或者有少部分出於龍樹時代，引正王為龍樹所造的石室伽藍，其中藏有大部大乘經典，龍樹講出《華嚴經》事，或就基於此。所以說歷史的考察，雖然有助於對某一部經典的認識，但不能做為抉擇真理的根據。若全根據歷史觀點來考察某一種經典編纂的年代，或其思想受某一種思想影響，或假託佛說等種種的推測，如解剖死屍一般，則徒然使整個佛法生命弄得支離破碎，並不能增長吾人對佛法真理的了解；至多也不過使佛法成為一種抽象的真理，概念的哲學。若全偏重於理論的發揮，忽視教義思想根深的探討，不唯所說無據，反使於佛法無深刻信仰的人誤解佛法幾全為一種空泛的理論。所以歷史與教義二者須要兼顧，互為依證。

五、要研究佛法，首先要能真正了解佛法的真義。要依照一經一論文句的解釋或以一經一論評論佛法的大意，這都很容易。要對於一經一論文句而能察知其意義前後不相聯貫，或其中脫落某一部分，或其意義未盡，這個較難。就一經一論的思想解釋貫通，或就一經一論思想彰揚一經一論的殊勝義，而不以為滿足，要以一經一論文句思想的融化為一整個佛法思想的體系，不偏於一宗一派的知見，不落於偏頗過激的思想，而能以整個佛法思想體系運用，融化為我自己的思想，隨意拈來運用，縱橫發揮一色一香無非法界全體的妙義，這個尤難。

六、要研究佛法的教義，首先要了知佛法根本的原則，即從三法印到一實相印。所謂三法印，即諸行無常、諸法無我、涅槃寂靜，以此三法總印一切佛法，與此相印者，即為佛法，否則即非佛法。此雖通於三乘教，然多偏重於小乘教義。所謂一實相印，即是大乘不共教，實相教義。所以研究佛法不應以三法印為滿足，要以一實相印為終極，故凡契合諸法實相的經典，不論為佛所說，或非佛所說，或天人說，或外道說，皆得視為佛法，故經說：「一切外道語皆為佛語。」否則，雖為佛所說，或菩薩說，或小乘經典，皆非究竟了義教，故論法的定義，不在說者身分問題，而在所說的教法，是否契合諸法實相的真理。若勝鬘夫人、寶女、龍女、天女，雖為婦女身分，然所說《勝鬘經》、《大集經・寶女品》等，皆為發揚大乘實相教義。所以就大乘教義說，不應以諸法緣生畢竟空義為究竟，以諸法緣生畢竟空義，即顯五法三自性，八識二無我「離言法性」義，而此離言法性圓滿真實義，即顯諸法不生不滅寂然的法性，而此法性，實遍於法界之一一法，以此實相印實遍一切法。與前之三法印不同，然亦非離開三法印而另有一實相印，三法印即是一實相印。所以研究佛法的空義容易，研究不空義者難，從有到空容易，從空而顯不空者難。所以禪宗似乎比較三論、法相容易了解，實則更難；由於禪貫徹先期的「般若」與「華嚴」的教義，及後期的「楞伽」與「金剛」空、有兩大思想，立於「無一物」的境界，從否定一切（空），而肯定一切（有）。所以禪宗不拘在概念的真理，不落於空談的理想，著重實際的體驗；故以見性成佛，實證諸法實相為終極。

七、在眾生位上對於佛法的見解有所偏差，雖古今大德亦所難免。但偏不要緊，偏而要有見解；要是偏而無特殊見解，便不成為偏見，乃是妄見。所以研究佛法，決不可存自己的成見；有了成見就不能獲得諸法的真義。故要精通一宗一派，或一經一論，此不難；而精通整個佛法融化無礙者難。要舉各宗各派的勝義及其同異點何在，並且能了知其所以同異的關鍵所在，評其得失是非，這個更難。要以一宗一派標準主觀的成見評論其他各宗各派的偏差，或評判某一經論的意義不足，這個猶易。要舉出事實材料，逐一評判其是非得失，或就所舉出材料加以彌補與校正，這個較難。而學者的通病，往往以自己所講的為最獨尊，最高尚，這未免抑人揚己。要知佛為應機說法，法法皆為第一。祖師造論亦復如是，比如唯識多明有義，《掌珍》多辯空義，《辨中邊論》多辯亦有亦空，《中論》多辯非有非空，似乎各有所偏。然倘能以中道教義，融會貫通，則有空名目雖相破，實即相成。再以亦有亦空非有非空彰揚有空相即的實相中道義，此為學者應有的態度。

八、要研究佛法的價值，不僅從文字般若上了解，更要從實相般若理趣去體會。以佛法重在親證不尚空談理想。現代人都喜歡以哲學或科學的眼光來衡量佛法，這實不智之甚。所以我們要為做文章找材料而究竟佛法，這個容易；而做文章以求自己學問的進步，以理解佛法博大教義，發人所未發的特殊見解，這個不易。要成為當時佛教界一個名人，或是一個著家，或是一宗一派的論師，這個猶易；要能成為「一言而為天下法」，有益無弊，使自己成為「百世師」不朽的著家，這個較難。要折服一宗一派門徒或一般似是而非的信眾，這都容易；要折服各宗各派的學者，或是佛法通家，這個較難。要遍覽三藏經律論不難，而能精通經律論三藏者難。而精通經律論三藏不難，精通經律論三藏，而自己不憍傲誑妄，且能把自己所有的特殊心得，發揮出來貢獻於世者難。要於一宗一派經論有特殊心得猶易，而不以一經一論的心得為滿足，不自矜，不標榜宗派，不抹煞一切，不否認一切，而貫徹佛陀悲天憫人以大悲心教化眾生的精神，普為化導一切眾生，這個更難。雖然，學者必須以此為目的，且必須要做到！

九、要研究佛法而了知各宗各派教義偏差，或其教義未盡，或了知古今大德偏差的過錯，這個不難。而能融化各宗各派教義的偏差，或者了知古今大德為法的態度，而能發現自己有偏差的錯誤，或宗派的知見。自己有了偏差的錯誤，而能自己改正，從今以後不再錯，不為宗派偏見所惑，不以一經一論為尚，而好學不厭，不以自己為最尊最高，而知後生可畏，精進不懈，發菩薩心，行普賢願，以領導現代青年以期發揚佛法的真義，有助於人類世界文化的開展。而能融通整個佛法的思想，領導整個人類文化新生，這個更難。雖然，但學者必須以此為目的，且應做到！

十、要研究佛法，首先了知研究佛法的目的，乃在明理斷惑證真。而佛法所詮顯的真理，不在知解的分別，而重在實際體驗的修證。所以六祖一日對徒眾說：「吾有一物，無名無字，無頭無尾，無面無背，汝等諸人還識得否？」才被神會說為本源、佛性，即被斥為知解宗徒，所以要依知解求取佛法的真理，早為釋尊斥為說食數寶。三祖說：「至道無難，唯嫌揀擇。」即是一有了揀擇，即落於分別知解。《維摩詰經》中三十二位菩薩各說不二法門真義，前三十一位菩薩都以文字言說描述不二法門，輪到文殊師利，以「無言無說，無示無識，離諸問答」之言來顯不二法門。其立義雖較前三十一菩薩高超，然仍用文字般若，未能超越言說。最後維摩詰，卻現身說法，默然無言，做出個入不二法門的樣子，指示給人看，於是文殊師利極口讚歎說：「乃至無有文字語言，是真入不二法門。」由此可知我們研究佛法的人，絕對不要為經典文字所誤，要知文字性離即是解脫。特別要能改變自己的身心，變化自己的氣質；古今高僧偉人之所以贏人，即在其超逸灑脫，氣魄感人。我們要能擴大自己的胸襟為菩薩心，斷除我見、法見，漸漸使胸中無一點文字滯塞，視經典如太虛空，所謂「如標月指，捨舟登岸」。世尊最後也說：「我四十九年未說一字。」此實在警示後來有情不要著於文字般若，要趣證實相般若。所以禪宗不立文字，祖師要燒毀經典，都有特別的意義。

以上所說的各點，雖沒有特別意義，然不妨可做參考；因為佛法畢竟為佛所證法及所說法。要照法的真義，說佛法已落於對待，只可說「法」，或曰「正法」。禪宗以「這個」代表之，尤具特別意義。《金剛經》說：「法尚應捨，何況非法？」要以知解來肯定佛法的真義，已失去佛法的價值。我們要以這種態度來研究佛法，始有接近真理的希望。

禪學思想

一、禪的意思想

㈠禪的意義　禪，究竟是一種什麼知識？這是一個不容易解答的問題，因為禪不是一種理解的知識，而是超越的、神祕的，是透徹一一知識的精神根底，是人類慧命活動的基礎，是永遠地存在我們的血肉中，只要我們在不絕地活動充滿溢力向上的生活裡，就能領略到禪的風味！

從禪的語義來研究，「禪」是從梵語的 dhyāna 及巴利語的 jhāna 而來的音譯，全稱作「禪那」，略稱曰「禪」，意譯為「靜慮」，即靜止念慮散亂的意思；或譯三昧，即定的意思。三昧是 samādhi 的意譯；或譯三摩地、三摩提；照語義上，有依之譯為「總持」、等持（samādhi）、等至（samāpatti）、調直定、正心行處等。在使用語言上雖有種種差別，但禪的本質，總在使散亂心念專注於一處的意義，或使心思集中某種事情上。

在《大乘義章》卷第十三記曰：「所言定者，當體為名。心住一緣，離於散亂，故名為定。言三昧者，是外國語。此名正定。定如前釋，離於邪亂，故說為正。言正受者，正同前釋，納法稱受。」

《法界次第初門》釋云：「通言三昧者，三摩提，秦言正心行處。是心從無始已來，常曲不端，得是直故，故名三昧。」

又《大智度論》卷二十三云：「三摩提，秦言正心行處。是心從無始世界來，常曲不端，得是正心行處，心則端直。譬如蛇行常曲，入竹筒中則直。」

在《圓覺經疏》說為三觀之一：「梵語禪那，此言靜慮。靜即定，慮即慧。謂欲求圓覺者以淨覺心，不取幻化及諸靜相，便能隨順寂滅境。」

照上所引諸種經疏的解釋，三昧和禪那、靜慮的意義，都可明白。總概而論，三昧或三摩地的特色，是在使精神集中於純粹的狀態，不是肉體修練的意味。然而禪那——靜慮，自然是使精神平靜，顯兼有修練肉體的關係，這和三摩地——定有所不同。要是嚴密的區別，定相當於止（śamatha），以寂靜為義；禪，相當於觀（Vipaśyanā），以正見為義，然止與觀如車之兩輪，缺一或偏於任何一方都不可。《大乘起信論》止觀門說：「所言止者，謂止一切境界相，隨順奢摩他觀義故；所言觀者，謂分別因緣生滅相，隨順毘缽舍那觀義故。」

明白地說，止，即是制止精神散亂而使之鎮定，將心集中於一境上；觀，即基於止的境界而觀照一切對象上實相；即將澄清的心境不致太過鎮定而墮於無氣力的半睡眠狀態。所以後來教家即以止觀雙修代表了禪，特別是天台家的止觀法門，可說完全脫胎於「禪」。但禪的本質意義，並不完全與止觀相同。

㈡禪的種類　禪的範圍非常地廣，其類別也很多。禪，雖說是屬於修道的法門，然而它的性質也不容易說明。要是想說明它，不外是「說似一物即不中」，言語道斷，心行處滅，實參實究，冷暖自知的一種境界。實參實究，絕不許輕心慢心可以深入堂奧的。非大徹大悟，放捨諸緣，萬事休息，一擲乾坤，百尺竿頭再進一步，大死一番，斷不能體認禪的意味。這種意味，在禪是極貴族的，是專門的，不是一般人所能容易了知的。然在它的反面，禪又是普及一般人士的面前。在這裡沒有何等的城壁，極其寬大，任人取捨，是自在、奔放、愛智、批判、說明、表現。所以禪的社會性質，一面是極端貴族的專門的，一面是極平民的通俗的。

一般人對禪附加種種名稱，不外是玄人禪、素人禪、專門家的禪、禪宗的禪、文字禪、正宗禪、野狐禪、口頭禪、武道禪、店頭禪，這樣的說法，不過表示禪的範圍之廣，在任何一個名目上都可附加禪的名稱，並未含有真正禪的意味。然而禪究竟不是可以說的，也不是可以看見的東西，是禪師經過深思體驗發揮出來的生命。所以一般文人玩弄文字，描寫禪的境界，以為得意，但究其實在，他自己並沒有實體參究，對禪可說完全不明白，就憑一點文字來論禪的本質，批評禪僧，解釋公案，談論禪理，發揮己見，試想，這樣怎能體得禪的滋味呢？

要審核禪的意義，先要辨別禪的種類，觀察其種種相，定其範圍。唐代圭峰宗密，是最明白禪的人，在佛教中也是發展禪教一致的人。他是華嚴宗第五祖，他在《禪源諸詮集都序》中，把禪分類為外道禪、凡夫禪、小乘禪、大乘禪、最上乘禪的五種。在大乘禪中，又分如來禪與祖師禪，更於祖師禪分南頓北漸，南方又有曹洞、雲門、臨濟、溈仰、法眼五家，更於臨濟又與黃龍、楊岐合成七宗。

1. **外道禪**　「帶異計欣上厭下而修者」，即認我以外另有一神的世界，故要厭離這個世界，欣求另一神的世界，做為修禪的主要原因，其目的在於感生天界。佛教以外的印度修禪者，皆以生天為目的，如生天上就得滿意的幸福。佛教以三界為迷的世界，故以出三界為目的，決不以生天界為究竟。以天堂為主的耶穌教徒，即以上帝為預想的神靈，亦屬此類。

2. **凡夫禪**　謂「正信因果，亦以欣厭而修者」，即深信三世因果，厭離現前下界種種苦難，欣求未來上界的妙樂，故尚無法出離三界。一般世俗人畏苦行善也屬於此類。

3. 小乘禪　謂「悟我空偏真之理而修者」，即僅空去主觀的我，未能空去客觀的世界。僅能悟徹到佛教根本真理的半面，教家判為法有我無宗，在修學上僅僅為佛教初步。

4. 大乘禪　謂「悟我法二空所顯真理而修者」，不僅空去主觀的我，更進一步空除客觀世界，徹證我、法二空的真理，發揮佛教的真義。於此我、法二空所顯的真理，應特別注意的，把主觀界與客觀界否定，徹證我法二空的真理時，即確認於空的以上的真理。普通把這個說為真空妙有，即空的極限，就體得實相、法性、真如、實際、妙法、一心，所以大乘佛教不獨否定一面，同時並有肯定的一面，在教義上由於名稱及概念構成不同，然其根源，不外我、法二空真理。為達到究竟空除一切我見、法見而修者，即屬此類。

5. 如來最上乘禪　了知自己本來是佛，即於真空顯現妙有真理，實際體驗，以自己的心為對象，不見有什麼東西出於自心，這是修禪行間依二空所顯為媒介，自己的心性即為本來面目，無漏清淨，體認到自心即是佛，則由大乘禪而進一步為最上乘禪，或名如來禪；即如宗密所說：「若頓悟自心本來清淨，原無煩惱，無漏智性本自具足，此心即佛，畢竟無異，依此而修者，是最上乘禪。」一名祖師禪、如來清淨禪，達摩所傳的禪，即屬此禪。

宗密把禪這樣的分類，雖然簡單，然也很得體。禪雖屬於佛教一部門，但在沒有徹見本來面目是不易把握的一種境界。

㈢禪的起源

禪雖屬於佛教所有，然非佛陀獨創。遠在佛教以前，印度哲學的「吠陀時代」，就有其淵源，到「優婆尼沙土」（即《奧義書》的音譯）時代，即很重視冥想的思惟。到佛教時代更形發達，經過佛陀修練成為佛教獨特的法門。雖同名曰「禪」，然佛教的禪與古印度外道的禪，不獨其修行方法不同，即其目的也不一致。古印度外道以自我為中心，藉由禪定的方法而求達成「梵我一如」的境界。佛陀則以無我為基本而修禪定。佛教的禪定，以達於空、無相、無願三昧而入於純無我境為目的。質言之，即是否定自我的觀念，超越了個人的意志，更否定了個人意志的梵而達到第一義空的境地為目的。即從主觀和客觀繫縛中解脫而顯出諸法實相的面目，體現出無我的真如，實證到無我即真如，得到那個正覺。無異的，為捨卻古印度外道，「梵我一如」的自我，而體現絕對無我三界為三昧的正意。所以禪定又稱為三昧，所謂三昧，是超越一切諸法而開顯的無我平等絕對境界，三學的功德，六度的妙行，八正道的真義，無不悉攝於其中。故「禪」得稱為佛法的總府。

禪定或三昧，從佛教德目說，是三學、六度、八正道之一，然而要以經教文字探討禪的起源，是畢竟不可能的，因為禪不以經教或文字所能了解的，是從橫貫經教的根源佛陀正覺妙心而來。是以「不立文字，教外別傳，直指人心，見性成佛」為禪的宗旨，所以我們追求禪的根源，最好究明自己的覺性。我們一旦能抓住自己心靈上所獨具那個核心，便會發現，「道本圓成，何假修證，人人具足，個個圓成」的正覺妙悟所顯現的絕對生命。試以釋尊成道而論，佛陀的開悟，既不是依於哲學理論的研究，也不是仰賴於神的啟示，完全是向著自己內心，與愚癡的欲望作戰，與盲目的自我作戰，終於制服一切，達到「一切勝者」，「天上天下唯我獨尊」，透露這個消息出來。所謂「獨尊」，就是乾坤唯一人的境界，是徹見心源無上正覺的意義，是體現到絕對大我的意義，這心就是禪的心，也就是禪的根源。因此禪的起源與其說限於時代，不如說顯現於佛陀自內證的心為確當。禪宗又稱為「佛心宗」，也就是把「正覺」為直指的起源。中峰禪師曰：「禪何物？乃吾心之名也。心何物？即我禪之體也。」故禪之本體即是心，以心為中心，心即是禪的根源。所以「禪」的全部精神，即在究竟明白自己的心性，「見性成佛」，就立腳於此。

㈣禪的成立　依佛教全體說，禪是三學之一，六波羅蜜之一。然三學不是個別的分類，而是一體三面的，六波羅蜜也是同樣的。所謂三學就是戒、定、慧，在修學佛法上有此三方面。所謂六波羅蜜，即布施、持戒、忍辱、精進、禪定、智慧等六種，是大乘菩薩道實踐的要件。三學，若依修學的程序上說，是依戒律生活而修禪定，由禪定而發生智慧；要從完成上說，三者是同時具足的，共同聯繫功成，構成完全佛教的人格。三者有同時不相離的關係。六波羅蜜內面的關係，也是同樣互具互融，相依相資，完成各個的意義。而實際上禪定與智慧為根本中樞，智慧原來含藏定心，純精神作用，所以，沒有禪定，事實上智慧就不得生出。因此，禪於實踐方面，不可說是為抽象，而是全體，因為禪不僅僅為三學六度之一，且是實踐正覺的一種生命本質。

一般人於佛教的實踐方面，以斷惑證理為根幹。然而斷惑為禪定的力，證理為智慧的作用。故禪定與智慧為佛教實踐的根本，其他一切修行項目皆依此為助伴。而這兩者中，在行的方面，禪定為主體，智慧為作用。故論佛教的實踐項目，在立於修道的階段時，常以禪定的進發為標準，這個從原始佛教的末期經過小乘佛教的教義全體，是最明顯的事實。即禪為佛教實踐中樞本質。佛教非是理論的，必依其實踐而發揮其本義，禪不可不說是佛教的本質。若依教義上的分類，或教學構成上的概念，則是三學之一，六度之一，屬於部分；然若於佛教全體來說，其本質的生命，不可不推見於禪。於此，可見禪是佛教的全面，為其中心的生命。

禪，雖屬為佛教全面的，然由於修學者根機的不同，而發展出不同宗派。初為小乘佛教，即以四禪八定為實踐的項目，這在小乘教禪經中可看出其梗概。傾向大乘方面，就有種種三昧經典的成立，特別出了許多觀佛三昧的行者。然後又出生唯心的實踐的瑜伽行者一派。大乘禪系統中，《楞伽經》系統的禪觀思想，以佛語為心宗，不立文字，以顯真實佛教的生命，要把禪發達到高度的中心。因此，禪是佛教的全體，是佛教的精髓。達摩系統的祖師禪，就立足在最高佛教中心點上。

達摩東來後，對於中國佛教經教理論發生直接的革命性影響。我國佛教，從安士高到羅什等來華，各種大乘經典都翻譯出來。在研究方面也盛行起來，論義激烈，開宗立教，然偏於理論，而忽視實踐。因此達摩來後，佛教的理論與實踐分開。後來禪竟代替了教掌握佛教的中心。從梁代的菩提達摩到唐代的六祖惠能期間，是祖師禪獨立大成的時代，惠能以後，其勢非常發達，至宋代，整個佛教團體已禪宗化。宋代以後中日文化交流，禪宗又很迅速地傳入日本。

禪在日本佛教團體中，雖也消長隆替，然無異為日本佛教的核心。所以禪在東方，不僅代表了佛教精神，也代表東方文化的精髓；因為禪是充分包括了東方文化精神，深奧的哲理，崇高的藝術，慈悲的道德，都在這裡發生。可以說不能了解禪，就不能了解東方文化，亦非過言。

二、禪的立場

㈠不立文字

「不立文字，教外別傳，直指人心，見性成佛」，這是禪宗獨標的立場。中國佛教，無論那一宗派，都有它所依據的經典，依照經典的註釋，以顯示自己宗派所依經典為最勝，其他一切經典皆所不及，說自己所依的經典為佛教正統的思想，並且舉出經典文字為證明，以顯自宗為第一。這如天台宗依的《法華經》，賢首家依的《華嚴經》，密宗依的《大日經》，三論宗依的《大智度論》，各各都有所依據的經論。唯有禪宗，自宗祖達摩大師，即樹立不立文字的旗幟，也就沒有所依的經論，更沒有選擇一經一論為特別傳承佛陀的真意，因為一切文字的經典等同標月之指，並不是真理的本身。即使藉多量的文字來表現真理，也只是表示的意義而不是真理。禪宗不立文字的意義，也就在此。有以文字經典傳播佛法的真義，有以視經典文字為佛法的生命，甚至以經典所在即是如來舍利之身，這是一般宗派開立的根本。禪宗不拘泥文字，這與依照文字立國的中國文化異趣，也與一向依於文字經典開創宗派者不同，這是獨特的立場，這樣所立的宗派——禪宗，就是不立文字的宗風。

在這裡要特別說明的，不立文字，並不是輕視經典的意思。經典中有佛法的生命，然依註釋的經疏，並不足以表現佛法實際的生命。所謂不立文字，即是不標榜文字，不拘泥文字，文字是符號，不是真理的本身。文字如標月指，這是顯出文字的效用，最適當的評語。由於不忽視經典，所以禪宗於一切經典都自由依用翻讀，不分經典的優劣，因此，也沒有先入為主的成見。不捨去一切大藏的經典，不忽視一切聖典，要能抓住這點，才能明白禪宗「不立文字」的意趣。

實際上說，禪宗所依據的經典也不少，如《法華經》、《楞伽經》、《維摩詰經》、《金剛經》等，這些經典內容都顯出禪宗的本義，並且著重實際見性悟達諸法實相。從達摩到六祖前後，以《楞伽經》與《金剛經》視為禪宗的必要。雖然如此，與其他宗派所依經典的用意，不可同日而語。因為其他宗派，都希望藉其註釋以顯開宗立場的優劣。禪宗不以文字為第一義諦，雖不標榜文字，然對文字般若的修養，也不遜於其他的宗派。這可從現存語錄、法語、偈頌等著作中看出。不立文字的禪宗，卻留下數量龐大的語錄，現存語錄將近二千卷，為其他宗派註疏所不及。我們一見到語錄，好像自己即撞著宗風，有所悟省；不立文字，是有特殊的意味，決不是忽視這文字或語錄，不過是未把文字立為第一義，或以為立宗開教的根本。事實上，禪宗的初祖達摩到六祖惠能大師，五家七宗諸祖，沒有不選擇特別經典讀誦，只是沒有依之做註釋，或視為宗義的根源。禪宗不依經典標明宗旨，這不同於天台宗依《法華經》及三大部，華嚴宗依《華嚴經》及《五教章》，或《探玄記》所成立之各各宗派教義。因此，說為不立文字，以示禪宗立場為第一義。

(二)教外別傳

教外別傳與不立文字，雖大體相同，然亦有不同的意思。所謂別傳，即是積極顯示自己特別的立場。所謂教外，就是不立腳於一般教相、教判之內。凡示一宗開立的立場，要有其組織的方法及其教義。教相或教判，是隋代以後的習慣。在教判方面：法相宗有三時教，天台宗有五時八教，華嚴宗有五教十宗，以顯各宗教義體系的方法論的部門，而教相則為一宗教義的理論重要部門。就如天台家捨去教判，就沒有獨立的教義，天台家的概說，以五時八教的說明盡矣。所謂教判是詳於教相的判釋，依佛陀一代所說的經典價值，依此為判教經本的分類。以顯示教理內容的組織體系，其結果自宗所依的經典為統一其他經典的代表，這樣經典的教義，內容最為卓越；以顯示為其他經典的根源，或是歸結。於此可明白一宗開立的理論意義，所以一般宗派把教判立為開宗第一義，設無教判，也就不可能成為一宗，這是中國佛教的遺規。然而禪宗，沒有如此教相教判，既沒有文字經典，也就沒有顯示其教義內容的理論構成的必要。換句話說，禪宗不持教相，不立教判，獨樹一宗，反映出教外別傳獨特的意味。要依一般所說，依教義成立一宗，必要有教理的體系，及學說的組織。禪宗既然沒有概念，當然也就沒有依於概念構成理論體系學說組織的必要。由於不立文字，故說為教外別傳。因為這樣，故與不立文字相同，然也不是完全排斥教義，甚至說其為無價值的東西，不過不同意一般學者依於教理的組織為產生真實的佛法，或是以此視為佛教法的根源。

所謂別傳，就是教相以外所傳，這個所傳，即顯出禪宗獨特的立場。所謂傳，就是代替開宗的說法。教外別傳，就是教外開宗，或無教開宗，或沒有教相教義所開的一宗，於此可明瞭禪宗開立的歷史意義。更可於此看出中國佛教宗派歷史上的特例。然而為什麼不說開宗僅說「別傳」，也就可窺見禪宗獨特的立場。所謂傳即是實際上傳授的意思。於此中有實習，有體驗，同時有師授，受者為弟子，禪宗傳統上將傳授立為最重要的階段。

要更進一步說，禪宗不應視為一宗，因為禪是佛教的總府，不屬於一宗一派，更不應開立一宗。在理論上，過去七佛以來的正法，於歷史上透過釋尊的體驗，並透徹了歷代祖師的皮肉，祖祖相傳，從整個佛法傳承上說，釋尊滅後，迦葉尊者為傳承第一代祖師，由迦葉至阿難，捨此別無傳授。可見迦葉尊者不僅為禪宗第一代祖，可說為傳承佛法第一代祖，所以禪宗稱為佛法總府，也就在此。現在稱為教外別傳，不過要特別開立一宗，獨顯出佛法總府的所在，所以說為教外別傳，或教外開宗。甚至說無教開宗或無教無宗，那更有意味。

㈢直指人心

「以心傳心」，這是表示禪的獨特立場，「直指人心，見性成佛」。所謂人心、自心，都屬於抽象的說法。所謂成佛是怎樣成的？這含有教家的氣味。所以後來禪家對於這句話，並不十分珍重，不過為表示禪的獨特的立場，仍保留此說。

所謂直指，就是直接指向的意思。這不是理論的詮索，也不是推理論證的結果。不借媒介，直接向自心上滲透。所謂人心，即是我們的心，我們生死輪迴，迷悟生活都依於這個心展開。因為這樣心的活動為直接徹見其心的本質，依照其本性顯現，就可以說為佛教究極的目的——成佛。所謂成佛就是斷惑證真，證涅槃，這與成就阿耨多羅三藐三菩提同一意義，一乘教義特別發達後，不要經過教理上嚴密的行位次第，現身即能證悟達到解脫的境地，《楞伽經宗通》中說：「若頓悟本心，一超直入如來地，開佛知見，得自覺聖智，三空三種樂住，所謂禪定、菩提、涅槃。」

又宗密說：「達摩受法天竺，躬至中華，見此方學人多未得法，唯以名數為解，事相為行。欲令知月不在指，法是我心故，但以心傳心，不立文字，顯宗破執，故有斯言，非離文字，說解脫也。」「若頓悟自心本來清淨，原無煩惱，無漏智性，本自具足，此心即佛，畢竟無異。依此而修者，是最上乘禪。」（《禪源諸詮集都序》卷上）

由此得知，直指人心，是禪的生活根本要論，這種內生的反省，是直接向自己內心上滲透。末法時代的眾生，都沉溺於文字，埋頭於客觀的研究，不向自己內心反省，墮落於文字戲論中。達摩大師洞悉了眾生趨背，特指示禪是佛教的真生命，不存在於文字經典中，卻存在於自己的內心。設不得自心的真理，絕不能成佛，若一旦頓悟了自心，即直入如來地，「開佛知見，得覺聖智」。所以聰明的人不求佛祐，只向自心上追究；愚昧的人只求佛的庇佑，或搬弄文字經典說食數寶，永無解脫的自覺希望。

㈣**見性成佛**　佛教，是自覺中心的宗教，其目的在解脫，也是根據自覺而實現的。所謂自覺，就是自己覺悟自己的意思，不是仰求神的庇佑，或是上帝的啟示，純粹來自於自身徹見自己本來心性的靈機。離開一切執著，超越一切矛盾，觸著普遍超脫絕對自在的作用。禪家說此為「見性」。

「見性」，究竟見個什麼？在《鼓山晚錄》中說，這是自己的內生命，就是自己認識自己。要進一步地追求，便屬於所謂冷暖自知的境界，要想說明它是不可能的。因為見性是禪的生命，禪是宗教的極致，而這種生命與極致，是屬於大徹悟的內容，絕不是語言文字所能表現，自己突入了自己內生活，直覺了活躍靈機的全體之外，更無他道。所以要想用文字表現內心妙機的事實，到底也不可能。「修多羅教，如標月指」，這是佛陀的遺教，指示給我們要實現自覺的解脫，必須直向內心中體驗——見性。

所謂「見性」，即徹見本有心性。而性有性法、心性、真性、理性等分別。性與相是相對的。相是可見的，有造作、有變化的，屬現象的部分。性是不可見，無造作、無變化的，屬本體的部分。說明法相與法性，各宗教學都有精密的研究；不論其相，而究明其性的教義，實居最高的地位，性是大乘至極教義的重要的概念。但禪家不是依於理解論究性的，必須把握體驗這個性，徹見本有內在生命而顯明出來。這個不是議論的，是實踐的，非是性的理論，乃是性的發現。見性一語，反映出禪的本質，就是見性悟道，所謂開悟，是禪宗獨特的意味。

「見性」，也就是直指人心。然而人心與見性是怎樣的關係呢？要直接徹見內心，這個心即是性。然而心的盡處為性？還是性潛伏於心的深奧處呢？心的本質就是性嗎？質實地說，心與性是同也是異。在異的方面可說為同，在同的方面也可說為異。因為在心的方面有心相與心性二面。心相是具體的，心性是普遍的。又心相是就事相上說，心性是就理性上說。今所說直指人心，是兼指兩者而說呢？還是就一面而說呢？理論上說，是兼指心相與心性兩面，而具體的是直指心相。若直指心相，相與性互通，相本無相，無相就是無自性，這是歷然分明的如實相，一般教家呼此為心性、真性、法性、真如，都是直指心的當處，不是取其概念構成意味。在活躍於自覺心上靈機妙用，這即呼為見性，這個或叫作心，叫作理，叫作法性，其實僅就其一概念而言。

照禪的立場來說：直指人心的結果，就是見性，所以見性的性，有心性、理性、一心、心的本質。關於所謂人心，就具體的事心，徹見普遍的理心，把握一心、心性，直指心相活動於禪經驗的當處，就是見性。要是把見性的性，當為一心、心性、真如、法界等，便墮於概念世界，逸脫了真生命。所以在佛教教義上說，見性，就是見法、見真如、見法界。《法華經》所謂悟入諸法實相，《華嚴經》所謂證入法界。總之，見性是一乘佛教究竟地。

見性成佛，不一定始自達摩祖師的提倡，在《大般涅槃經》等也有這樣的話頭。昔善星比丘，雖誦得十二部經，猶自不免輪迴者，為未見性故。又說：「了了見佛性，猶如妙德等。」這些類似話在許多大乘經典裡都有。

在達摩《少室六門．血脈論》中說：「若要覓佛，直須見性，性即是佛。佛即是自在人，無事無作人。若不見性，終日茫茫，向外馳求覓佛，元來不得。」這是達摩大師給我們指示見性的意義。

「達摩大師西來此土，不涉名言，不立修證，唯直指人心，見性成佛而已。夫心本無形，云何可指？性本無相，云何可見？佛本現成，云何復成？其意只是因眾生妄起諸見，

迷卻本心，故渡海西來，息其妄見，使還得本心。」（《永覺和尚廣錄》卷第六）

用此得知達摩西來的大意，也可洞悉「見性」的真義。

三、禪的思想

㈠禪・教・宗

禪是非思想的，但思想有關於禪。古來的禪學者嚴禁思想代表的說法，因此，不可能把禪納入於思想中。雖然禪不是思想的，但禪與思想是有特別關係的。關係究竟在哪兒？就是禪與思想有本質的關係，因為禪拒絕把思想納入它的領域內，所以不可承認思想代表禪，於是構成禪與思想分別的根源。

要以廣義說明禪、教、宗的關係，不可不先明瞭禪的種類。廣義的禪：所謂外道禪、小乘禪、大乘禪等的區別。在大乘禪中又分別為如來禪與祖師禪。圭峰宗密更以三宗配合三教，即息妄修心宗、泯絕無寄宗、直顯心性宗。這個配合教家的相宗、空宗、性宗，把禪的思想與教家發生密切關係。禪與思想的關係，即祖師禪與佛教教理的關係，禪與教的關係也盡在於此。禪是實現佛教教理的，是側重在行。一般佛教教理於禪定與禪慧所體認的理論的表現，遂發生各種教理觀、四諦觀、空觀、唯識觀。非特是理論，是以禪的體驗為根底，成為各宗所示教理體系的究竟地，理想概念的涅槃、畢竟空、一心、法性、真如等，都是假設的智性對象。禪定在把握智慧的對象，實際體驗才是智慧的對象，不是識的對象，智以理性為對象，識以事相為對象，而能於智與理，能所主客對立當處，體驗出能所不二，便有理智融合當處的真義。這樣看來，理論的教與實踐的禪的關係，可說是一體兩面的，密切不可分的，教屬於思想的領域，構成禪與佛教思想的關係不相離性。禪與教並進，佛法才能興隆。末法時代眾生，不特教家都理顯於經教，研究分別名相，不從實踐道努力。使宗師更落於野狐禪，真參實究者少。達摩大師早經預測過。《教外列傳》的〈東土祖師初祖菩提達摩大師〉傳云：「昔如來以正法眼藏付迦葉大士，展轉囑累，而至於我，我今付汝，汝當護持。並授汝袈裟，以為法信，各有所表，宜可知矣。」慧可曰：「請師指陳。」祖曰：「內傳法印，以契證心；外付袈裟，以定宗旨。後代澆薄，疑慮競生，云吾西天之人，言汝此方之子，憑何得法？以何證之？汝今受此衣法，卻後難生，但出此衣並吾法偈，用以表明，其化無礙。至吾滅後二百年，衣止不傳，法周沙界，明道者多，行道者少，說理者多，通理者少。」

這是達摩洞見了末法時代的趨勢所做的警告。時至今日，正是說理者多，通理者少，野干競鳴，佛祖慧命焉得不喪，法門寥落，能不悲夫！

禪是佛法的總府，不可以定為一宗。一切宗派都有所依的經典，唯禪家則否，燒毀經典成為禪家獨有的風格。這是經前一句，千聖不傳，冷暖自知的境界，永嘉大師說：「宗亦通，說亦通，定慧圓明不滯空。」這裡的宗與天台宗、華嚴宗，是名同而異其旨趣。這個宗又為空，空是一切教觀的根本，也是智慧的根本，沒有智慧怎能說教呢？這是禪、教的區別。

(二)空．一心．圓融

佛教思想根本的特徵，就是「空」。空是原始佛教或小乘佛教思想發展的總結，成為大乘佛教的根底。大乘佛教傳入中國經過南北朝時代，從菩提達摩東來到隋唐初年間，其發達到了絕頂，遂成為中國大乘佛教教理建設的基礎。其次，就是一心思想，這是空的思想反面的真理。基於空的思想發展而成一大系統的教理。這與達摩祖師倡導禪，同樣的發達，進一步成為批評空的思想主流。認為諸法理體不唯未空，並且是究竟的實在，這便是天台宗實相論的產生。以一心的思想，對存在的實相加以價值批判，存在即是自己，實相即是法身，把它具體化的發展，樹立華嚴系統的真如緣起論。遂使天台宗的實相論與華嚴宗的緣起論，同為發揮大乘佛教究竟的真理，稱自宗為一乘圓教，說為佛教根源，顯示佛教終極的地位。中國佛教思想發達到最高峰，就是空、一心、圓融的思想，於此得知中國佛教思想理論展開的重要關鍵。

天台教理大成的時代就是禪宗的二祖慧可、三祖僧璨時期。華嚴教以帝都為中心，開花完成，適當於禪宗六祖惠能在世。更於整頓天台的典籍，從惠能的弟子青原、南岳、荷澤時起，次代馬祖、石頭間。又對華嚴學整理時期，其體系便入禪宗思想；說為禪宗黃金的時代，就是百丈、南泉、藥山、溈山、黃檗、雲巖等輩出世時期。這時佛教最高理論最為發達，禪宗握住這個時機同時並進，以整備的步驟，完成建設大成。同時同屬實踐方面的淨土教、律宗、密宗，也於這個時期，各各張開門戶，佛教思想全體風行於整個大江南北。

代表中國佛教思想最高的概念，就是空、真如、實相、中道、一心、心性、法界、法性、圓融等。這些思想大體可分為空、一心、圓融三大系統。而且這空、一心、圓融三系思想的發展，相互關聯，而完成組織教理的體系，今可略言之。

以此三系統代表中國佛教思想，亦不為過言。同時，此三系統亦可包括其他一切思想；即以空的思想系統而論，即包攝實相、真如、中道、法性等；一心思想的系統，總括如來藏、佛性、心性、法界等；圓融的思想系統即包含無礙、相即、本具、一乘等思想。若依此三系統，分別教理史上的宗派，則空要約無性說，即為三論宗教理；空、假、中三諦圓融，即為天台教理。一心與真性同體，成真如緣起論，即為華嚴無盡緣起教義；而空、一心，各有其立場，在大乘方面，雖屬三乘佛教，天台、華嚴教理來說，圓融依圓滿的思想，同屬於一乘圓教的立場。換句話說，空與一心為資料，契機，構成圓融的思想，這是一乘佛教根本的特質，是中國佛教思想光輝的成果。而這三系統的思想於禪宗是如何的關係密切，於此益見。

㈢無·自·是　學者間常說，禪宗屬於三論的一系，其實這是未十分理解的說法。禪，立於否定一切遮詮的立場，固然明顯的是屬於空的思想一系。特別當六祖惠能大師常以《金剛經》、《般若心經》為見性悟道輔助的法門；歷代祖師亦多以此二經發揮禪門的本義。而禪宗又多使用「無」為表現空的思想。說什麼「無一物」、「無佛性」、「無心」、「無念」，這都是以無字為表示其極處。《六祖壇經》說：「立無念為宗，無相為體，無住為本。無相者，於相而離相；無念者，於念而無念；無住者，人之本性。」然而禪宗在否定其極處，有其更高的肯定。三論落於否定的思想，沒有最高肯定思想的建設，這顯與禪不能同日而語。《傳心法要》云：「念念無相，念念無為，即是佛。學道人若欲得成佛，一切佛法，總不用學，唯學無求無著。無求，即心不生；無著，即心不滅，不生不滅即是佛。」所以對禪家所用的「無」字，應有特別體認，不是有無的「無」，「無」的一字是象徵的使用，這是空的思想的一大特點。

談到「一心」，若以禪的領域或禪的立場論，其於禪的本質是有極重要的意義。「三界唯一心」，該為觀念論的用語。「若人識得心，大地無寸土」，為形而上學的用句。其他如「即心即佛」、「即心是佛」、「心印」、「傳心」等，都屬於心的禪語表現，可謂不勝枚舉。特別是菩提達摩以佛心為宗，以藏識為論，以《楞伽經》為心要，並以此授與二祖，這時的禪門所作的安心法門，觀心論、無心論、證心論等的文章，於一心思想的教理，攝取得最多。然而禪宗次第把心字改為自，或自己。以一心為自心，心性為自性，即心即佛為自心即佛，心地究明改為自己究明，如此，這「自」的一字運用於當時禪門。

其次，要觀察一乘圓教的思想。一乘的觀念，在三祖僧璨的《信心銘》裡，強調圓滿妙用，這是眾所咸知的。圓融無礙的思想為一乘教的特徵，也是指示禪的極致階段；如洞山五位說：顯示正偏回互圓融無礙。臨濟的四料簡，也是顯示主賓與奪無礙圓融。當時為山、仰山間，以圓相表示禪意，顯然都與圓融圓妙的思想有關聯。然而這些圓妙的意味，在禪宗的圓熟時候，即以「這個」為代替。如所示「是法，是一物，這個，那一物，是心是佛」，以代名詞具體的指示極處，並且極為普遍，一即是一切，一切即是一，無礙圓融的思想，所示的極端的圓融，這是禪的思想表現一大特色。因此，禪宗，可說為空、心、圓三系統思想總匯表示其宗意。也就是從一般大乘或三乘教的立場進展到一乘圓教的立場。而大乘教隨於抽象的理論，故以「無」代替空，以「自」代替「心」，以「是」代替圓，活活潑潑的禪的本來面目，具體地顯現出來。於此可見「無」為表示論理的立場，「自」為體驗的立場，「是」為表示實踐的立場。

在禪家，對這個空、心、圓的三系統的思想是從理論組織體系而體解，是實踐體認的問題。在把握這個法的生處，即不會忘懷禪的本來面目。於是禪成為實行的理論，實踐的思想，實現生命的眼目，非是否定的思想，是最高度的肯定思想，這個最高的肯定，就是要我們永遠地把握住我們活潑的生命。

㈣佛心（佛性）．實相　「以心傳心」，是禪的命脈，因此有人誤解禪屬於唯心論系的，這顯屬誤解。今以禪的「佛心」與天台的本體（中），及華嚴的本體（一心）做比較說明實有必要。

⑴禪宗的心（佛心）與天台同屬實相論的，以二者所依據的經典，都屬實相論系。禪宗引用的《般若經》、《金剛經》、《心經》等，是屬實相論而非唯心論。禪宗常採用《法華經》、《維摩詰經》；不消說，《法華》、《維摩》，是專明諸法實相的，當然屬於實相論。初祖達摩授與二祖的《楞伽經》，雖說是唯心論系，然這不是禪的正統派所依的經典。

⑵無的思想，一切萬法與心同歸於「無」，所以其實「無」屬於本體，不應該為唯

心論。是以「空」「無」為本體的，屬於實相論，非是唯心論。

(3)代表禪家的實相論，當以禪的大成者六祖為最適當，特別是南禪，六祖由《金剛經》「應無所住」而悟道，這屬於實相論殆無異議的。慧忠國師、永嘉大師、黃檗、臨濟、洞山、榮西、道元、夢窻國師等，雖都以唯心論語句，發揚宗意，然其意味所在，還是屬於實相論，非是唯心論。黃檗的《傳心法要》說：「故萬法唯心，心亦不可得。」在黃檗的《宛陵錄》中，雖有「故知一切諸法，皆由心造，乃至人天地獄六道修羅，盡由心造。」等語，但在其他地方，卻說「無心」，要以「無」代表空無的思想，這就不可能斷為「唯心論」。道元禪師，雖有「三界唯心」等語，然其所謂「心」，是指「諸法實相的心」。所謂「有有心的心，有無心的心；有有身的心，有無身的心；有身先的心，有身後的心」。真的唯心論沒有這個意味。在禪家也有人把佛心當為唯心論的，圭峰宗密禪師，他屬於荷澤宗，又同為華嚴第五祖，在他所論的佛心真意上，不可能屬於禪的本有思想系；所以在佛經中，所用唯心語極多，不能一概而論都屬唯心論系，這應該特別注意的。

(4)天台於色、心完全為平等。禪宗於認識論上，認為心於本體論上為特殊的地位，心於一切法有直接的關係，包括一切法。於是認識論與本體論有極重要的關係，「心生則種種法生，心滅則種種法滅」等，這該屬於認識論。於是同為「一心一切法，一切法一心」，禪與天台的意義不同。禪的心有時類似華嚴的一切（唯心）處。但其極致指端，還是屬於實相論。

(5)天台的「性具染淨」，即所謂性惡說。但在禪是「染污即不得」，一法不立，都是清淨。此與華嚴很相似。然此心淨說，非是從華嚴系而來，直接從般若系而來。

(6)天台本體是靜的，禪的本體是動的，常在活潑地有化無化變動中。

以上依天台的比較，說明禪宗的心（佛心）的特色。再就華嚴的立場說明，次就人心而說，禪的人心與華嚴的人心是怎樣的不同呢？同時，又對本體的佛心立於何種關係？禪屬實相論，其所說的心，不過為一蘊的要事，其質不同於本體佛心。禪的本體，是超越了心的範圍，立於更高的或有的境地，非是「唯心」的。然華嚴本體是唯心的，人心與這個同一本質。《起信論》等說：人心——眾生心與佛心同質同一，「心佛及眾生，是三無差別」，這是《華嚴經》的名言。在教方面，心與性（自性——佛性）殆沒有差別，但禪宗有時嚴格的區別。「直指人心，見性成佛」，即是此意。日本夢窗國師《夢中問答集》中說，大乘法門，皆談自心是佛，但不說見心成佛，而說見性成佛。從前有一僧對此生疑，參慧忠國師，問心性的差別。國師說，譬如到了冷時結水成冰，暖時化冰為水，迷時結性為心，悟時融心為性，心性本同，由於迷悟而有差別。忠國師這樣的解答心性，也是一往之說；但諸大乘經中談法性，諸宗義理很有差別，禪門屬於教外別傳，說見性，而不說見心，這是特徵之一。

宗通與說通

一、敘說

永嘉大師曰：「宗亦通，說亦通，定慧圓明不滯空。」這是指出宗教學者的門徑。參禪的人，要得不滯空，必須把握這個「定慧圓明」。然而，怎樣才能定慧圓明呢？不特要通宗，並且要通教。質言之，不能通達三藏，即不能透徹三關！沒有提持正令的法匠，也就沒有通達實相的知識。《楞伽阿跋多羅寶經》：「謂宗通及說通。大慧！宗通者，謂緣自得勝進相，遠離言說文字妄想，趣無漏界自覺地自相，遠離一切虛妄覺想，降伏一切外道眾魔，緣自覺趣光明暉發，是名宗通相。云何說通相？謂說九部種種教法，離異不異、有無等相，以巧方便，隨順眾生，如應說法，令得度脫，是名說通相。」

這是明確地指出，學者要能宗教兼通，不能有所偏差。講教者曰：「說通宗不通，如日被雲籠；宗通說不通，如蛇入竹筒。宗通說亦通，如日處虛空；宗說俱不通，如犬吠茅叢。」既分宗說，已是兩歧，何況禪分五派，教分三乘，所以宗說兼通，才能定慧圓明。

一般禪學者，因未能通達三藏，也就不能了解宗教一貫的法義。不知道禪是佛法的總府，是整個佛教的慧命。禪為戒、定、慧三學之一，不僅止於定為已足。禪雖標榜教外別傳，不立文字，但並不否認文字，或是輕視經典。從西天二十八祖到東土六祖，達摩、慧可傳《楞伽經》，黃梅曹溪演《金剛》，乃至洪州馬祖及南陽忠國師、鵝湖大義禪師等，都是博通經論，圓悟自心。所示徒眾的法語皆是依於聖言量為定量，並非出於自心的妄臆。茲錄數則以資佐證。

(1)馬祖大師曰：「達摩大師從南天竺國來，唯傳大乘一心之法，以《楞伽經》印眾生心，恐不信此一心之法。」《楞伽經》云：「佛語心為宗，無門為法門。」何故佛語心為宗？佛語心者，即心即佛，今語即是心語，故云「佛語心為宗」。無門為法門者，達本性空，更無一法，性自是門，性無有相，亦無有門，故云「無門為法門」。

(2)南陽忠國禪師曰：「禪宗法者，應依佛語一乘了義，契取本原心地，轉相傳授，與佛道同。不得依於妄情，及不了義教，横作見解，遺誤後學，俱無利益。」

(3)鵝湖大義禪師，因詔入內，遂問京城諸大師：「大德！汝等以何為道？」或有對云：「知見為道。」師云：「《維摩經》云：『法離見聞覺知』，云何以知見為道？」又有對云：「無分別為道。」師云：「經云：『善能分別諸法相，於第一義而不動。』云何以無分別為道？」

(4)思空山本淨禪師謂：「汝莫執心，此心皆因前塵而有，如鏡中像，無體可得。若執實有者，則失本原，常無自性。《圓覺經》云：『妄認四大為自身相，六塵緣影為自心相。』」

(5)五祖下莊嚴大師一生示徒，唯舉《維摩經》，寶積長者讚佛頌末四句云：「不著世間如蓮華，常善入於空寂行，達諸法相無罣礙，稽首如空無所依。」

這些大善知識，都是博通三藏所示的明訓，無不廣引經文，顯彰佛意，所以宗風不墜，永傳後嗣。末法時代的眾生，受了若干極端祖師言論的影響。如臨濟說：「菩提涅槃如繫驢橛，看經看教亦是造業。」這話都是標出禪的最高峰，於生死岸頭得大自在的境界，卻不是於生死岸頭無把握的人所可模仿的。所以唐以後禪家卻受了這些極端否認經典的影響，多落於空狂，不獨輕視經教，甚至目經典為冤賊，終於拋棄了整個佛法所依的經典，選佛場成為野狐穴！

二、宗教一致論

諸法實相，本無可說，更無宗教的分別；宗教的分別，發生在有情分上，由於妄見而成宗教對立的形勢，這種對立並非始於近代，遠在盛唐時代，即有水火不容的情形。裴休刺史在《禪源諸詮集都序》敘說：「能、秀二師，俱傳達摩之心，而頓漸殊稟。荷澤直指知見，江西一切皆真，天台專依三觀，牛頭無有一法，其他空有相破，真妄相收，反奪順取，密指顯說。故天竺中夏其宗實繁。……而諸宗門下，通少局多，故數十年來師法益壞，以承稟為戶牖，各自開張，以經論為干戈，互相攻擊。」

圭峰宗密見當時宗教相對的形勢，互不相讓……遂以如來三種教義，印禪宗三種法門（依性說相，即息妄修心；破相顯性，即泯絕無寄；顯示真心，即直明心性），以期江漢殊流，而同歸智海。宗密的禪，屬於荷澤宗；荷澤神會↓磁州法如↓益州南印↓遂州道圓↓圭峰宗密。同時，他又是華嚴宗第五祖；杜順↓智儼↓法藏↓澄觀↓宗密。他身兼宗教雙重的關係，因此，宗教如同水火一般地不相容，使他衷心怎能不悲痛？乃蒐集從古所傳的禪學系統諸家偈頌，定名《禪源諸詮集》，都在百卷以上，主張宗教一致論。關於融通宗教諸多差別法義，並非出於他自心的妄臆，乃經過十年入山習定慧觀，所體驗的結論。

《都序》說：「遂捨眾入山習定均慧，前後息慮相計十年。微細習情，起滅彰於靜慧；差別法義，羅列現於空心。虛隙日光，纖埃擾擾，清潭水底，影像昭昭，豈比夫空守默之癡禪，但尋文之狂慧者。然本因了自心而辨諸教，故懇情於心宗；又因辨諸教解修心，故虔誠於教義。」

於此，可見他主張宗教一致的理論，是經過定慧圓明的印證。最可惜的，百卷《禪源諸詮集》，早經散佚，僅剩了四卷《都序》流通於世，這是研究宗教一致極有價值的資料。於此，不難窺見他的宗教一致的卓越慧解。宗密於《都序》，先舉出十門證明宗教一致的理論：

1. 師有本末者　無論哪一宗都以佛為始祖，經是佛語，禪是佛意，諸佛心口必不相違，各宗祖師的相承，根本是佛。因此，歷代的祖師，如馬鳴、龍樹造論，解什麼典，都數十萬偈，莫不秉於佛陀本懷的教義，隨機說法，雖有多種方便，然從未有教家毀謗禪家，亦未聞修禪者批評教家者。龍樹、馬鳴菩薩，既弘教，又傳宗。於此，可見佛教史上早經奠定宗教一致的基礎。達摩初來，目觀此方學者，都未得法；限於名相的分別，不了文字性離即是解脫，迷於心外求法；故以不立文字，以心傳心，顯宗破執，這並非離開文字經典，而說解脫。他每對眾曰：「《楞伽》、《金剛》，此二經是我心要，今時弟子彼此迷源，修心者以經論為別宗，講說者以禪門為別法，聞談因果修證，便推屬經論之家，不知修證正是禪家之本事。聞說即心即佛，便推屬胸襟之禪，不知心佛正是經論之本事。」如是種種偏差，殊乖本師傳承的意趣。

2. **禪有諸宗互相違者** 黃梅以後，宗派紛起，多至百家，舉其特別者，約有十家，即江西（道一）、荷澤（神會）、北秀、南詵（智詵）、牛頭、石頭、保唐、宣什及稠那、天台等。立宗傳法，互相乖阻，有以空為本，有以知為源，有云寂默方真，有云行坐皆是，有云分別作為一切皆妄，有云分別作為一切皆真，有放任其志，有拘束其心，有以經律為依，有以經律為障，種種分別，或空或有，或性或相，各緣己是，斥餘為非。如是種種互相違背，等同冰炭。其實人多隨情而互執，執即相違；法本稱理而互通，通即互順。局之則皆非，會之則皆是。皆本佛語，各示其意，各忘其情，同歸智海。

3. **經如繩墨楷定邪正者** 佛教的經典，等於工匠所用的繩墨，以楷定長短邪正的標準。故經論雖非禪法，但傳禪家必以經論為標準。大善知識，莫不精通三藏；中下根機的人，但可依師，由師觀察，隨分指授；上根大機的人，悟須圓通，若不究經論，何能洞徹佛見？是以大小淺深權實邪正，皆依經論為標準，始能通達諸法性相，圓融無礙。

4. **經有權實須依了義者** 佛說諸種經詮，有權有實，或隨自意說，或隨機說，故有淺有深，或詮性相，或顯頓漸大小，或有了義不了義的分別，文字上容或有敵對的相違，但所顯義理必圓通無礙，故不可執權廢實，或恃有廢空，然必須依了義教為究竟。

5. 量有三種勘契須同者　古來學者評論法義，皆以三量為準。所謂三量者：⑴比量，⑵現量，⑶聖言量。量如升斗，知物之多少。比量者，以譬喻比度，如見遠地有煙必知有火，雖不見火，亦非虛妄。現量者，謂親自觀見，不假推度。聖言量者，以諸經為標準。勘契須同者，若僅憑佛語，不自比度，證悟自心，只是泛信，於己無益。若但取現量，自見為定，不勘佛語，焉知邪正？外道六師，親見所執之理，修之亦得功用，自謂為正，豈知是邪？若但依比量，既無聖教量及自所親見，依何比量？比度何法？故須三量互相勘同方可決定。禪門已多有現、比二量，今更以經論印證，則三量完全具備。

6. 疑有多般須具通決者　或有問曰：教家主張漸修，要經三大阿僧祇劫方證菩提，禪家說頓悟自心，則剎那間便成正覺。經是佛語，禪是佛意，豈不相違？或有問曰：禪家要旨，無是無非，塗割怨親，不瞋不喜。然何以南能北秀水火不相容？荷澤、洪州互相角逐？或問：「六代禪宗師資傳授禪法，皆說內授密語，外傳信衣。曹溪以後，何以不聞此事？」或曰：「達摩傳心，不立文字，汝何以違背先祖講論傳經？」《淨名》已訶宴坐，荷澤每斥滯礙，曹溪見人結跏，曾用杖打起，今反勸人坐禪，乖宗違祖。如是疑難千萬，皆屬情執偏見，彼此互違，欲釋諸疑，須通達諸種經藏。

7. **法義不同善須辨識者** 凡欲明解諸法性相，先要辨別法義，依法解義，義即分明；以義詮法，法始明顯。三藏經論，所詮法義，只是說心，心即是法，一切是義。故經云：「無量義者，從一法生。」然無量義者，不外二種，一不變義，二隨緣義，諸經只說此心為迷悟染淨凡聖等所依。或只說此心，原來不變，常自寂滅，真實如如等。然何法不變？何法隨緣？只宜說心也。以不變者為性，隨緣者為相，以性相皆為一心上義。今性相二宗互相排斥，皆由不識真心，每聞心字，只謂八識，不知八識，只是真心上隨緣之義。故馬鳴菩薩以一心為法，以真如生滅二門為義。心真如是體，心生滅是相用。今禪學者多不識義，但呼心為禪；講說者多不識法，但約名說義。隨名生執，難可會通。或以心為淺，以性為深，或以性為法，以心為義，是故須綜合三宗經論以顯法義，歸於一心，始自無諍無礙。

8. **心通性相名同義別者** 心有多種，或曰肉團心，即身中五藏心；或曰緣慮心，即八識是；或曰集起心，即第八識，積集諸法種子生起現行是；或曰真實心，即是真心。第八識非別有自體，只是真心，然以不覺故，乃與諸妄想有和合不和合義。和合義者，能合染淨，故說為藏識；不和合者，體常不變，名為真如，都是如來藏。如來藏與阿賴耶，如金與指鐶輾轉無差別，體雖相同，但真妄義別。如此曰心，前三是相，後一是性，依性起相，蓋有因由，會相歸性，非無所以，性相無礙，都是一心。

9. 悟修頓漸似反而符者　由修道者根機的不同，故有頓漸的分別。或先由漸修，豁然領悟。或先由頓悟，然後漸修。或由頓修，然後漸悟，或悟修皆漸，或曰皆頓。或曰法無頓漸，頓漸在機；如此等說，各有意義。然既悟即成佛，本無煩惱，即名頓者，即不應修斷，何得復云漸修？漸修即是煩惱未盡，因行未圓，果德未滿，何得為頓？頓即非漸，漸即非頓，故曰相反，如下對會，頓漸非唯不乖，反相資助。

10. 師資傳授須識藥病者　傳禪首重師資傳授，其傳授方便，皆先開示本性，方令悟依性修禪。性不易悟，多由執相，故欲顯性，先須破執，破執方便，須凡聖俱泯，功過齊祛，戒即無犯無持，禪即無定無亂，三十二相都是空華，三十七道品皆是夢幻，使學者心無所著，方可修禪。後代學者知識淺陋，便妄執此說為究竟道，乃忽視修學功夫，人多放逸，是以善知識，復廣演說欣厭，毀責貪瞋，讚歎勤儉，調身調息，粗細次第。根利志堅者，始終事師，方得修之旨。淺根性浮者，才聞一意，便以為足，好為人師，未窮本末，多成偏見。故欲識傳授病藥者，須窮諸法義。

前說十意，義理昭然，試以禪之三宗核對教之三種，不難了解宗教一致的意義。宗教的分別，乃修學者的己見，並非釋尊教法有如此地區別。詳說宗教一致的真義，當在次章。

三、三宗與三教之印證

宗教雖分為二門，論其法義，實多相資助印證，並無相乖之處。圭峰大師以調和宗教思想為職志，先以禪之三宗：⑴息妄修心宗，⑵泯絕無寄宗，⑶直顯心性宗。復以如來三教：⑴密意依性說相教，⑵密意破相顯性教，⑶顯示真心即性教。如是三宗與三教，一一相對印證，結歸為一味。

㈠禪之三宗

1. 息妄修心宗　南詵、北秀、保唐、宣什等門下皆屬此類。

2. 泯絕無寄宗　石頭、牛頭，下至徑山，皆示此理。荷澤、江西、天台等門下，雖亦說此理，然非所宗。

3. 直顯心性宗　洪州馬祖、荷澤神會，均屬此類。

㈡教之三宗

1. 密意依性說相教　就中分⑴人天因果教，⑵說斷惑滅苦樂教，⑶將識破境教，

《深密》等經、《瑜伽》等論，所說之理，皆屬此類。

2. 密意破相顯性教　諸部《般若》及《中論》、《十二門論》、《百論》、《廣百論》、《大智度論》等皆說此理。

3. 顯示真心即性教　《華嚴》、《密嚴》、《圓覺》、《法華》、《涅槃》等四十餘部經，《寶性》、《佛性》、《起信》等十五部論，所顯法體，皆屬此類。

以上三種教法統攝如來一代的時教，再以此三教與前之三宗相配合，一一印證，結歸禪教和合一味法。茲分別說明於次：

第一、息妄修心宗——密意依性說相教　佛說一切有情雖具有佛性，然以妄想執著，不能顯現，故流轉生死。諸佛已斷除妄念，見性了了，出離生死，神通自在。所以凡聖功用的不同，即在此外境內心的分別。當依祖師的言教，背境觀心，息滅妄念；妄念盡，即覺悟，無所不知，如鏡昏塵，須勤拂拭，塵盡明顯，即無所不照。這在禪門，南詵、北秀、保唐、宣什等，皆屬此類。牛頭、天台、僧稠、求那等，進趣方便，跡即大同，見解即別。《中華傳心地禪門師資承襲圖》說：「北宗者，從五祖下傍出，謂有神秀等一十人，同是五祖忍大師弟子。大師印許，各堪為一方之師……於中，秀及老安、智詵道德最著，皆為高宗皇帝之所師敬。子孫承嗣，至今不絕。就中，秀弟子普寂化緣轉盛，為『二京法主，三帝門師』。」其弘化因緣殊盛於此可見。

北宗的大意是，眾生本有覺性，如鏡有明性；煩惱覆之不見，如鏡有塵闇。若依祖師言教，息滅妄念，念盡，則心性覺悟，無所不知，無所不了，如鏡拂昏塵，塵去，則鏡體明淨，無所不照，故彼宗主神秀大師呈五祖偈云：「身是菩提樹，心如明鏡臺，時時勤拂拭，莫使惹塵埃。」

據此一偈，即可明白北宗的大意。南詵、保唐、宣什等門下，見解略同，均屬此類。牛頭、天台智者、僧稠、求那跋陀羅，他們所行的方法，都很類似，唯見解不同。牛頭禪系屬般若空宗，天台宗一心三觀——空假中，屬空的初門。僧稠以止觀、四念處、十六觀禪為主，求那跋陀羅，係譯《楞伽經》者，它是否為禪者，尚不甚明暸。然五祖弟子玄賾的《楞伽人法志》，其弟子淨覺於《歷代三寶記》，以求那跋陀羅為初祖，達摩為第二祖。以下舉出慧可、僧璨、道信、弘忍門下，但以求那跋陀羅為第一祖，此以《楞伽經》系統為主，然可視為禪宗另一系統。

此息妄修心宗與佛之三教第一密意依性說相教，互相印證。圭峰三教的分類，早於《原人論》所說五教：人天教、小乘教、大乘法相教、大乘破相教、一乘顯性教。今以人天教、小乘教、大乘法相教合起來名為密意依性說相教。何謂密意依性？佛觀六道眾生皆是真性之相，然因眾生迷性而起，無別自體，故說「依性」。然以鈍根眾生難以開悟，故且隨他所見境相說法漸度，故云說相，說未彰顯，故曰「密意」。大乘破相教，稱為密意破相顯性教。一乘顯性教——稱為顯示真心即性教。第一、第二於密意上為相通的，第一為相，第二為性。第二、第三顯性又相通。唯第二破相，第三直顯稍有不同。三教從相漸次進於顯性，教相判釋，甚為明顯。就中第一密意依性說相教，分為三類：

1. **人天因果教**　說眾生善惡的遭遇，皆由宿業因果。造上品十惡，死墮地獄；中品墮餓鬼，下品墮畜生。故佛說令修五戒十善及施戒禪定等一切善行，後得生於人、天道，乃至色界、無色界、天趣，故名人天教。

2. **說斷惑滅苦樂教**　這是《原人論》中所說的小乘教。以三界不安，猶如火宅，令修苦、集、滅、道四諦法，知苦斷集，慕滅修道。前說人天教，以明世間因果，今說四諦教，以明出世間因果。再修無我觀智，斷貪等止息諸業，證得我空真如，得須陀洹果，乃至滅盡患累，得阿羅漢果，灰身滅智，永離諸苦，獲最後解脫，輪迴永息。諸部《阿含》等六百一十八卷經，《婆娑》、《俱舍》等六百九十八卷論，所說法理雖多，然皆不出小乘及前人天因果教也。

3. **將識破境教**　說一切有情無始以來，即具有八種識：一眼識、二耳識、三鼻識、四舌識、五身識、六意識、七末那識、八阿賴耶識。就中第八阿賴耶識，是其根本，頓變根身、器界、種子，轉生七識，各能變現自分所緣：眼緣色、耳緣聲乃至第七緣、第八見分。第八緣根身、種子、器界。是以捨此八識變現而外別無實法，故說一切唯識所變，唯心所現。由諸識生時變似我法，有情不了唯識所現，乃妄執為實我實法，如夢中所見，都無實體。醒時方知唯夢所變。吾人身相及一切外境，亦復係唯識所變，都無實我實法。由此我空、法空智，修唯識觀及六度四攝法等，如此漸漸伏斷煩惱、所知二障，實證二空所顯真如，由入初地漸至十地圓滿。轉八識成四智菩提，實證涅槃，成法王身。《解深密經》等數十本經，《瑜伽》、《唯識》數百卷論，所謂六經十一論，所詮顯法義，皆不出此類。

以上說三教都屬第一密意依性說相教，唯以第三類將識破境教與禪門息妄修心宗相扶會，以調和禪教一致。以知一切外境皆空，故不修外境事相，唯息妄修心。所謂息妄，即息我法的妄念；所謂修心，即修唯識之心。故唯識之教，既與前說相同，何以毀他漸門，息妄看淨時時拂拭及凝心住心，專注一境，及跏趺調身、調息等種種方便，皆為諸佛之所勸讚。北宗神秀大弘漸教，曹溪荷澤，雖訶斥住心、伏心等事，但除其病，非除其法也。

第二、泯絕無寄宗——密意破相顯性教　賢首大師五教分判，說唯識法相為大乘分教，以與三論同為大乘始教，均屬大乘權教。圭峰大師以三宗分判，說唯識為相宗，三論為破相宗，自居為法性宗，曰一乘顯性。其實圭峰所說法性，亦可為法相。因性與相二名，諸多經論互相說明，即如《深密》說「依他起自性」，其他經論，則說「依他起相」。太虛大師曾謂性有體性之性，相用之性；相有形相之相，體相之相。相用之性，即相之性，《法華》之實相，《涅槃》之佛性，實無欠餘。體用之相，於即性之相，《楞伽經》之識海，《華嚴》之法界，亦無欠餘。三論以掃蕩一切法相，顯畢竟空，顯真實性當名之法性宗，自能空一切相。唯識雖以表彰一切法，然依他起緣生如幻，即顯圓成實性，此與即相之性《法華》等，同名為中實宗也。圭峰於三論遺其法實，但名破相，於唯識唯指其假相，而遺其實性。但彰形相，此皆有所偏，而未能適其真實。泯絕無寄一語，原出於杜順禪師法界觀。以內外一切泯絕，究竟空無所寄為宗。此可說屬空真如一派。《都序》說：「凡聖等法，皆如夢幻，都無所有，本來空寂，非今始無，即此達無之智，亦不可得。平等法界，無佛無眾生，法界亦是假名，心既不有，誰言法界？無修不修，無佛不佛，設有一法勝過涅槃，我說亦如夢幻，無法可拘，無佛可作，凡有所作，皆是迷妄。如此了達本來無事，心無所寄，方免顛倒，始名解脫。石頭、牛頭，下至徑山，皆示此理，便念心行與此相應，不令滯情於一法上，日久功至，塵習自亡，則於怨親苦樂一切無礙。……荷澤、江西、天台等門下，亦說此理，然非所宗。」此與牛頭宗意相同。「牛頭宗者，從四祖下傍出，根本有慧融禪師者，道性高簡，神慧聰利，先因多年窮究諸部般若之教，已悟諸法本空迷情妄執。後遇四祖，印其所解空理，然於空處顯示不空妙性。……後遂於牛頭山，別建一宗，當第一祖。」《承襲圖》說其宗意，極為明顯：「牛頭宗意者，體諸法如夢，本來無事，心境本寂，非今始空，迷之為有，即見榮枯貴賤等事，事跡既有相違相順，故生愛惡等情。情生則諸苦所繫，夢作夢受，何損何益？有此能了之智，亦如夢心，乃至設有一法過於涅槃，亦如夢如幻，既達本來無事，理宜喪己忘情，情妄即絕苦因，方度一切苦厄，此以忘情為修也。」

荷澤、江西，雖亦說此理，然非所宗，此與石頭、牛頭顯有不同。天台依空假中顯一心三觀中道義，其不滯於空觀的思想，更為明顯。

所說牛頭宗意與密意破相顯性教，所詮法義相扶會。以唯識所說一切外境，都是虛妄唯識所變，所變之境，既皆虛妄，能變之識，豈獨真實？以心不孤起，託境方生，境不自生，由心故現。心空即境滅，境滅即心空，未有無境之心，亦無無心之境，故能緣所緣，同屬虛妄分別，都無所有。《辨中邊論》曰：「虛妄分別有，於此二都無，此中唯有空，於彼亦有此。」諸識諸境，皆以假託因緣而生，空無自性。故《中論》說：「未曾有一法，不從因緣生，是故一切法，無不是空者。」凡所有相，皆是虛妄，是故空中無色，無受、想、行、識，無眼、耳、鼻、舌、身、意，無色、聲、香、味、觸、法，無眼界乃至無意識界，無無明，亦無無明盡，乃至無老死，亦無老死盡，無苦、集、滅、道，無智亦無得。無業無報，無修無證，生死涅槃，平等如幻，但以不住一切，無執無著，而為道行。此諸部《般若》千餘卷經，《中論》、《十二門論》、《百論》三論，《廣百論》、《大智度論》等，所詮法義，皆屬此類。

此教與禪門泯絕無寄宗，極為相同。所詮法義，同依佛陀所說，何以漸門禪學者及教家學者，每聞此說，即謗為撥無因果。佛自說無業無報，豈屬邪見？若以佛說此言，自有深意，則禪家所說，豈無深意？所以後來學者，多執文迷旨，各執一見，互相排斥。諸如龍樹、提婆等，依破相教廣說空義，其目的，乃在破其執有而顯真空，真空者，是不違有之空也。無著、世親等，依唯識教廣說名相，分析性相不同、染淨各別，乃在破其執空而彰妙有。故真空妙有，互為表彰。舉體圓具，互不相礙，及至清辨、護法時代，兩宗雖有爭論，並不相乖。清辨等破一切相，顯畢竟空，乃成緣起妙有。護法等破斷滅偏空，意存妙有，妙有存故，方顯無性真空，文即相破，意即相成。後世淺學者，相斥相非，何時得證無生法忍？

第三、直顯心性宗——顯示真心即性教　所謂性宗，即顯不空真如，說一切法，若有若空，皆唯真性，而此真性，無相無為，體非一切，非凡非聖，非因非果，非善非惡；然即體之用，而能造作種種，能凡能聖，現種種相。於中指示心性，復有二類：一是說能言語動作，造諸善惡受苦樂者，即是汝佛性。即此本來是佛，此外無別佛也。了此本源天真，任運自在，不修不斷，性如虛空，不增不減，隨時隨處息業養神，聖胎增長顯發，自然神妙，此即真悟真修真證也。一是說諸法如夢，諸聖同說，妄念本寂，塵境本空。唯此空寂之心，靈知不昧，即此空寂之知，是汝真性。任迷任悟，心本自知，不藉緣生，不因境起，知之一字，眾妙之源。由無始迷昧之故，妄執身心為我，起貪、瞋、癡等念。若得善友開示，頓悟空寂之知，知且無念無形，誰為人、我等相？覺諸相空，心自無念，念起即覺，覺之即無，修行妙門，唯在此也。

顯不空真如門，圭峰大師，復分二類：一是洪州宗，二是荷澤宗。

1. 洪州宗　謂有禪師，姓馬，名道一，乃六祖下傍出，多方遊行，隨處坐禪，迨至南嶽，遇讓禪師，論量宗教，理不及讓。後居洪州開元寺，弘傳讓之言旨，時人稱為洪州宗。讓即曹溪門傍出之派徒，是荷澤之同學。其宗之大意，在《承襲圖》說：「洪州意者，起心動念，彈指動目，所作所為，皆是佛性全體之用，更無別用。全體貪、瞋、癡，造善、造惡，受樂、受苦，此皆是佛性。……故知，能言語動作者，必是佛性。且四大骨肉，一一細推，都不解貪、瞋煩惱，故知，貪、瞋煩惱並是佛性，佛性體非一切差引種種，而能造作一切差別種種。體非種種者，謂此佛性，非聖、非凡，非因、非果，非善、非惡，無色、無相，無根、無住，乃至無佛、無眾生也。能作種種者，謂此性即體之用故，能凡、能聖，能因、能根，能善、能惡，現色、現相，能佛、能眾生，乃至能貪、瞋等。若覈其體性，則畢竟不可見，不可證，如眼不自見眼等。若就其應用，即舉運動為，一切皆是，更無別法而為能證所證。……何以故？心性之外，更無一法可得故。」

於此，可知本宗的大意。圭峰禪師，本屬知解宗徒，兼知解教徒，故於《承襲圖》，以善用種種美辭形容，分別各宗意旨。北宗意，朝暮分別動作，一切皆妄；洪宗意，則朝暮分別動作，一切皆真；牛頭宗意，任心為修，以本無事為悟，忘情為修，故說一切皆無。若就行者說：初伏心滅妄，次信任情性，後休心不起。這是圭峰一一會參，勘定各宗旨趣如此。

2. 荷澤宗　圭峰禪師勘定各宗旨趣的差別，唯有他的荷澤宗為最高超。由於神會居於河南荷澤寺，故稱荷澤宗。神會未親近六祖以前，先住玉泉寺，此寺屬於北宗神秀派，故有說神會為秀弟子。襄陽僧神會，俗姓高，年十四，會見六祖，六祖問：「知識遠來，太辛苦，將本來否？」神會答：「無住為本，見即是主。」六祖說：「遮沙彌爭敢取次語。」便以杖亂打。神會杖下頗有省悟。六祖一日告眾曰：「吾有一物，無頭無尾，無名無字，無背無面，諸人還識否？」神會出來回答，說此物是諸佛本源、神會之佛性。即被六祖訶之為知解宗徒。自此，神會以假文字詮解可得，遂滯於知解名相，失去教外別傳的真義。

六祖將入涅槃，默授密語於神會：「從上以來，相承準的，只付一人，內傳法印，以印自心。外傳袈裟，標定宗旨。然我為此衣，幾失身命，此衣宜留鎮山，汝機緣在北方，二十年後，當弘此法，廣度眾生。」神會於開元八年奉勅住南陽龍興寺，於洛陽鼓吹南宗；但此時神秀弟子義福、普寂很得勢，「普寂化緣轉盛，為二京法主，三帝門師」，使南宗無法行於北方。普寂自稱為達摩以來第七祖。神會於開元二十二年正月十五日於滑台大雲寺設無遮大會，宣稱「二京法主，三帝門師」，都是假宗，唯有惠能大師為正統。此時義福、普寂先後示寂，從此南宗為正系。德宗貞元十二年公定神會為第七祖。然自圭峰以後，此宗法系，殆已斷絕。南宗系統，只有南嶽懷讓與青原行思，連綿不斷。荷澤的宗意，《都序》說：「諸法如夢，諸聖同說。故妄念本寂，塵境本空，空寂之心，靈知不昧。即此空寂之知，是前達摩所傳空寂心也。任迷任悟，心本自知，不藉緣生，不因境起。……知之一字，眾妙之源，由迷此知，即起我相，計我我所，愛惡自生，隨愛惡心，即為善惡，善惡之報，受六道形，世世生生，循環不絕。若得善友開示，頓悟空寂之知，知且無念、無形，誰為我相、人相？覺諸相空，真心無念，念起即覺，覺之即無，修行妙門，唯在此也。故雖備修萬行，唯以無念為宗。但得無念之心，則愛惡自然淡泊，悲智自然增明，罪業自然斷除，功行自然增進。於解則見諸相非相，於行則名無修之修。煩惱盡時，生死即絕，生滅滅已，寂照現前，應用無窮，名之為佛。」

於此可知，荷澤宗意，其著重在發揮「知之一字，眾妙之源」。圭峰宗密本屬知解教徒，然以不悟諸法離言自性，故曰心是其名，知是其體，知之一字，眾妙之源，以為舉知字即能得心體。六祖所以訶斥神會，即因他落於知解，故知之一字，實眾禍之門。明永覺賢說真心具空寂、靈知二義，圭峰僅取靈知而遺空寂，不了悟無性，即契真如。故達摩東來，目觀北方學人，陷於名相分別，直以不立文字，以心傳心，即在要令頓悟真心。由於不解真心，乃將馬祖與神會說為「同一宗」，並說神會知解凌駕真心之上。此種偏私出於講教者猶可，而出於宗教兼通之圭峰，殊令人不解。而泯絕無寄宗與直顯心性宗，應為一類。在空到最後的時候，就能親證不空真如，何以能分開？圭峰自出於荷澤宗，意在提高荷澤宗地位，以傲諸家，未免偏私太過耳。

圭峰復將本宗與教之第三顯示真心即性教相配合。所謂顯示真心即性教，也就是直指自心，即是真性。此種真性不假託事相而顯，更不約心相而示，故云「即性」。這與禪家明心見性，其性質相同，都在顯示有情本有清淨自性。這個真性名目繁多，或曰本性、法性、如來藏、佛性、心地，都是指有情本有覺性而言。達摩所傳的是此心，教家所顯示的也是此心。

(1)《華嚴經．如來出現品》說：「無一眾生而不具有如來智慧，俱以妄想顛倒執著而不證得；若離妄想，一切智、自然智、無礙智則得現前。」

(2)《勝鬘經》說：「自性清淨心，難可了知，彼心為煩惱所染，亦難了知。」

(3)《寶性論》說清淨有二：一自性清淨，二離垢清淨。

(4)《華嚴經》說：「知一切法即心自性，成就慧身，不由他悟。」

(5)《起信論》說：「三界虛偽，唯心所作，離心則無六塵境界。」

(6)《入楞伽經》說：「寂滅者名為一心，一心者名為如來藏。」

(7)《法華經》說，開示悟入佛之知見。

(8)《寶藏論》說：「知有有壞，知無無敗。」

這些經論，都是開示靈知真心，即此真心真性與佛無異，故標以顯示真心即性教。

《華嚴》、《密嚴》、《圓覺》、《佛頂》、《勝鬘》、《如來藏》、《法華》、《涅槃》等四十餘部經，《實性》、《佛性》、《起信》、《十地》、《法界》、《涅槃》等十五部論，諸種經論，所詮法義，雖或有頓漸不同，然所顯真心法體，均屬此教。這與禪門第三直顯心性宗相同。由此可見，馬鳴既標心為本源，文殊以揀知為真體，何以破相的學者，只云寂滅，不許真知？說相的學者，只執凡聖相異，不許即佛？如此種種皆有所偏，未能洞徹此教中以一真心性，顯示染淨諸法，全揀全收。全揀，即剋體直指靈知覺性，即是真心。其餘都為虛妄。故非識所識，非心境等，乃至非性非相，非佛非眾生，「離四句，絕百非」。全收，則染淨諸法無不是心，心迷故流轉六道，心悟故實證菩提。故全揀門，則攝前第二破相教，全收門則攝前第一說相教。將前望此，此則迥異於前。將此攝前，前則全同於此。深必賅淺，淺不至深。深者直顯出真心之體，方於中揀一切，收一切。如是收揀自在，性相無礙。方能於一切法悉無所住，唯此名為了義。

綜上所說三教與三宗，原來為一味法，只以一分學者限於門戶知見，執己為是，餘者為非。今先以如來三種教法證三種禪心，然後禪教雙忘，心佛俱寂；俱寂即念念皆佛，無一念不是佛心；雙忘即句句皆禪，無一句而非禪教。這樣，聽到「泯絕無寄」之說，自然了知是為破我執情；聽到「息妄修心」之言，即知是為斷我習氣，執情既破，真性必顯，故泯絕即為顯性之宗，習氣既盡，而佛道必成，故修心必為成佛的根本。頓漸空有既無所乖，荷澤、江西、神秀、惠能豈不相契？倘能如此通達，則一切教門，一切宗門，所說無非方便，其在應病與藥而已！

四、性相與空性

前說三種教法，殆統攝如來一代時教。要細尋法義，則三義全殊，一法無別。就三義中，第一、第二空有相對，第三、第一性相相對，此為顯然易見也。唯第二、第三破相與顯性相對，不論講者禪者，都誤以為同是一宗一教，皆以破相便為真性，茲將廣辨空宗與性宗差別義。

㈠性相定義

性相相對，性相二字的定義，很明顯的，性是指空宗，相是指相宗。性相的對立，早在盛唐時代。性宗學者說相宗為大乘初門，或說為權教大乘，判《瑜伽》為法相宗。圭峰判《般若》為破相宗，自居法性宗，曰一乘顯性宗。以有情有本覺真心，名如來藏，此如來藏，亦可名佛性或法性。法性宗，以立於法性，即真如的立場，說實教大乘。然由於法相宗，以三自性明一切法相，彰顯諸法體相如幻，悟審圓成實性。以立義超越，引起當時學者間互相爭論。清涼大師於《華嚴綱要》舉出性相二宗十種相異。圭峰禪師乃取清涼大師相異為範本，亦立空性二宗十相異。大有助於學者間對二宗法義的了解。

今先舉清涼十相異於次：

第一相宗——三乘為真實，一乘為方便；

性宗——三乘為方便，一乘為真實。

第二相宗——五性各別為了義，一性皆成佛為未了義；

性宗——五性各別為方便，一性皆成佛為真實。

第三相宗——萬法從阿賴耶識一心生；

性宗——真如無明和合為諸法緣起。

第四相宗——真如凝然不變不許隨緣；

性宗——真如具不變隨緣二義。

第五相宗——遍計空，依圓有，有為無為各別；

性宗——依他無性即圓成實。

第六相宗——五性中有無種性眾生定不成佛，故說生界不減佛界不增；

性宗——一理齊等，生佛不二，故說生佛二界不增不減。

第七相宗——真俗二諦俗空真有，空有各別；

性宗——即有之空為真諦，即空之有為俗諦，真空妙有，體一名異。

第八相宗——生住異滅四相，前後異時；

性宗——四相同時，生即滅，剎那具足四相義。

第九相宗——能斷為智，所斷為惑，能證為心，所證為理，體性俱別；

性宗——非智外如，為知所證；非如外智，能證於如。故智與真如不二。

第十相宗——如來四智依生滅識種故，佛身有為無漏；

性宗——智依如來藏，故佛化身，即常即法，不墮諸數，況報體耶？

以上所舉性相十別，全就性宗而說，若以相宗立場來說，則所說性相各別之點，顯未能盡符合法相宗的本意，此為學者應注意之點。

(二) 空宗與性宗

依唯識家說，空宗即顯示諸法空無自性，故屬於性宗。圭峰禪師，把空宗與性宗劃分為二宗，以破相為空宗；以一乘顯性為性宗。自居為法性宗。其實圭峰所說性空，即是法性。《肇論．宗本意》：「本無、實相、法性、性空、緣會，一義耳。何則？一切諸法，緣會而生。緣會而生，則未生無有，緣離則滅，如其真有，有則無滅，以此而推，故知雖今現有，有而性常自空。性常自空，故謂之性空；性空故，故曰法性。

法性如是，故曰實相。實相自無，非推之使無，故名本無。」空宗即在顯示諸法空無自性，自屬性宗。圭峰巧立為破相宗，自居法性宗，抬高自己身價用意甚顯。當學者間所應知者，今分別說明於後：

第一空宗——差別相即是法——俗諦，無為乃至無滅之義——真諦；
　性宗——一真之性即是法——真諦，空有種種差別為義——俗諦。

第二空宗——諸法本源為性；
　性宗——諸法本源為心。

第三空宗——諸法無性為性；
　性宗——以靈明、常住不空之體為性。故性字雖同，而體異也。

第四空宗——以分別為知——淺，無分別為智——深；
　性宗——以能證聖理之妙慧為智，以賅於理智，通於凡聖之靈性為知。

第五空宗——以有我為妄，無我為真；
　性宗——以無我為妄，有我為真。

第六空宗——遮詮——遮謂遣其所非，如所說真妙理性，每云不生不滅，不垢不淨，無因無果，非凡非聖等；

性宗——表詮——表謂顯其所是，如云知見覺照，靈鑒光明，朗朗昭昭，惺惺寂寂等。

第七空宗——標名；

性宗——認體。

第八空宗——以世出世間一切諸法不出二諦；

性宗——以攝一切性相及自體總為三諦（以緣起色等諸法為俗諦，緣無自性諸法即空為真諦，一真心體，非空非色為中道第一義諦為三諦）。

第九空宗——遍計、依他為有，圓成實性為空，三法皆無性；

性宗——謂遍計情有理無，依他相有性無，圓成情無理有，相無性有，三法皆具空有之義。

第十空宗——佛以空為德，無有少法，是名菩提，色見聲求，皆行邪道，離一切相即名為佛；

性宗——一切諸佛自體皆有常樂我淨、十身、十智真實功德，相好通光，一一無盡，性自本有，不待機緣。

前舉十異，顯示空宗與性宗的分別，但未可一一限定如此。如第五有我無我異，應歸為一，今強立為說不同，以性宗並不限於有我為真。又第八性宗亦非限於三諦。第九所說三性，原屬唯識家主張，非是空宗所有。依空宗意，三性皆是俗諦有，空是超越了三性，所以決不限於圓成實性。三性，即是三法，都是無自性，無自性即是空。因此說三性皆為俗諦攝，故說為空。圓成實性非是空，故空非是圓成實性。又性宗說三性各有二義，則屬前將識破境教——唯識家，然唯識法相系統，無論是地論宗、攝論宗，對於性宗、法相宗的相，都有不同的解釋，而於二性說各具二義，於此可見各宗慧解之一斑也。

五、頓漸與迷悟

㈠ 頓與漸

佛出世一大因緣，即在令一切眾生開佛知見，入佛知見，悟入佛之知見。所以佛陀本懷的教義，是一味平等的，沒有頓漸的分別。由於有情根機的不同，佛以種種的方便隨類說法，有時稱性頓說，如三七日說《華嚴》；有時隨機漸說，如說《阿含》等經，並非於前說三教以外另有頓漸。漸者，乃中下根機，未能即時信悟圓成妙理，故佛隨機應說，則如前說三教中，初說人天小乘因果，乃至法相一教，破相第二教。因有情根機沒有成熟，所說都為未了義教。待有情根機成熟，方說《法華》、《涅槃》等經，這是隨順有情的根機的頓漸，正合前說第三顯示真心一性教。因此，於頓機方面，可分二類，一隨機頓，二化儀頓：

1. 所謂隨機頓者　遇上根利智的有情，直暢本懷，說一真法界，使有情頓悟圓成妙理，全同佛果。如《華嚴經》說：「初發心時即得阿耨多羅三藐三菩提。」《圓覺經》說：「觀行成時，即成佛道。」然始同前二教中行門，漸除凡習，漸顯聖德。如風激動大海，不能現像，風若頓息，則波浪漸停，影像漸顯，則《起信論》中一一配合。《華嚴》一分，及《圓覺》、《佛頂》、《密嚴》、《勝鬘》、《如來藏》等二十餘部經，遇機即說，不定初後，則與禪門第三直顯心性宗完全相同也。

2. 所謂化儀頓者　釋尊於菩提樹下，初成正覺，為上根利智有情，一時頓說性相理事，圓融妙理。性相圓融，一多自在，相入相即，無礙鎔融。諸佛與眾生交徹，淨土與穢土融通。眾生萬惑，菩薩萬行，因眩果海，初心即得菩提；果徹因源，位滿猶稱菩薩。則唯《華嚴》一經及《十地論》，名為圓頓大教。

這裡所說的頓漸乃就佛約教而說，若就機約悟修方面，則意又不同，隨機可分為五類：

1. 漸修而頓悟　先積修福慧資糧，功行成熟，一悟一切悟，一了百了。這如人遠赴都城，步步漸行，一日頓到也。

2. **頓修而漸悟**　即運心方面可以頓修，而功行方面則須假以時日。如人學習射箭，固然箭箭都可以把注意力集中在射中目標上，但是還需要長久地練習才能愈射愈準。

3. **頓悟而漸修**　先頓悟一切法，然後漸次修行。如日頓出，霜露漸消。《華嚴經》說：「初發心時，即成正覺。」然後三賢十聖，次第修證；若未悟而修，非真修也。

4. **漸修而漸悟**　一面修集種種資糧，一面證悟諸法，所謂煩惱分分斷，法身分分證，猶如登九層之塔，足步漸高，所見漸遠，非一步而能登天。

5. **頓悟而頓修**　此就上智根性說，樂欲俱勝，一聞千悟，得大總持；一念不生，前後際斷。《法華經》說「父母所生眼耳見聞三千界等」。《金剛三昧經》說：「空心不動，具六波羅蜜。」這是就頓根性而說也。

以上所說頓漸，顯然皆就今生而說。若遠推宿世因緣，則唯有漸而沒有頓。今生所見的頓，乃宿世漸修漸熏，於今成熟。所以說：「法無頓漸，頓漸在機。」《涅槃經》說：「一切眾生，本來成佛；無漏智性，本自具足。又頓從漸得名，俱稱方便。」明確地說，諸法本體上沒有頓漸，離去言說，還有什麼頓漸呢？《法華經》說：「是法住法位，世間相常住，即知世間一切相，本來常住。」《楞伽經》偈云：「諸天及梵乘，聲聞緣覺乘，諸佛如來乘，我說此諸乘，乃至有心轉，諸乘非究竟。若彼心滅盡，無乘及乘者，無有乘建立，我說為一乘。引導眾生故，分別說諸乘。」是故頓漸是隨諸有情根機而說。

佛在《楞伽經》說四頓四漸，與前說四種頓漸，其意義相同。大慧菩薩白佛言：「世尊！云何淨除一切眾生自心現流。為頓？為漸耶？」佛告大慧：「漸淨非頓。如菴摩羅果漸熟非頓；如來淨除一切眾生自心現流，亦復如是，漸淨非頓。譬如陶家造作諸器，漸成非頓。如來淨除一切眾生自心現流，亦復如是，漸淨非頓。譬如大地漸生萬物，非頓生也。如來淨除一切眾生自心現流，亦復如是，漸淨非頓。譬如人學音樂書畫種種技術，漸成非頓，如來淨除一切眾生自心現流，亦復如是，漸淨非頓。又主張頓，譬如明鏡，頓現一切無相色像；如來淨除一切眾生自心現流，亦復如是，頓現無相，無有所有清淨境界。如日月輪，頓照顯示一切色像；如來為離自心現習氣過患眾生，亦復如是……。」

後世修禪學者，依於不立文字，直指人心，見性成佛，而高談頓悟，不知道平時修集種種資糧，福慧不具足，怎麼能見道？更談不到頓悟了！所以釋尊一代時教，隨有情根機不同，示教有淺有深，並非佛法有頓有漸。禪與教更不可分為二門，同以釋尊為祖，有情不了自心，乃妄生種種分別，而執己所修法門為大為頓。

(二)迷與悟　佛與有情的區別，並非本質上有所不同，乃在迷悟之間，迷則凡夫，悟則成佛。而迷悟的根本，乃在眾生心。《華嚴經》說：「眾生本具清淨如來德相，但以妄想執著不能證得。」所謂德相，即指眾生清淨真心性覺的寶光。本不名諸佛，亦不名為眾生。於此清淨靈妙真心，不守自性，隨迷而緣，造業受報，遂名眾生；轉迷而悟，修道證果，遂名諸佛。雖說隨緣，但仍不失自性。其性常自清淨，並非虛妄，常無變異，不可破壞，唯此一心，故名真如。故此一心，具足真如、生滅二門，此一心，法爾具有真妄二義，二義又各具二義。真有不變、隨緣二義，妄有體空、成事二義。由真心不變故，妄體空為真如門；由真心隨緣故，妄成事為生滅門，以生滅即真如，故諸經說：「無佛無眾生，本來涅槃，常寂滅相。」又以真如即生滅故，經說：「法身流轉五道，名曰眾生。」所以說迷悟凡聖等，屬生滅事。今於此顯示凡聖二相，即真妄和合，非一非異，名阿賴耶識。此識約眾生位講，本來有覺、不覺二義：覺是三乘賢聖的根本。不覺為六道凡夫的根本。茲將上二義示圖如次：

(一)阿賴耶識
- ○——不覺——迷——六道凡夫之本
- ◉——覺——悟——三乘賢聖之本

(二)眾生心

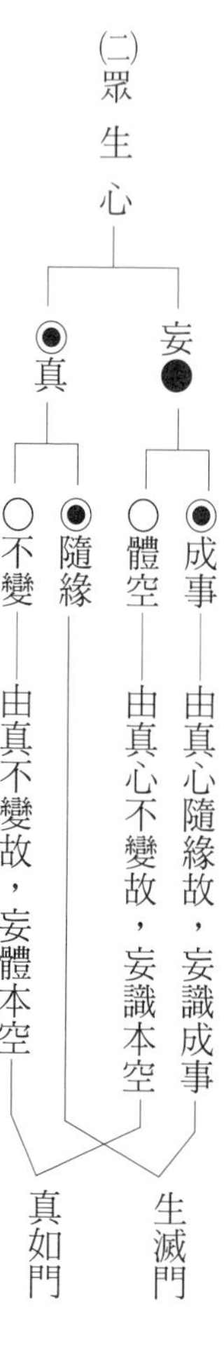

圭峰大師依《起信論》立迷悟各具十重，並以夢喻顯示十重迷悟義：

1. 迷之十重　(1)謂一切眾生，雖皆有本覺真心——如一富貴人端正多智，在自宅中住。(2)未遇善知識開示，法爾本來不覺——如宅中人睡，自不知也。論云「依本覺故，而有不覺」也。(3)不覺故，法爾念起——如睡法爾有夢，論云：「依不覺故，生三細六麤。」(4)念起故，有能見相——如夢中之想。(5)以有見故，根身世界妄現——夢中，別見身在他鄉貧苦，及見種種好惡事境。(6)不知此等從自念起，執為實有，名為法執——正夢時，法爾必執所見物為實有也。(7)執法實故，便見自他之殊，名為我執——夢時必認他鄉貧苦身為己本身。(8)執此四大為我身故，法爾貪愛順情諸境，欲以潤我；瞋嫌違情諸境，恐損惱我。愚癡之情種種計校——此是三毒，如夢在他鄉所見違順等事，亦貪瞋也。(9)由此故，造善惡等業——夢中或偷奪打罵，或行恩布施。(10)業成難逃，如影響應於形聲。故受六道業繫苦樂相——如夢因偷奪打罵，被捉枷禁決罰，或因行恩，得報舉薦拜官署職——此上十重生起次第，血脈連接，行相甚明。茲照圭峰圖示如次：

○⑴本覺：謂一切眾生，皆有本覺真心，如達官貴人端正多智，在自宅中住也。

◔⑵不覺：未遇善知識開示，法爾本來不覺。

◔⑶念起：不覺故，法爾念起。

◔⑷見起：念起故，有能見相。

◑⑸境現：以有見故，根身世界妄現。

◑⑹執法：不知境從自念起，執為實有，名為法執。

◑⑺執我：執法實故，便見自他之殊，計自為我，名為我執。

◕⑻煩惱：執四大為我身故，貪愛順情諸境，瞋嫌違情諸境，愚癡計校。

◕⑼造業：由三毒繫發故，造善惡等業。

●⑽受報：業成難逃，如影響應於形聲，故受六道業繫苦樂之報。

這是有情從本覺而不覺，由不覺而生三細六麤，輾轉造業受報，六道輪迴，受業苦之報，故有情生死苦報，全在一念不覺心起，故有六道凡夫，覺則三賢十聖。捨此而外，別無主宰賞罰者在。

2. 悟之十重　前是迷真逐妄，今是翻妄為真，迷悟的差別，順逆次殊。前說迷真逐妄，因有情於一念不覺，而生三細六麤，種種相，妄計執實我法，從細至麤，受諸苦報。今悟之十重，乃翻妄為真。覺此妄體本空，從麤至細，逆次斷除。故論說：「覺故，則三賢十聖。」然有情覺此妄心，亦有次第。圭峰大師，列為十種次第，從麤至細，逆次斷除，非由頓悟。⑴謂有眾生，遇善知識開示上說本覺真心，宿世曾聞，今得解悟，四大非我，五蘊皆空。信自真如及三寶德。⑵發悲智願，誓證菩提。⑶隨分修習施戒忍進及止觀等，增長信根。⑷大菩提心從此顯發。⑸、⑹以知法性無慳等心，隨順修行六波羅蜜，定慧力用，我法雙亡，無自無他，常空常幻。⑺於色自在，一切融通。⑻於心自在，無所不照。⑼滿足方便，一念相應，覺心初起，心無初相，離微細念，心即常住，直覺於迷源，名究竟覺。⑽心既無念，則無別始覺之殊；本來平等，同一覺故，冥於根本真淨心源，應用塵沙，盡未來際，常住法界，感而即通，名大覺尊。茲示圖如次：

○⑴頓悟本覺：悟前一，翻前二，為第一重。

○⑽成佛：證而實無始覺之異，本來平等，同一覺故。

◐⑼離念：滿足方便，一念相應，覺心初起，心無初相，離微細念，心即常住，覺於迷源，名究竟覺。

◐(8)心自在：心自在地，不見外有定實之境故，於一切自在，無所不照。

◐(7)色自在：色自在地，已證境是自心所現故，於色自在融通，定慧力用，我法雙亡。

◐(6)法空：法無性故，常空常幻，悟色空不異也。

◐(5)我空：於真如理，深解現前，所修離相，無慳，無染，離瞋，離怠，常寂常照故，隨順修行六度。

◐(4)開發：開發悲智願心，信真如及三寶功德。

●(3)修五行覺妄念：修五行，正念唯心，觀察世間無可樂境，覺妄心，止惡修善。

●(2)怖苦發心：發悲智願，度一切眾生，證大菩提。

前說迷悟十重順逆相翻關係，行相甚為明顯。今悟之第一對前迷之(1)、(2)，此悟之(10)合前迷之(1)。其餘八重皆從後逆次翻破前八。其中一，悟前(1)本覺，翻前(2)不覺。前，以不覺乖於本覺，真妄相違，故開為兩重。今以悟即冥符，冥符相順，無別始悟，故合之為一。若據逆順次第，此一合翻前十，今以頓悟門中，理須直認本體，翻前本迷故，對前(1)、(2)。其中二，由怖生死之苦，發三心，自度度他故，對前(10)，六道生死，(3)修五行，翻前(9)造業，(4)三心開發，翻前(8)三毒，(5)證我空，翻前(7)我執，(6)證法空，翻前⑹法執，⑺色自在，翻前⑸境現，⑻心自在，翻前⑷能見。⑼離念，翻前⑶念起。故⑽成佛，佛無別體，但是始覺，翻前⑵不覺，合前⑴本覺，始本不二，唯是真如顯現，名法身大覺。故與初悟無二體也。茲特示表如下：

迷悟十重關係

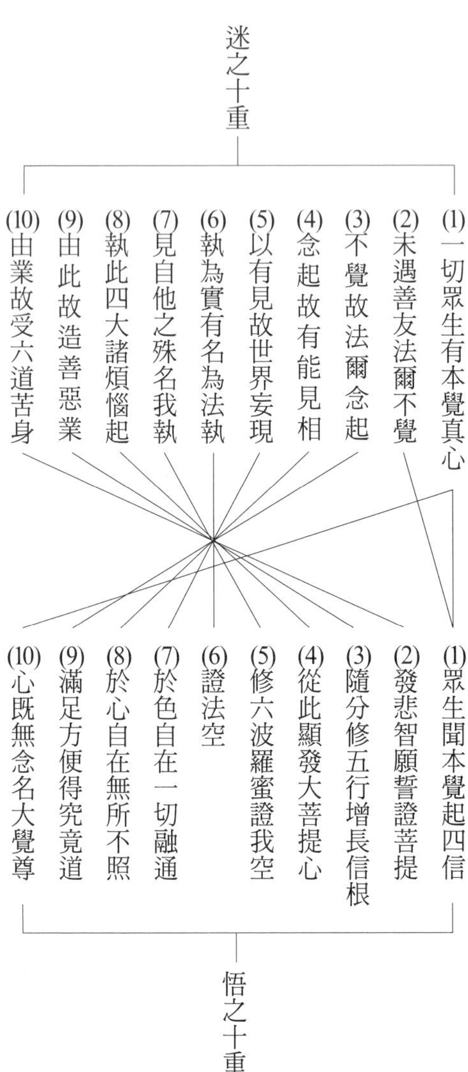

上來所敘三教、三宗，及迷悟十重本末，輪迴及修證次第，理無不窮，事無不備，隨舉一法門，必能通達無礙，然不可拘於一法門，必須融通諸家，始能通達諸法根源，於同中見到異，於異中見到同。鏡像千差，莫執好醜；鏡明一相，莫忌青黃。

佛教報恩主義

佛教雖有部分思想主張出世，但大乘佛教實重視入世，故對世間人倫關係上所應有的種種美德都有具體地說明。尤其對人倫上報恩主義說得非常徹底圓滿，佛教可以說是一個報恩主義的宗教。

以佛教立場觀察一切眾生，都是我們生生世世父母兄弟姊妹，所以佛教主張戒殺放生，乃至對於一切人類社會大眾，沒有妒嫉心及瞋恨心，而以慈悲心、歡喜心、報恩心，愛護一切眾生，救護一切眾生。在佛教大報恩思想裡，對於一切眾生沒有絲毫欺詐，或殘殺鬥爭的意向。佛教視殘殺欺詐為罪惡，在斷除之列。

佛說人生有四種恩德：一為國家恩，二為父母恩，三為三寶恩，四為眾生恩。

所謂國家恩，此為普通國民所不易感受到的，尤其民主時代的人民，對於政府稍不滿意，動輒指責政府，殊不知做為一個自由獨立國家的人民，是何等幸福！我們有居住自由，不虞他人來侵占；我們有治安機關，生命財產依法受保障，不慮盜匪搶劫；我們有主權與國防，不虞鄰國來侵略；遇到非時風雨的災難，有國家來救濟；這種種都是國家有恩於人民的地方。在失去國家主權的人民，他們的生命財產，隨時會遭人殘殺與掠奪，而喪失一切，古人說：「覆巢之下無完卵。」就是這個道理。所以國家主權能夠獨立自由，人民生命財產才有保障。而國家生存與發展，則有賴國民皆忠愛國家，善盡其義務，亦即人民對國家應有服兵役及納稅盡忠報國的義務。

所謂父母恩，是為人人應知的恩德。父母不但有養育恩，十月懷胎亦恩重如山。我們能知禮儀，解仁義，都是父母教育的，所以說：「慈父悲母長養恩，一切男女皆安樂。慈父恩高如山王，慈母恩深如大海，若我住世於一劫，說悲母恩不能盡。」為人應知父母甚深恩。我們對於現前父母若要善盡孝道，則不但平日晨昏定省，悉心供養，更要勸其皈依三寶，修諸功德，對往昔所造罪業，一念悔過，罪性本空，往生人天，或生十方淨土中，以七寶蓮花為父母，花開見佛悟無生，不退菩薩為伴侶，永遠脫離六道輪迴苦趣，這才是真正報父母恩。

所謂眾生恩，指九法界內一切人與非人等眾生而言。以吾人無量劫來輪迴六道，不知經過多少生死，每一生有一父母，無量生死有無量父母，而無量父母又互為兄弟姊妹，如此生生世世父母兄弟姊妹不知凡幾。故說：「一切男子是我父，一切女人是我母。」是為佛教廣大報恩真義。我們要報答生生世世以來無量的父母恩，則必須要發菩提心，眾生無邊誓願度，乃至度盡眾生方證菩提，要有這樣度生的宏願。能度眾生，就是報眾生恩。佛說度脫一切眾生，乃至不殺、不盜、不邪淫皆是以報眾生恩為出發點。因為殺盜淫對象不是別人，乃是我們過去生生世世的父母兄弟姊妹。本著視眾生為父母的觀念，愛護一切眾生，不殺一切眾生，不盜一切眾生，不淫一切眾生，救濟一切眾生，度脫一切眾生，就是報眾生恩。

所謂三寶恩，就是佛、法、僧三寶。佛以一大事因緣出現於世，欲令眾生開佛知見，示佛知見，悟佛知見，入佛知見。四十九年苦口婆心說法，指示我們斷惑證真離苦得樂的方法，若不是佛陀出世，我們哪裡能知道有人生真理可求，甚至有十方淨土可生？所謂「一切眾生，煩惱業障，都不覺知，沉淪苦海，生死無窮。三寶出世，做大船師，能截愛河，超昇彼岸。」故三寶之恩不可思議。吾人尤其要仰仗三寶功德度脫生生世世父母，要普勸現前一切父母皈依三寶，奉行五戒十善法。吾人以報生生世世父母恩為觀念，以視眾生為父母，以此觀念愛護一切人民，救濟一切眾生，是為報三寶恩之一。

我們認知到三寶恩、父母恩、國家恩，及一切眾生恩是如此地深重，尤感念佛陀指示現前一切眾生，皆是我們生生世世的父母兄弟姊妹，只為宿業所迷，妄想顛倒，認親為疏，視父母為仇敵，互相鬥爭格殺，造成人類恐怖的劫難，這是何等悲痛的事呢？

現在國際間不和平，民族間相敵視，勾心鬥角，仇恨嫉妒，欺詐百出，及種種無道德無人性的舉動，殘殺人民，惱害眾生，推其原因皆由於不明佛教大報恩主義所致。今日人人都有救國報恩的義務，尤其是我們佛教徒，有救人、救國、救世、救教的責任，應努力把一切國土中受罪的生生世世父母救度出來！

一、以佛教大報恩主義調和國際，建立互信，息滅鬥爭，使一切國土中人民互視為父母，以愛護父母的心，愛護一切國土中人民，化除一切猜忌仇恨，甚至殘殺的觀念，互相敦睦親善，以親善精神合作締造人類永遠的和平。

二、以佛教大報恩主義團結所有民族，彼此視為同胞，不分高下，不分優劣，視一切人民都是我們生生世世父母兄弟姊妹，以報恩的觀念，愛護所有同胞。今日本省，猶存有臺灣人、內地人的分別，實是遺憾！其實大家皆是黃帝子孫，內地來臺人民應以一切眾生為父母的觀念視臺灣人，反之，臺灣人亦應以一切眾生為父母的觀念視內地人。人世間關係密切再沒有超過父母，果能彼此視為父母，互相恭敬，互相親愛必能真誠團結，安定臺灣。

三、以佛教大報恩主義化導一切民眾，使其深知四恩主義，皈依三寶，奉行五戒十善，視眾生為父母，感念報恩，互不相殺、互不相盜、互不邪淫，互以真誠親善和睦，必能團結一心，進步繁榮，達到建國安邦的目的。

佛教幾個基本的理論

佛教是什麼？不但一般人不了解，就是許多自稱佛教徒的人也未必能真正了解佛教的真義。他們不是視佛菩薩為神靈，就是視為財神，或視為閻羅王等。尤其是本省一般民眾，差不多都是把佛、菩薩、神靈、城隍、土地、聖母、媽祖、仙姑、娘娘、天后、保儀大夫等混為一談，等量齊觀。這固然是人民知識淺薄，同時也是佛教徒素質不夠，沒有能善盡宣傳的責任，以致許多民眾到現在尚矇在迷信神教的觀念裡，真是可憐愍哉！

第一、要知道佛、菩薩，不是神仙，不是財神。一般無知識的人，認為宇宙間萬象如四季晨昏，風、霜、雨、露，一切變化都操諸於神，甚至個人的禍福吉凶，壽命長短，貧窮富貴，賢智愚不肖，一切安排也都操諸神明。神即是佛，佛即是神，燒香拜佛，求籤問卦，無異向佛乞憐，不是希望佛賜給他的幸福免他災難，就是希望佛賜給他金錢，使他發財。甚至一般下等社會靠賣女色吃飯的婦女，不是求長生，求免災，求智慧，而是求佛能保佑她生意興隆。以這種種自私自利、卑鄙污濁的心理去求佛祖、拜神仙，不但求不到福，並且要損福折壽啊！真是愚癡極了，實可憐憫哉！

佛，是印度的梵語，是佛陀的簡稱，是覺悟的意思。佛是印度二千五百年前的人，因為看不慣當時印度迷信神教的風俗，剝削人民，於是捨去皇太子的榮位入雪山修道，終於徹底覺悟宇宙人生實相的真理，了知一切法的生起，皆假因緣和合相資相助而成，並無真實體性及主宰宇宙神的存在，因此，佛是極端否認神格的，佛教可說是無神教。所謂神仙，論其資格甚低，也是三界內眾生之一，在天之下，人之上，而其壽命雖較人類長久，但依然要隨業受果報，雖壽至萬年，業報盡了還是要淪入生死輪迴。至於民間流傳風神、雨神、樹神、土地、鬼神，都屬於六道類鬼趣所攝，其福報智慧尚不及人類，何況超出三界，不受生死束縛，具足十力、四無所畏、十八不共法的佛陀呢？我們求道於鬼神，無異問道於盲。佛是人類最高的覺者，具足廣大的智慧，有三十二相、八十種好德相，以慈悲喜捨為基礎覺範人類。佛的慈悲救度不限一國、一族、一域，乃在整個人類，甚至非人類一切眾生都在佛陀同體大悲心的拯救範圍之內。我們信仰佛陀，是信仰他偉大的人格，以無限的慈悲心教化幫助一切眾生得解脫，永斷生死等煩惱，所以我們信仰佛教，是要學習佛菩薩的慈悲與智慧來自利利他，而不是求佛陀給我們的幸福，免我們的災難，使我們發財，這是我們學佛人應了解的地方。

第二、要知道佛不是法官，不是閻羅王，一般愚夫愚婦，以為人死了必定要經過閻羅王審判，把佛當成閻羅王，是操人生死賞罰大權的，於是信佛、念佛、拜佛，都是求佛菩薩免他的罪惡，不判墮地獄，甚至還希求幸福，這種想法果真合理，則人世間作惡的人永不受報，真是豈有此理！

要知道佛根本不是法官，不是閻羅王，人造作各種罪業，佛雖然大慈大悲同情人類，但因其罪業當受的果報，佛是無法改變的。佛自己尚受金槍、馬麥之報，何況一般的凡夫呢？元珪禪師曰：「佛能空一切相，成萬法智，而不能即滅定業。佛能知群有性，窮億劫事，而不能化導無緣。佛能度無量有情，而不能盡眾生界，是為三不能也。」人造善惡諸業都將自作自受逃避不了，所以當努力止惡行善，轉染業為淨業。我們信佛、念佛、禮佛、供養佛，是依照佛指示的人生因果法則，以佛法來淨化身、口、意三業，所謂業由心造，根本當從內心改造起。改造的方法，就是懺悔宿業一心念佛，轉惡業為善業，轉不淨業為淨業。我們信佛不是求佛祖免除我們的罪惡，只是仗佛光明懺悔眾罪，解冤釋結，希望在修學路上沒有障難，但是該要承擔的還是要承擔，更沒有什麼神在主宰，這是我們學佛人應了解的地方。

第三、要知道佛經不是美鈔，錫箔不是金錢，人死了不一定為鬼。一般愚癡無知識的人，以為人死了必定都要變鬼，而鬼趣又必定要用錢鈔，鬼趣的世界似乎科學也不發達，沒有印鈔機，經濟也不能獨立，所用的金錢全靠陽間人接濟。於是孝子賢孫都要為新死的人燒錫箔，念佛的老太婆要燒經咒（〈往生咒〉、《阿彌陀經》、《金剛經》、《心經》），在老太婆眼裡，視之為黃金、美鈔，無異視經咒、錫箔為鬼趣通用的貨幣，這實在是一種愚癡迷信的思想。

要知道人死了不一定為鬼，鬼趣又不一定要用錫箔。佛說一切經咒，是啟示人生道理，增長智慧的，不是用來當金錢使的。佛說的六道輪迴是眾生因業流轉於天、人、阿修羅、地獄、餓鬼、畜生等六道。人在世間能夠不殺、不盜、不邪淫、不妄語、不綺語、不兩舌、不惡口、不貪、不瞋、不癡，就能感受天人果報；假使我們在人世間，對他人乃至一切眾生界犯了殺、盜、淫、妄語、綺語、兩舌、惡口、貪、瞋、癡等行為，重的墮地獄，輕的即墮餓鬼、畜生。這樣說來，社會上普通人不守正道，也不致個個犯上十惡，何況我們信佛、念佛、禮佛呢？《法華經》說：「若人散亂心，入於塔廟中，一稱南無佛，皆已成佛道。」亦見念佛功德的偉大了！我敢說，學佛的人死了絕不會墮鬼趣，既不墮鬼趣，何必要燒錫箔呢？世間有許多人預先燒錫箔，叫作存庫，是留給自己將來做鬼用，這就叫人不做做鬼，真是愚癡極了！

談到餓鬼，也是六道眾生之一。鬼有身體，有行為，有生死，一切舉動都與人同，朝夕與人相處，而人之所以不能見者，以各有業報不同耳！鬼死了可再轉生為鬼或轉生為人，但不可說人或畜類死亡之後決定為鬼；且人死為鬼、為畜，或轉生天人，全視其生前所造善惡業力而招感，怎能一概論之。所以人死了不定為鬼、為畜生，甚至墮地獄呢！人死了既不定為鬼，我們又何必預先燒錫箔存庫呢？甚至紮紙衣：造紙房，讓新死人到陰間受用呢？佛說經咒，是指示我們不迷於業識，而悟入佛之知見，怎能視為鬼的金錢呢？這是必須了解的地方。

我們無論信仰哪一種教，其目的在求精神上的安慰與真理的親證。所謂神仙、上帝、玉皇、仙姑一類東西，都是神權時代的產物，今日人民只要受過自然科學教育的，都知道神仙、上帝是束縛人民的迷信思想。神仙、上帝究竟在哪裡？視之而不見，聽之而不聞，既無事實可憑，又無真理可求，實是渺茫難知，在人類歷史上是一個大騙局，是阻礙人類思想進步的。我們真正修學佛法的人要注意這一點。本省民眾，對佛教雖有信仰，但仍迷於神權觀念裡。

釋迦佛生在印度，有歷史可憑，佛說三藏經典有真理可證，佛是具足無上智慧、無量慈悲，淨除了我執、證悟了真理的覺者。所以說佛不是造物主，不是神仙，不是閻羅王，而是主張以正智化導人類解脫煩惱，開啟無限光明的偉大聖人，學佛的人要能破除神鬼的迷信，才能獲得佛法真正的利益，也才能真正地認識佛法。這是佛教基本的道理。

佛法真精神

一般人把偶像或儀式，視為佛法的象徵，這實在是錯誤的。要知佛法的精神，絕不在偶像或儀式的表彰。若將這種形式主義視為佛法，這佛法有什麼價值呢？佛法的精神，即在佛陀的堅強（忍辱）、毅力（精進）、正義（大悲），克服一切、戰勝一切的精神，這是建立佛法的根本，也是佛陀偉大聖格的所在。我們信仰佛陀、景仰佛陀，就是這種精神，絕不是崇拜偶像！這種堅強、毅力、正義的精神，不獨為建立佛法的根本，也是建國救民、挽救危亡的一種正義不屈的力量。我常說宗教家與革命家所持的捨己為人的精神是相等的，其出發點雖各有不同，但終止的目的，都在建立一個合理化正義莊嚴的世界。

佛陀時代的印度社會，外道盛行，邪說張狂的情形，與我們今日所處的世界一樣。特別是受唯物毒素思想影響，所謂無因無果，無善惡報，無今後世，這種思想實無異於今日唯物主義論者，今日唯物主義的徒眾不把人當人，視人與草木禽獸一樣，殺一個人算什麼，等於折了一根青草，有什麼罪惡，毫無憐憫心地施用人海戰術，以及清算鬥爭，殘殺同胞，這種殘暴無人性的罪狀，為歷史上從所未有。然而今日自由民主的陣營裡，雖然痛恨殘暴的行為，可是一般時髦的學者的思想上，卻未把殺人視為罪大惡極的事，至多只是表示同情，至於做好事有什麼善報，也未能十分深信，人死了等於燈熄了一般，哪有什麼來生後世？升天堂固然是一種幻想，求生西方，以及在人以上的一切聖者都是假託的說法，甚至說宗教是迷信，這些思想都近於撥無因果的唯物論思想。所以今日一般人雖然同樣在喊反共的口號，可是他的思想在先天上就犯了忽視精神文化，否認善惡因果報應，排斥正信宗教的錯誤。因此，今日我們要肅清唯物論毒素的思想，首先要建全自己的思想，把那些忽視善惡業報，否認今世後世的說法，近於馬列主義的思想，都要嚴格糾正。

佛陀雖出生於二千五百年前，但他的思想，卻為我們今日反對唯物史觀邪說的指針。佛陀為拯救當時廣大的沉淪於生死煩惱的眾生，乃不惜放棄國城妻子，削髮出家，專從事於真理的探討，經六年深思諦觀，終於徹底覺悟宇宙人生的實相真理，於是成立僧團，席不暇暖地行腳於恆河兩岸度化眾生。古今皆然，正邪不兩立，光明與黑暗不能同時並存。所由於佛陀具足一切大智慧，及無量的功德，使一切邪說的首領都感到將臨滅亡的恐怖。所以一切邪說魔王都在暗中計畫，欲趁佛陀進王舍城宣說佛法的時候，在途中或在四城門或天上，以種種殘暴的手段結束佛陀的慧命。當時諸天人民聽說一切邪魔欲害如來，感到莫大的苦惱，都勸請世尊放棄王舍城之行，有的人含淚勸請世尊停止進入王舍城。但佛陀為說法度眾，降伏諸魔外道，乃不為所動，堅決對他的門徒說：「我許久以來，為度眾生，乃放捨一切金銀珠寶，國城妻子，以及身命，在過去先知先覺前發過誓言，我以純潔的人格及忍辱的精神，誰能害我？我以正義為救一切人民，必能戰勝一切，克服一切。」佛陀以這種堅強毅力，大悲的心懷，謝絕一切的勸阻，終於如期進入王舍城，孰知預先埋伏在途中的那些欲害如來的邪說首領，見了佛陀，為其偉大莊嚴的法相所感動，並且了知佛陀具一切智能深解甚深法義，都不約而同為佛陀偉大精神所感召，都情願捨離一切惡魔事業皈依於如來座下，這一個事實，在《大集經》中〈魔調伏品〉、〈神通品〉有詳細的說明。

我們根據這一種事實，就可明白了解佛法的真精神，並不在於叫人燒香跪拜偶像；然而，這種禮拜形式不過是表示個人對偉大教主崇仰的虔誠，不能說佛法的真精神即只此而已。最遺憾的，一般人都不能明瞭佛法的精神，往往誤以為佛法是迷信的，或說佛教無益於社會。於是有的人以為說幾句時髦話，什麼自由、民主、博愛，或是散幾包藥品及少許食物救濟，認為這是有益於社會的。要知道這種利益，是暫時的利益，是有限度的利益，是短視的利益，殊不知還有最高尚、無限度，永遠廣大的利益，這個利益不是物質，是精神，是法益。今日我們國家在這拯救危亡的時期，我們需要的是什麼？不是幾包藥品或少許麵包，乃是偉大佛陀慈悲度眾，堅強不屈的大無畏精神，所謂仁者無敵，正義戰勝一切。自私、頹廢、意志不堅決、沒有正義感的國民需要有這種教育。佛陀成道四十九年，沒有一日停止其教化眾生，淨化人間的工作。最後臨滅度的一日一夜，還說了一部《涅槃經》，囑咐一切佛弟子，要依照佛的教法去實行。最有名的是四依法：「依法不依人，依義不依語，依智不依識，依了義不依不了義。」這種為法、為人的精神，我們果能誠意地效法，不獨可救國救民，並且可救世界。實是挽救今日人類的一道光明。

佛法根本的精神，簡單地說：一、以正義戰勝一切邪說，二、以堅強忍辱克服一切苦難，捨己拯救一切眾生，三、以精誠感召一切敵人。今日我們無論身為一個宗教的領袖，或為一國元首，或為一黨的黨魁，或為社會的領袖，都要有佛陀的這種精神。我們有了這種精神，不獨臨敵不屈，並且對內軍政大事必能應付裕如，達到最後正義戰勝一切。總結地說：佛法指示我們的不僅僅是一種形式，乃是一種精神教育。一個佛教徒倘若不能貫徹佛陀救世的精神，僅在形式上崇拜，則終究不能獲得佛法的實益。今日佛法未能普遍地發揚，即在多數佛教徒昧於佛法的真精神。要使社會得以安寧，世界得以和諧，唯有發揚佛法的真理，捐除各人心理上自私的昧見，融化於佛法無我大悲的精神中，人類始可獲救！

素食的科學觀

一、序說

人類已進步到了太空時代，依然未能脫離血食，實是人類最大的恥辱。因此我們對人生食、衣、住、行，該有重新理解的必要，不能再以舊觀念來評定食、衣、住、行的問題；當依據科學的理解及實驗的結論。人的生命延續，要靠食、衣、住、行，尤其是飲食幾乎是一日也不可缺少的。但是飲食選擇不慎，就會嚴重地影響人的心理、生理、氣質、性情，乃至健康等多方面。古人說：「百病從口入。」這是有科學經驗的名言。因此，飲食不僅有關個人的身體營養，且關係到人身健康、天資、氣質、德性等諸多的問題。今依據科學的理解來分析人生素食的問題。

佛教以慈悲為本，固然不主張殺生食葷，但提倡素食，並不始於佛教。佛教流行區域很廣，各地區僧侶的生活習慣也不一樣，有葷食的，有素食的，譬如蒙古、西藏的喇嘛，都是葷食，但禁止畋獵漁網。泰國、緬甸、錫蘭、柬埔寨等地小乘佛教的僧侶，以沿門托缽的制度，隨施主而食，故不擇葷素。唯我國奉行大乘佛教的僧徒，既不殺生，又不葷食，茹素念佛，成為我國佛教良好的風尚。梁武帝奉行佛教後，啟告宗廟、天地、社稷，祭壇大典，改以麵製象形祭品，代替太牢三牲血食。此外，歐美各國有識的人士，雖未奉行佛教，但早有素食會的組織。托爾斯泰是世界提倡素食最有名的人，聖雄甘地是提倡戒殺有名的人，我國黨國元老張靜江、李石曾諸先生，都是竭力提倡素食的人。素食的理趣極為深廣，絕非一般人所能了解的。誤認素食為信仰佛教的一種條件，那是由於全未了解素食的意義所致。

今日人類世界，正是到處腥風血雨，臨於彼此互相毀滅的危機，常言「血債血還」，人類從昔至今，殘殺無數生靈，如今要面臨總結帳的時候了。所以我們提倡素食，不僅是基於佛教慈悲觀念，相信因果報應，同時也是為了減免人類的殺報，發揚人性，促進人類生活合理化的進步，實現世界永遠的和平。

二、從進化論人類應該素食

誰也不能否認人類的歷史，是一部進化的歷史。人類由低級動物而進化到高等動物，由高等動物進化至最具靈性之人類，則人類與動物原屬一體。猿猴是人類的始祖，似乎已成為生物科學界的定論，但猿猴時期的飲食，吃的並非動物，而是植物的果實。而猿猴的聰慧靈明，竟也超過其他的動物。由於猿猴性情善良，沒有殘害其他動物的野心，與其他動物界尚能保持「物我同仁」互不加害的狀態。後來也許受了自然界的影響，進化到了人類時代，反放棄食果，改為茹毛飲血，致使人性從此穢濁，日漸野蠻，人類與動物互相殺害的事件不斷發生，而人類專以動物為食，其生活習慣幾同禽獸。後來大聖人燧人氏、神農氏，相繼出世，提倡穀食，改變人類生活習慣，肉食漸減，人類飲食漸漸改食植物，因此，人類血液清澄，靈性啟發，人類文化思想始日漸進步。可是人類進化到今日，由於遺習未能盡除，以致現在還有大部分人以肉食為主，這不但違背人類進化的歷史，並且違背人性，以及「天地之大德曰生」的古訓。今日人類應依照科學的經驗，使人類穀食採其精華去其糟粕，提煉最精華的物質以為食料，以少勝多，一日一餐，或數日一餐，使人類不復為飲食而鬥爭，理智清醒，回復人性，回到最純潔原始時期的素食，人類聰明智慧，始能進步發揚，人類的幸福始有增進的希望。

由此，我們可以證明人類肉食，並非人性之自然，實由於環境轉移。即以兒童為驗，小孩始初認識食品，多喜歡果品，不愛腥羶魚肉；四、五歲後，父母始漸以葷類食物飼之，有的從幼就不愛葷食，故葷食全為習慣使然。而葷類飲食，必藉醋、醬、油、鹽、椒、薑、蔥、蒜諸味混雜調和，以掩飾其穢惡，然後吞食。否則，血淋淋的動物，誰敢吞食？唯有植物的蔬菜或果品，可以生食，亦可熟食，而生食的營養比較熟食更為豐富。

人類本性原是純善的，敦睦溫柔，喜愛和平，為什麼現竟為了滿足欲望，而互相爭鬥殘殺，而這種凶狠暴戾性情的養成，並非全由於教育不良，實由於生理發生了變化，促成生理變化主要的因素，乃由於葷食影響於人性，使人性變成獸性。

在第一次世界大戰時，德國生理學博士利喜氏曾參加歐戰，嘗過硝煙彈雨的生活，目擊屍骸遍野，肝腦塗地之慘況，惻然而動仁者之心，乃著《非戰問題》一書，傳誦於世，並繼續以學理研究人類之好戰與殘殺的原因，苦不得肯綮。多年之後終於恍然有悟。於柏林生物學會演講，謂人類之好戰與殘殺，實關於食牛肉與飲牛乳，蓋西方之人無不藉牛肉、牛乳以為滋養要品。牛善鬥，往往同類相殘，人類食其肉、飲其乳，則人之性日以離，牛之性日以近。歲積月累，子孫繼承而不自覺，人性變成牛性，於是弱肉強食，兵爭以起，人類死亡不可數計，慘酷情形不堪言說，其禍因實皆由於飲食而來。故欲免世界戰爭，首宜禁止食牛肉、飲牛乳，以恢復人之本性。

我們看了利喜博士，這種銳智深徹研究的結論，固足欽佩，然恢復人性，不僅不食牛肉及牛乳，必須要依佛所說：「不食一切眾生肉。」才能徹底圓滿。以「性質同化」的原理，食牛肉變成牛性，食豬肉變成豬性，牛性好鬥，豬性癡濁，同樣影響人性。即以嬰孩食母乳而論，其性質十之八九相肖乳母，故飲食影響於人性的氣質、性情關係至大。

今日要挽救人類的劫運，實現人類和平安樂的世界，但僅靠聖人德化的教育，無疑是不夠的，因為人類五千年的歷史，中間沒有戰爭的，僅二百年。孔子的仁慈，墨子的兼愛，老子的無爭，都無濟於世道。因為人性已經變濁，凶狠好鬥，習於殘殺。故今日當以恢復人性為第一著。恢復人性，首要澄清人的血液，人的血氣肅清，人性自善，人性恢復，世界自然安寧，這是必然的道理。因為人所食的禽獸血液直接滲於人的血液，人的血氣與禽獸的血氣混雜其間，故有「氣質同化」，人性變成牛性、豬性，故欲清理人的血氣，首先要斷除葷食，不食一切眾生肉，始能恢復人性，人性恢復，理智清朗，始可接受聖人德化教育，人類自然和睦相處，互不妨礙，安享太平的生活。

三、從衛生學論人類應該素食

一般人對飲食的觀念，最大的錯誤認為葷食比素食營養豐富，這由於不了解植物學理使然。植物受日光雨露滋長，其所含維他命成分實比動物多。肉食所含的滋養料，如澱粉、蛋白、脂肪、糖、鹽等質，這些在植物的米麥、豆類中都有，而且比肉類更易消化。

豆類所含的蛋白質已達百分之四十；而肉類僅達百分之二十。而肉類蛋白質，且不易消化。而動物脂肪層多含黴菌，當動物被宰殺的時候，所生起怨恨恐怖的氣質浸入血液，致使肉類多含毒素，人食之易於發生精神等病態。一切植物所含礦物質及維他命，是肉類所缺少的，此種成分現在根據理化學多方面研究的結果，分別介紹於後：

㈠植物多鹼性　從前日本有位研究食品營養的醫學者，著了一本書，名為《素食論》。他從生理化學試驗的結果，證明動物性食品，使人體內增加酸性，植物性食品，使人體內增多鹼性。酸性體質會常促使人發生風濕、痛風、動脈硬化（中風病根）等病，易於衰老（慢性中毒）。而鹼性體質，則無此種現象。這是科學化驗的結果，並非空談。

㈡魚肉多磷質　企業家聶雲台先生於葷食對人身心健康的利害關係有特別的研究，認為酸鹼於人體的利害，實非普通人所能了解。他從前患神經衰弱症，當時有幾位醫師，總教他多服磷質以補益神經，但每次吃了都有不良的反應。原來神經衰弱，最怕磷質引起興奮，卻喜歡鈣質，能使神經鎮靜。磷質屬酸性，鈣質屬鹼性。有肺病的人，最忌磷質，適宜鈣質。豆漿內鈣質、磷質均多，肺病或衰弱的人，宜服豆漿，稍加石灰水，使鈣質鹼性稍多於磷質。魚肉之類，含磷較多，蔬穀之類含鈣最多，磷質食物，多帶興奮，所以食肉的人，外表較為活潑，喜歡動作，然而缺少耐久力，偏於動的情緒，缺乏靜的涵養。素食的人，神經較為鎮靜，靜能發智，神態清明。故佛教不主張肉食，固然出於保持慈悲心的觀念，同時亦係保持頭腦安靜，修養智慧，乃至一切肉食菸酒，都在禁止內，以免神智昏濁。所以素食於人身心健康大有裨益。

㈢心念善惡影響於肉體　心念善惡不僅能影響人的精神，並且會直接影響身體的健康。由人類而推至於其他動物，是同樣的道理。一切動物當被宰殺時，其恐怖、怨恨、悲痛等各種心念，結集於心中，直接影響於肉體者至為劇烈，故其遺體滿含毒素，固不待言。世人嗜殺生物，不加審察以享口福，自受災害。美國艾默哈里斯氏（Elmer Harris）在其著作《惡念致毒質》（*Bad Thoughts Great Poisons*），他在華盛頓心理實驗室試驗的結果，說明吾人之惡念於生理上能引起化學的變化，而使一種毒素注入血液。其實驗方法，用一玻璃管，置於冰杯中，令人向玻璃管之另一端呼吸，使所呼之氣遇冷凝集於玻璃管內。此人之心理在正常狀態時，其凝集之物為透明無色之體。若在怨恨、暴怒、驚怖及嫉妒時，則凝集之物即顯出不同之顏色，經化學分析，證明內含致命之毒汁。妒毒之凝集物，可毒斃豚鼠於數分鐘內，其發自深刻怨恨心達一小時之久者，可毒斃八十人。又美國食物檢查局之慧力博士（Dr. Willy）證明，驚怖能使身上某種液質轉變成各種毒素，而滲入器官，以致身體組織崩解，即所謂疾病死亡。從前德國有一解剖化學家，將一隻被人用木棍打死的白狗，經解剖化驗後，發現狗的心臟部位印有一個人的黑影子，顯係其怨恨恐怖的結果。

同樣，凡純潔的信念，能令人有精神向上、強壯、興奮、振作、甦生等現象，此種液質，能在人心理、生理上產生變化，使人獲得健康的快樂。

根據科學的顯示，素食營養豐富，肉類含有毒質，食之有害身體；素食長壽，肉食早衰；素食嗜欲淡，肉食嗜欲濃；素食神志清，肉食神志濁；素食血液清，富於抵抗力，肉食的血液濁，易患痛風症。所以佛教主張素食，叫人斷除貪、瞋、癡，叫人斷除煩惱，都符合生理及心理學的原理，有益於人生。這並非空談理論，實有無上至理。

㈣**葷素營養的比較**　米勒先生根據科學研究的方法，對葷素食品於人身體利害的關係，曾做精細的分析比較，茲擇錄於次：

⑴人體所需之一切滋養料，蔬果五穀中無不具備，肉類則為間接之食物，其所含營養品，皆從植物中得來，且不完全。蔬菜所含礦物質及維他命，肉食中尤極缺乏，不如素食為佳。

⑵肉食中常含種種病菌和寄生蟲，以及動物體中必有之廢料與毒汁，危害人身至鉅。食肉之人，最易患毒瘤、皮膚症、肝毒、頭腺腫、腎結石、血管變質、痛風及各種胃腸

症。食素之人，則無此種危險，蓋蔬菜非毒菌滋生之地。

(3)蔬菜五穀，較肉食易於消化多矣；其中所含成分於中咀嚼時，即起消化作用，故愈嚼愈覺甘美。肉則反之，其所含成分，不能在口消化，故愈嚼愈覺淡澀無味。

(4)食肉者易患肝部與腎部之症，蓋肝與腎，專司消化蛋白質及排除廢料之職。肉類中含蛋白質極多，含其他養料則不足，且多廢料，故易使肝與腎負擔過重，而遭虧損。

(5)獸畜食穀類蔬菜八磅，方得長一磅之肉；但一磅穀類蔬菜，則較一磅之肉多三倍之滋養料。故肉類之滋養料，卻較蔬菜之滋養料價昂二十五倍。

(6)肉類較蔬果五穀易於腐敗，腐敗之肉較腐敗之蔬果五穀更足危害人體，且腐敗之肉較腐敗之蔬果五穀更難察覺，故欲免危險，莫如戒肉，尤於夏季為然。

(7)肉類因有毒質與廢料，食後易使人感煩躁困憊之意。食素之人，必較肉食之人強壯而壽長，此為無異議之事實。

然食肉最可取之點，即為其味之可口，但人之胃口，亦不過習慣耳。實則肉類之味，蔬菜中無不有之，在於調製得法與否耳。

我們於此可以明瞭葷食與素食兩者之間，何者於人有益的確實證據。而蔬菜裡具足各種維他命，並且又特別豐富，這又是肉食裡所不及的。聶雲台先生經過詳細分析發現蔬菜裡有七種維他命，且都有它特別預防某種疾病的功能，茲擇錄於後：

1. 維他命 A

(1)最豐富的來源：乾酪、波羅、菠菜、蘿蔔、梅子。

(2)次豐富的來源：乳酪、生菜、馬鈴薯、橙子、檸檬。

(3)更次豐富的來源：桃子、牛乳。

(4)欠缺維他命A的病徵：夜盲、發育遲緩、眼球、眼皮發炎（爛弦眼）、淚腺萎縮。

2. 維他命 B

(1)最豐富的來源：酵母、落花生、豆，其他有殼果、糖、扁豆、米麥胚芽（指未精製的米麥，保留胚芽成分，非指已萌發之芽）。

(2)次豐富的來源：大麥、雀麥（燕麥）、小麥、米、薏米。

(3)更次豐富的來源：橙子、番茄、馬鈴薯、包心菜、葵花子。

(4)欠缺維他命B的病徵：腳氣症（包含腿腫、手足麻木、心臟麻痺等現象）、胃口不良、發育遲緩、神經痛、神經諸病、心臟擴大、心悸。

3. 維他命 C

(1)最豐富的來源：橙子、檸檬、葡萄、橘類、生菜、米麥胚芽、蘭鴨兒芹、生捲心菜、草莓、大頭菜。

(2)次豐富的來源：蘿蔔、黑莓、覆盆子、大頭菜。

(3)更次豐富的來源：馬鈴薯、牛奶、蘋果、香蕉、胡椒。

(4)欠缺維他命C的病徵：牙肉出血、骨節炎、失眠、壞血病、牙齒各病。

4. 維他命D

(1)最豐富的來源：牛奶、乳油。

(2)次豐富的來源：酵母、乳酪。

(3)更次豐富的來源：日光浴，可令人體皮下產生維他命D。

(4)欠缺維他命D的病徵：牙齒脫落、軟骨雞胸龜背、肌肉衰弱、曲腳症、易怒、脊骨彎曲、膝外翻症，以及肺癆、骨癆、瘰癧、結核等症。

5. 維他命E

(1)最豐富的來源：米內所含之油、大麻子油、米麥胚芽、青菜。

(2)次豐富的來源：棕櫚油、棉子油。

(3)更次豐富的來源：橄欖油。

(4)欠缺維他命Ｅ之病徵：男子無生殖能力，女子不能成孕。

6. 維他命 F（或稱維他命Ｂ種第二類之複性維他命）

(1)最豐富的來源：酵母。

(2)次豐富的來源：落花生、牛奶、乾酪。

(3)更次豐富的來源：番茄。

(4)欠缺維他命Ｆ之病徵：蜀麥疹、皮膚病、精神系病、腸臟各病。

7. 維他命 K

(1)來源：大麻子油、捲心菜、菠菜、番茄、紫花、苜蓿葉。

(2)欠缺維他命Ｋ庚之病徵，血液不能於需要時凝結。

維他命在新鮮蔬果內，分Ａ、Ｂ、Ｃ、Ｄ、Ｅ等數種，為養生之寶，能治各種疾病，幾於一切蔬果中皆有之。植物得地力之厚，陽光之暖，雨露之潤，其滋養力豈動物之死屍所能比？肉食營養不及素食，且含有害成分，易致疾病。只因一般人習於食肉，加上菸酒等嗜欲，每年以金錢報效於屠戶、菸店、酒店、醫院、藥店者，其數額之鉅，至為驚人。又昔年米、麥皆以石臼舂之，雖粗而實衛生；自碾穀機發明後，珍貴之滋養料，盡被碾除，故今人不及古人健康，因不食粗糲故。

四、從物我一體論人類應該素食

人為萬物之靈，或曰：「人之異於禽獸者幾希。」人所以為萬物之靈，就是因人具有天賦仁慈德性，禽獸則否，人與禽獸相差也就僅此而已，故曰「幾希」。古今聖人出世，就是要特別把人類的靈性發揚出來，以此靈性為本，再推進「物我一體，同體大悲」的精神。佛教各大乘經典，尤其是《入楞伽經》、《涅槃經》均不主張肉食，就是為長養人的慈悲心。人類果能多數人保持素食，不傷害一切動物，自然對於同類不忍屠殺，這是促進世界和平的根本辦法。現在世界還有部分人主張和平，不忍人類自相屠殺，就是受了古聖先賢、宗教家仁慈教化的影響。證諸科學，素食有利益於人生，更應順從佛教悲心，提倡素食。今日人類仍不能消弭戰爭，和平相處，實由於人與人之間，缺乏高度同情心、慈悲心，所以動輒互相殘殺。佛教叫人斷除肉食，主張素食，就是要養成多數人的慈悲心，斷除殺機，消弭戰禍。「欲知世上刀兵劫，但聽屠門半夜聲」，怨恨厲氣所結，乃應在今天之悲慘世道，提倡素食，實為挽救世道人心之根本方法。

(1)《涅槃經》迦葉問佛：「云何如來不聽食肉？」佛言：「夫食肉者，斷大悲種。」所以佛教主張不食肉，是要養成慈悲心，以慈悲心來說，一切眾生皆有好生願望，食眾生肉，分明對眾生沒有慈悲心。

(2)《楞嚴經》說：「以人食羊，羊死為人，人死為羊，如是乃至十生之類，死死生生，互來相噉，惡業俱生，窮未來際。」這是根據因果觀念，人應斷除肉食。人生善惡的遭遇，全係循因果報應法則，絲毫不爽。茲舉兩則故事以證明因果不爽之理：蓬溪縣官劉道原，下任時宿在姓秦的家裡，夢見一婦人，哭訴說：「是秦家婦，生前捶殺一妾，陰官捉去罰投羊，我現在圈裡，明天要捱殺給你吃。我死不惜，只因肚裡有小羊，牠因我同死，我罪更大。」天明告知秦家主人，羊已殺死了，秦家很悲痛，拿小羊放入老羊肚裡埋葬了。（見《廣仁錄》）

蕅益大師說：「南安縣山裡，有居民半夜起來，看見一人，趕了一人到鄰居家去，那人不肯進門，說：『我只欠他家三分銀子。』趕他的人，用杖打他進去，居民看了很奇怪，明天早起到鄰居家探問，生了一隻豬，心疑這豬的價錢，不只三分銀子。沒多日，這豬落在糞坑裡淹死了，果然有人出三分銀子買去。」（見《果報見聞錄》）

(3)《梵網經》說：「若佛子，故食肉，一切肉不得食，斷大慈悲佛性種子，一切眾生見而捨去，是故一切菩薩不得食一切眾生肉，食肉得無量罪。」

(4)《入楞伽經》說：「悉曾為親屬，眾穢所成長，恐怖諸含生，是故不應食。一切肉與蔥，韮蒜及諸酒，如是不淨物，修行者遠離。亦常離麻油，及諸穿孔床，以彼諸細蟲，於中大驚怖。飲食生放逸，放逸生邪覺，從覺生於貪，是故不應食。邪覺生貪故，心為貪所醉，心醉長愛欲，生死不解脫。為利殺眾生，以財取諸肉，二俱是惡業，死墮叫喚獄。不想不教求，此三種名淨，世無如是肉，食者我訶責。更互相食噉，死墮惡獸中，臭穢而癲狂，是故不應食。獵師旃荼羅，屠兒羅剎娑，此等種中生，斯皆食肉報。食已無慚愧，生生常癲狂，諸佛及菩薩，聲聞所嫌惡。《象脇》與《大雲》、《涅槃》、《央掘摩》，及此《楞伽經》，我皆制斷肉。先說見聞疑，已斷一切肉。以其惡習故，愚者妄分別。如貪障解脫，肉等亦復然，若有食之者，不能入聖道。未來世眾生，於肉愚癡說，言此淨無罪，佛聽我等食。淨食尚如藥，猶如子肉想，是故修行者，知量而行乞。食肉背解脫，及違聖表相，令眾生生怖，是故不應食。安住慈心者，我說常厭離，師子及虎狼，應共同遊止。……若於酒肉等，一切皆不食，必生賢聖中，豐財具智慧。」

依《入楞伽經》的頌文，可敷演其不食肉的真義，人與禽獸，同屬有情，隨業流轉，無量劫來，皆曾互為父子、母女、兄弟、姊妹、夫婦、朋友，骨肉至戚，天性攸關，今竟何以一反宿情不相親愛，而竟忍心殺而食之？一切豬羊牛馬身分污濁，內貯屎尿，外依泥滓，猶如糞坑，等同膿聚。既號稱為人類，性好清潔，何以竟效蛆狗爭相噉食？人類所食的魚肉，氣質粗臊，內含毒素，以蔥、蒜、鹽、油，調其味，人食之，神志昏迷，增恚助淫，惡臭熏蒸，易染疫癘。人號稱為萬物之靈，應有仁慈德性，憐憫一切眾生，不加殺害，怎能殺害生命，取食其肉呢？有情肉身皆從淫慾而生，全身血肉皆淫欲種。人若食肉，則增長淫欲，因淫欲故，愈貪食肉，因貪食故，愈貪淫欲，遂使人變成畜生，愈淫愈殺，愈殺愈淫，妄殺妄死，亂淫亂生，生生死死，不獲解脫。人所食的肉，皆由殺而來，殺習相傳，因果不昧。人死為羊，羊死為人。由人殺生，人之與人互相殘殺，屍積千里，血流百川。因有食肉的人，就有從事殺生圖利的屠夫，殺生圖利的人，就是殺人的強盜。為圖利殺生的人，固屬不智，而貪圖口福食肉的人，間接使人犯了殺生的罪惡，非唯不智，且復不仁。人倘能不食肉，殺念既除，慈心增長；能成慈心，祥和可致；能致祥和，災厲自無。人人皆可期於聖賢，世界清淨，永能保其安樂，於此，可知佛教主張不食肉的真義。

五、釋疑

或有人說：「假使人人都學佛，不食肉的話，則豬、羊、牛、馬、魚、蟹等動物，豈不充滿世間，甚而與人爭食？」現在人口增加，已感食糧不夠分配，人食動物，正是紓解世界因人口增加而導致糧食不足的壓力。這話說得並不盡然。像虎、豹、豺、狼潛居深山，人不食它，虎、豹、豺、狼並未見增加。反之，因人食肉，始有人為圖利而飼養雞、豬、牛、羊等，飼養雞、豬、牛、羊等，則需耗用大量的穀物以及廣大之土地種植牧草。人人倘能不肉食，就沒有人飼養雞、豬、牛、羊，不飼養雞、豬、牛、羊，正是紓解人類糧食不足的恐慌。現時人口雖日漸增加，尚未見到因缺少食糧餓死人的地方，即使有之，亦復因其他因素使然，絕非因素食的關係。

或有人說：修行念佛，我是可以的，但是要我素食，以年老氣弱，若不藉葷菜滋補，則體力難以支持。這話說得更是不徹底，既然肯發心修行，必須明白修行的道理，素食的營養比葷菜豐富，已如前面所說；自己既然感覺年老，光陰無多，尚愛惜生命，而年齡未老的動物，先受刀砧，試問這於心何忍？人要樂生，欲以肉補，難道動物就不怕死，甘願受你烹煎嗎？利己忘物，即是貪生造罪，欲益反損，怎能終老其壽命呢？

復有一種邪見的人，看見人茹素，認為可憐得很，說修行是修心，只要心好，又何必素食呢？這話說得更是似是而非。貪圖口福，殘殺物命，殺其身而啖其肉，天下之凶心、慘心、毒心、惡心還有勝於此者嗎？試問好心當在何處？

又有神教徒說：上帝只賦給人類靈魂，其他一切動物如火雞一類飛禽走獸都是沒有靈魂啊！這些動物都是上帝賜給人類佐食的，人類天生賦有屠殺一切動物的特權。唉！想不到以博愛為主的神教，竟說出這種殘酷的話，怎不令人唏噓嘆息！上帝怎能配稱為「博愛」？佛教提倡素食，完全依照佛教的慈悲觀，佛視一切眾生（當然包括一切飛禽走獸在內）都是我們過去的父母、兄弟、姊妹，相敬相愛之不暇，何忍加以屠殺？佛視食眾生肉，等於食自己過去的父母、兄弟、姊妹。所以佛教同體大悲的願力，絕不是神教偏私「博愛」所能及啊！我們呼籲神教徒放下屠刀，讓一切眾生與我們人類同享生存的自由！

或者有人說：「我食肉已成為一種習慣，叫我素食實在感覺有許多困難，甚至出門不方便。」這話說來似乎有點理由，其實葷食、素食，都是一種習慣，但習慣有善的也有壞的，譬如嗜好抽菸、喝酒、賭錢的習慣，就是一種壞的習慣，葷食雖不說是一種壞習慣，但至少有傷仁慈德性，影響身體健康。而葷食容易致病，這在前面已說過。素菜營養比葷菜多。為了增長自己德性，及衛生起見，應力行改變這種葷食習慣。至於出門不方便，這是一種藉詞，現在各地都有素食館，即使沒有素食館，豆漿、麵包到處有得買，怎能說不方便呢？

世間人不能素食的原因，不外兩種；一是貪圖葷食的口味，一是恐怕素食營養不夠，損害健康。要知道人的壽命長短，不在葷素的關係，乃在各人業力的問題。鹿食草，但它的壽命比一切走獸都長；虎食肉，但它的壽命，卻不及鹿。試看深山修行的老僧，多活到八、九十歲，他所食的只是蔬果，並且是最粗劣的，既沒有油，也不講究什麼口味，甚至一日一食，可見人的壽命長短，絕非取決於葷食與素食之別！

佛化家庭生活準則

佛學是從萬有本源為出發點，以促進社會進化及救度人類為目的。要使佛教與社會人生發生密切關係，必須佛法深入民間，革除民間之鬼神迷信及各種不正確的觀念。應積極提倡大乘佛教，以出世精神做入世事業，使佛教救世精神能夠充分發揮，並使民間能夠普遍地領受到真實法益。臺灣民眾對佛教雖有真誠的信仰，但對佛教真理的認識，似有不足，因此一般佛化家庭供奉神像都未能合乎佛教規定。為使佛法深入民間，建設佛化家庭，特擬定二十項佛化生活準則，做為民間奉行佛法之標準。

㈠**信念**　佛化家庭必須信守三皈五戒。自皈依佛，永不皈依天魔外道及耶、回神教；自皈依法，永不習學外道經典及耶回經典；自皈依僧，永不皈依邪師外道及耶、回牧師。於日常生活中嚴守不殺、不盜、不邪淫、不妄語、不飲酒五戒，而為生活基本信念。

㈡**供佛**　佛化家庭應供佛菩薩像。以供奉釋迦牟尼佛、觀世音菩薩、阿彌陀佛為主。不供一切天魔邪像。早晚供養香花水果，禮拜時默念：「天上天下無如佛，十方世界亦無比，世間所有我盡見，一切無有如佛者。」

㈢**敬法**　佛化家庭每逢朔望或諸佛菩薩聖誕，必須沐手焚香禮拜、正坐，於諷誦大乘經典時，先端坐默念：「無上甚深微妙法，百千萬劫難遭遇；我今見聞得受持，願解如來真實義。」念畢，合掌展開經卷。

㈣**敬僧**　佛化家庭須經常親近佛教團體，研究佛法，參與共修。若遇比丘、比丘尼或大德法師，要以真誠禮節敬待，即使是普通僧尼，亦當以常不輕菩薩，「吾不敢輕於汝等，汝等皆當作佛」的態度待之。

㈤**事親**　佛化家庭應孝敬父母。其孝敬方法，不僅使其溫暖、飽食便為滿足，更當勸令近事三寶，或託親友勸說，令生善根，使其永離輪迴苦海，往生十方淨土，庶為真正孝敬父母。每見父母須端身正坐，不得依靠，並默念曰：「孝事父母，當願眾生，善事於佛，護養一切。」

㈥**修持**　佛化家庭應早晚集合家中夫婦子女，於佛前做簡單禮拜，時間長短以不妨礙工作為準則。若遇附近佛教團體講經法會，必須前往參加聆聽。誦經以《佛說善生經》、《玉耶女經》、《普門品》、《藥師經》、《地藏經》、《心地觀經‧報恩品》、《阿彌陀經》及早晚功課為準則。其餘一切外道經卷：《太陽經》、《太陰經》、《血湖經》、《北斗經》、《三官經》、《灶王經》、《地母經》，以及耶、回教等經，不可迷信妄從。

㈦**訓育**　佛化家庭訓育子女，當本慈悲與智慧循循善誘，不可以扑撻訶罵，常宜默念：「菩薩在家，當願眾生，知家性空，免其逼迫。」對於妻子宜多談佛教因果故事，隨時諭以慈悲喜捨、五戒十善、忠孝節義等美德，使全家養成良好習慣及個人修養的基礎。宜常默念：「妻子集會，當願眾生，怨親平等，永離貪著。」

㈧**家政**　佛化家庭以開源節流為原則，不浪費、不鄙吝為度。家庭子女行住坐臥靜穆威儀，以不違背佛制「六和敬」、「四攝法」的意義為生活的規則，對待賓客，不論親疏皆以真誠相待，是信仰佛教者，討論佛法道理，非佛教信徒，亦以真誠勸使信佛。凡待客飯菜，須用素餐，不得殺雞宰魚。萬不得已時，買市中不見殺、不聞殺者待之。

㈨**齋戒**　佛化家庭應遵守佛戒，凡有生命不可殺害，能長齋更好，否則當持八關齋或觀音齋，或每朔望或諸佛成道紀念日，一定吃素，以示個人崇敬真誠。每日早中受食時，先須供佛，然後合掌默念「本師釋迦牟尼佛」十聲。每餐食時，先食三匙：初念願斷一切惡，次念願修一切善，後念誓度一切眾。每餐如是做，則功德不可思議，凡遇美味不得貪食，每日三餐，晚宜少食，零食習慣極宜改除。

㈩**慶弔**　佛化家庭凡遇慶弔喜喪等事，當遵佛制，破除陋俗及一切迷信惡習慣例，以莊嚴節儉為原則。慶喪宴客，均宜素食。男女婚嫁，以非佛教徒不通婚，若天主、耶穌教不與外教通婚者然。夫婦以一夫一妻為制度。遵守佛戒，凡非夫婦不得行淫。勿蓄妾婢，以免家庭不睦。各依佛法努力修持，以符合菩提眷屬真諦。至於喪事，更應遵佛制，念佛助生，實行火葬。尤須戒除世俗燒公據，及焚楮錢、紙衣、紙屋各項無意義之舉動。

(十)**疾病**　佛化家庭應知人生生、老、病、死皆為宿業所感。一般愚夫愚婦，每遇色身患病，不肯就醫，迷信神鬼，說是邪魔作祟，或怪宅相不佳，或疑祖墳風水。如是種種迷信神權，妄食香末仙丹，致遺誤生命者不知凡幾。凡人有病，應就醫診治，不可迷信乩壇讖語。若精神不寧，求佛加被，當依法懺悔。

(土)**壽祭**　佛化家庭如遇父母及家主夫婦生辰，宜戒殺放生，誦消災延壽《藥師經》，悲慈母不在，應誦《彌勒上生經》，或《觀經》，或請僧誦，或自誦，用報母恩。要知生辰為母親難日，不可恣情縱欲殺生。如遇祖先忌日，宜供香花果品，自己諷誦佛號、經典；為亡靈迴向淨土。不得用葷牲餘禮。其民間流傳之一切邪教邪鬼祭祀舉動，都須戒除。

(圭)**靜坐**　佛化家庭每日工作餘暇，或晚食後，當率領家人子女靜坐默念：「正身端坐，當願眾生，坐菩提座，心無所著。」然後以左足安右足上，次以左掌安右掌上，仰掌向上，以兩拇指端相接，腰須直豎，背脊如壁，微收下頷，鼻與臍成一直線，唇齒相著，兩目微閉，觀心下視，正身端坐，不得偏斜，不得動搖，不得依靠，不得鼾鼻，調和呼吸，令息細微，坐定後，或數息，或持咒，或念佛，或作觀，或習定，或參話頭，由各人自擇。果能逐日實行，不唯強健身體，且能增長智慧。

㈣**睡眠**　佛化家庭家人子女睡眠時要採吉祥臥，即以右掌枕頭，左掌搭膝，右脇著蓆，不得仰臥、覆臥及左脇臥。蓋胃之幽門出口向右（幽門為胃通小腸之門），吉祥臥胃中之食物易入腸中。每晚九、十時就寢，每日睡六、七小時足矣。臨睡時，不得高聲語笑，不得多用思想。雖在家夫婦，亦宜節欲。睡眠先後均宜靜坐一時，先令身心安靜，然後就床而臥，並默念：「以時寢息，當願眾生，身得安穩，心無動亂。」早覺時念：「睡眠始寤，當願眾生，一切智覺，周顧十方。」

㈤**看病**　佛化家庭凡遇家人子女及鄰舍病人，均宜看護，《梵網經》云：「若佛子，見一切疾病人，常應供養如佛無異。八福田中，看病福田第一福田。若父母、師僧、弟子疾病，諸根不具，百種病苦惱，皆養令差。」凡看病時須默念：「見疾病人，當願眾生，知身空寂，離乖諍法。」念畢，以善言安慰病人，勸其念佛。

㈥**盥洗**　佛化家庭日常生活，均宜節省。盥洗不得多用水，用水時，須低頭引水，不得噴水濺人，不得高聲擤鼻嘔吐，不得於殿塔淨地中涕吐，洗浴時常默念：「洗浴身體，當願眾生，身心無垢，內外光潔。」入廁不得倉卒入內，先彈三指，使內人知。入廁默念：「大小便時，當願眾生，棄貪、瞋、癡，蠲除罪法。」大小便後，必須洗手，每日最宜大便一次，能使腸胃健全，而無疾病，小便時宜將牙關緊閉，行之日久，可除牙痛蟲蛀症等，並能保持牙齒至老不落之患。

(七)**經商**　佛化家庭如果經商，當以不違背佛法為原則。不營屠業，不營酒業，不營雞魚及販賣男女奴僕。凡出售貨物皆標明價碼，不賣假貨，不賣二價，不得折扣，不瞞關稅，不欺老小。客如不受，任其自由，不生忿恨，貨壞價廉，皆須明示，不得遮蔽，不放帳，不負債，心地清淨，自然安樂。雖經商場，不生貪念。

(八)**公僕**　佛化家庭為政府官吏，既有勢位，正好依佛法行事，廣行教化，於處理案件，切宜秉公，不受私賄，不抑是非，不妄賞罰，對雙方訊問後，以佛法因果開導之，勸今後明因識果，依佛法、國法，安善良民；對於犯人，以憐憫開示，不得含恨妄罰，凡遇佛教寺院庵堂及佛教文化公益慈善，須熱心護持，經濟裕時，協助佛教徒興辦諸善公益及倡印佛經，以慈善化導萬民。

(九)**出外**　佛化家庭家主因事出外，不得搖臂而行，不得故視女人，不得眼角旁視女人。凡入街中，不得坐酒肆，不得坐屠家，不得行柳巷。凡逢尊長，均宜先立路旁。凡遇鬥爭、爭勝、神會、妓院、菸館、博弈等，須端身直行，不得觀看。凡見一切生物，應生慈心，《梵網經》云：「見一切眾生應唱言：汝等眾生，盡應受三皈十戒！若見牛、馬、豬、羊一切畜生，應心念口言：汝是畜生發菩提心。」

㈩ **娛樂** 佛化家庭應嚴禁煙酒、脂粉、賭博，奢侈等品，力求樸實，提倡高尚娛樂，或結伴朝禮名山，或興辦佛化事業，化導社會，或舉辦講經法會，引度眾生，或學習佛教唱誦，以增長家庭子女佛教的情緒。

與朱鏡宙居士論佛法

朱鏡宙居士來函

般若大德賜鑒：

拜讀《人生》四周年紀念刊出大著〈胡適博士談佛學〉一文，對於吾佛教文物之被摧殘，語重心長，憤慨之情時溢言表。乃知大德為一有心人也。敬佩無量！惟言六祖否認菩提，則於義似有未審，《壇經》經文具在。學人自開卷至終卷，覺無一語否認菩提之處，當可復案。其曰「菩提本無樹」，僅一「本」字即是為六祖不加否認之證。惟菩提無頭無尾，非黑非白，不方不圓，非一非異，不可以形求，言語道斷，故其曰「無樹」。乃針對神秀大師身是菩提樹句而言，僅一轉語便見工夫高下，禪宗之妙絕處，往往如是。《壇經．般若品》偈曰：「離世覓菩提，恰如求兔角，正見名出世，邪見是世間，邪正盡打卻，菩提性宛然。」然則六祖何嘗有一字否認菩提耶?上求菩提，下度眾生，為吾儕佛弟子惟一鵠的，如果連菩提也要否認，則三藏十二部便無處著落，吾輩將如大海中無舵之船，東南西北，無所適從矣！故不可以不辨。末法眾生邪說熾盛，聞有冒牌佛徒揹著佛教金字招牌，公開倡言不必發菩提心，不必持戒，僅信持名，即可往生成佛者，深恐大德之言為若輩所利用，以為六祖亦否認菩提者，重誣賢哲，其罪尚輕；嚮影初機，長其邪見，其過甚大。用敢略抒所見，拉雜奉陳，倘能將打破明鏡句下加入「有台」二字，否認菩提句下，加入「有樹」二字，即圓融無礙矣。不審大德以為然否？

敬請

撰安

學人　朱鏡宙敬叩

四二、一、二三

鏡宙居士慧鑒：

頃讀惠書，敬悉居士對不慧於〈胡適博士談佛學〉一文中所說「六祖否認菩提」一句，有所指教，欣喜無量！

六祖否認菩提，雖《六祖壇經》無有明文，然此句由來，乃在六祖與神秀競選傳法的答偈。要解答六祖的答偈，不可僅拘泥於前兩句（菩提本無樹，明鏡亦非台），必須貫徹第三句（本來無一物），這一句，才是六祖本懷的教義，前兩句僅對神秀的「身是菩提樹，心如明鏡台」做消極的反擊，第三句不獨顯出六祖超越一切知解教義的自證境，並且積極地揮出「無一物」的慧劍，直向被情識知解所縛的神秀胸堂猛刺，所以才「打破了明鏡，否認了菩提」，把千聖不傳聲前一句的消息透露出來。

在本來無一物的境上，絕對沒有什麼形相概念，乃至生死、涅槃、煩惱、菩提、迷悟等一切的相對法。是故六祖「無一物」的無字，不僅否定了一切的相對法，並且揭出更高的見地。所以禪門特於此喚起人注意，「莫作虛無會，莫作有無會」，這就是指根本無差別智實際的體驗。所以後人展開地說：「無一物中無盡藏，有花有月有樓台。」由此可明白六祖用「無一物」來表現心性卓然獨立的風度！

「直指人心，見性成佛」為禪的中心思想。所以禪門祖師都慣用「離四句，絕百非」的否定方法，以掃蕩學者的知解，要人把握現實，「凡聖情盡，體露真常」，故有劈佛罵祖的宗風。古代有些極端的祖師，不獨否認菩提，燒毀經典，並且以為釋尊說法為禍胎，遺害後來子孫撒尿潑糞，致人無出身處，當前要與三十棒，貴圖天下太平。這即是要人凡聖情盡，頓悟自心，本來空寂，說凡說聖，都如夢幻，即此了知夢幻之智，亦是假定。故《圓覺經》說：「於實相中，實無菩薩及諸眾生。」所以要拘於文字知解覓取自覺的真生命，那是萬萬不可能的。宗密解釋最上乘禪說：「若頓悟自心本來清淨，元無煩惱，無漏智性本自具足，此心即佛，畢竟無異。依此而修者，是最上乘禪。」

由此可明白，禪，只以求頓悟見性為目的，捨此都不是禪的根本要諦。由於修道者根機關係，故有頓漸的分別。宗密分為外道禪、凡夫禪、小乘禪、大乘禪、如來最上禪。特別指達摩所傳的禪為如來最上禪，這個最上禪，也就是六祖頓悟禪。當然這個頓悟禪，不是初機所能了解。故不慧對居士的指教，除掉彼此立腳處不同，並不覺得有其他什麼？這一點，也許會同意吧！

謹此奉覆　敬頌

撰安

不慧　般若謹啟

般若大德尊鑒：

敬啟者：頃自鄉間回城拜讀《人生》月刊第五卷第三期大函多所誨示，歡慰無量！鄙意「否認菩提」與「否認菩提有相」（有樹即有相之意），其間相去，不知幾千萬里！「否認菩提」是根本否定了菩提。「否認菩提有相」，即非根本否定菩提，不過認菩提不可以形相求而已。《金剛經》云：「若見諸相非相，即見如來。」又云：「是實相者，即是非相，是故如來說名實相。」又云：「若以色見我，以音聲求我，是人行邪道，不能見如來。」《大寶積經》卷第一百云：「若以色身觀者，則不見佛。……若以法身，法身不可見；所以者何？法身離見聞，不可取故。」《如來不思議祕密大乘經》卷第六：「所謂法身，如虛空身；非色相身。」《文殊師利所說不思議佛境界經》卷上：「我於空境界得菩提，諸見平等故。無相境界得菩提，諸相平等故。無願境界得菩提，三界平等故。無作境界得菩提，諸行平等故。」曰如來，曰實際，曰法身，曰菩提，異名同義，皆說菩提之不可以形相求，亦即尊函所云離四句，絕百非，言離言絕，言外之物，其性宛然，不道此物不可從四句中尋求，亦不可在百非中議擬而已。此與六祖「邪正盡打卻，菩提性宛然」，其義正同。又與尊函引古德：「無一物中無盡藏，有花有月有樓台。」《圓覺經》「於實相中，實無菩薩及諸眾生」相合。曰「無盡藏」，曰「實相中」，其非「否認菩提」，彰彰明正。

現在姑置勝義邊事不論，且就文字方面來說：「本來無一物」是說這個無頭無尾，非黑非白，不長不短，「離四句，絕百非」，「山窮水盡疑無路，柳暗花明又一村」的怪東西，本來自性清淨，無一物可名。以其不惹一物故，所以《金剛經》云：「說法者，無法可說，是名說法。」此句乃重申，亦即總結，上文「菩提本無樹，明鏡亦非台」兩句，更進一步加以有力之說明而已。設無以上兩句，則本來無一物，便覺突如其來，首尾無法相應矣。言菩提無樹，明鏡非台，就表面看來，好像輕描淡寫；然一按其實質便見分量，簡直與秀大師真鎗真刀相見，是何等一幕凶險格鬥鏡頭！打得秀大師落花流水，片甲無留！我儕以千載後之觀眾資格，尤不覺翹起大拇指，連聲說道：「頂好！頂好！」豈可以消極反擊，等閒視之！

自來教門與宗門（吾國通稱禪宗為宗門），手法本來不同。就教門論，佛說三藏十二部經教，吾人均不妨用恆河數沙方法，細細去數一回；究竟數得清，抑或數不清，此是另一問題，非數沙者所宜問，即明知數不清，也要盡可能去數一遭，方算盡了責任。以是之故，佛說法四十九年，我儕應該感恩。佛法僧三寶，我儕應該恭敬供養。祖師立門庭，定早晚課，說戒，參禪，念佛，持咒，度四眾弟子，使傳燈不絕，慧焰永張，我儕應該歡喜讚歎。毀戒敗德，便是獅蟲。訶佛罵祖，應墮地獄。絕無保留餘地，更不許減價議賣。至若大函所列舉哪幾句不必拘泥，哪一句必須貫徹，哪一句是六祖本懷的教義，條分縷析，纖細不遺，在演教本分上，學人極端讚佩，若就宗門立場而言，那就大大不然！所有擬議，盡是識影門頭事，與人們本分無干，故一開口，就要吃棒。可憐雲祖師未會這個，弄得七零八落，打出關外，狼狽不堪！總算維摩透得一些消息，默然無語。不料文殊法王子，又弄聰明，說什麼善哉！善哉！此乃入不二法門，真是畫蛇添足，弄巧成拙，糟糕萬分！說到此處，我也認為佛說法是易事；祖師訶佛罵祖是多事；參禪念佛明心見性是多事，胡適談佛法亦多事；大德評胡適博士談佛法更多事，學人於葛藤之上，更加葛藤，「天下本無事，庸人自擾之」。如此自擾擾人，罪該萬死！南無阿彌陀佛西方極樂世界。

大函說了許多公案，是否欲迴教門，趣於宗門？如然，我們只有懇求文殊師利菩薩大慈，大悲，大喜，大捨，將這殺人不留情的寶劍，給我們當頭一下，將一切葛藤，斬得乾乾淨淨，結束這一樁大事因緣，免得再來生是生非，處處多事。如其不然，那麼，「否認菩提」，還是「否認菩提」。「否認菩提有相」，還是「否認菩提有相」。兩者之間，毫釐千里！孔子曰：「必也正名。」演教之人，正名是一件大事喲！

大作〈評胡適博士談佛學〉，分明是一篇演教文章，並不是教胡適博士去參什麼「念佛是誰？」、「一歸何處？」、「哪個是父母未生前本來面目？」、「拖死屍」等類把戲；既是演教，正名亦何可忽？偶因復諭，略有所觸，用敢再抒所見，藉補前函之所未逮，草草不恭，伏乞恕罪，敬頌

撰安

學人　朱鏡宙和南
四二、三、八燈下

鏡宙大居士道鑒：

茲再獲讀大函，妙義重重，歡喜無量！山野前函所陳，乃就題而論，並非如大函謂：「是否欲迴教門，趣於宗門。」是則宗與教將闢為二門矣！其實，二而為一未可分為兩事。宗密禪師於《禪源諸詮集都序》「先以十門總論宗教一致，繼以禪之三宗（一息妄修心宗，二泯絕無寄宗，三直顯心性宗）印證三教（一密意依性說相教，二密意破相顯性教，三顯示真心即性教）皆為顯宗教一味法。蓋以經為佛語，禪是佛意，諸佛心口不相違。達摩東來，因見此方學人多未得法，唯著於名數知解，欲令知月不在指，法是我心，因此以心傳心，不立文字，顯宗破執，非離文字而說解脫也。今人彼此迷源，修心者以經論為別宗，講說者以禪門為別法。聞談因果修證，便推屬教家，殊不知禪門正以修證為本事；聞談即心即佛，便推屬宗門，殊不知心佛正是教家本意。此宗與教未可分也明矣。

唯關「六祖否認菩提」一句，前函盡說，本不再論。茲以大函謂：「否認菩提與否認菩提有相，其間相去不知幾千里。」其實兩者同屬世俗說故；《文殊師利問菩提經》說：

「菩提但有名字，世俗故說無形、無色、無定、無相、無向、無入、無道，過諸言說，出於三界，無見、無聞、無覺、無知，亦無所得，亦無戲論，無問、無示，無有文字，無語言道……是故於此法中，無有得者，無所用法，亦無菩提。」《大乘伽耶山頂經》說：「菩提相者，獨超三界，雖隨世俗而有名字，遠離一切音聲言說。」是故菩提不特不可以形相求，亦不可以名字求。《淨名經》亦曰：「菩提者，不可以身得，不可以心得。……假名是菩提，名字空故。」故兩者之間，未必有若何距離也。大函復以「正名是一件大事」，究不知欲正何名？為菩提名歟？抑菩提相名歟？然兩者均應如前說，同依世俗故。《瑜伽．真實品》說：「一切法假立自相，或說為色，或說為受，如前廣說，乃至涅槃，當知一切唯假建立，非有自性。」殆以一切名言，皆是虛妄分別，能詮之名辭，並無所詮之事實；譬如說火，並無火之體性。《深密》、《楞伽》同說：一切名字皆為遍計所執，不成實故。《起信論》說：大乘之體，遣無可遣，強名曰「真如」。《攝論》說：「名事互為客。」此皆顯名字假立自性。愚妄凡夫，由於業蔽，真智不彰，不了知諸法離言自性，妄起分別。亦即〈真實義品〉說：「便有八種邪分別轉，能生三事，能起一切有情世間及器世間。」乃至有「種種生、老、病、死等苦流轉不息」。故於名言中欲正其名，則無異依幻說覺。左右主張用恆河沙數方法，欲細數佛說三藏十二部經教，用心雖善，唯恐誤初機執月必在指。而佛法要人明心見性；不究自心，即使數盡塵沙，於己何益？《法句經》曰：「雖誦千言，不義何益？」說食數寶，如來之所訶斥！永嘉大師曰：「分別名相不知休，入海算沙徒自困。」故山野對入海數沙方法，以測量如來聖智所行境界，唯恐徒遭自困耳！

大函最後把「念佛是誰？拖死屍」等類，視為「弘宗的把戲」，豈但此也！如來轉法輪，一時說有，一時說空，明明說了四十九年法，最後猶說一字未說，不也是把戲？以世相說，無一事不是把戲，只是好醜不同耳！依實相論：麤言細語皆是妙諦，一色一香無非法界全體，此所以洞山答僧問：「如何是佛？麻三斤也。」究不知世間猶有一法勝於此種把戲乎？古今看把戲者雖多，然真能識得把戲，不為把戲所惑者，畢竟很少。即今吾人為此一句名言，惹出如許葛藤，不也成為把戲？故山野同意大函謂：懇求文殊師利菩薩揮大寶法王劍，給吾人當頭一下，斬斷一切葛藤；「結束這一樁大事因緣，免得再來生是生非，處處多事」。謹此匆覆，聊謝不敏而已。並頌

撰安

山野般若

四二、三、十五

編按：「山野般若」為東初老和尚當時筆名。

智慧海 54

佛法真義

THE TRUE MEANING OF THE DHARMA

著者	東初老和尚
出版	法鼓文化
總監	釋果賢
總編輯	陳重光
編輯	張晴
封面設計	誠實設計
內頁美編	小工
地址	臺北市北投區公館路186號5樓
電話	(02)2893-4646
傳真	(02)2896-0731
網址	http://www.ddc.com.tw
E-mail	market@ddc.com.tw
讀者服務專線	(02)2896-1600
初版一刷	2013年5月
建議售價	新臺幣280元
郵撥帳號	50013371
戶名	財團法人法鼓山文教基金會—法鼓文化
北美經銷處	紐約東初禪寺 Chan Meditation Center (New York, USA) Tel: (718)592-6593 Fax: (718)592-0717

法鼓文化

國家圖書館出版品預行編目資料

佛法真義 / 東初老和尚著. -- 初版. -- 臺北市：
法鼓文化, 2013. 05
面 ； 公分, -- (智慧海 ; 54)
ISBN 978-957-598-613-1 (平裝)

1. 佛教

220　　102005819